高山正也・植松貞夫　監修
現代図書館情報学シリーズ…4

図書館サービス概論

［編集］宮部　頼子
　　　　逸村　　裕
　　　　荻原　幸子
　　　　齋藤　泰則
　　　　松本　直樹
　　　　宮原志津子
　　　　　共著

樹村房

監修者の言葉

　わが国に近代的な図書館学が紹介されたのは19世紀末頃と考えられるが、図書館学、図書館情報学が本格的に大学で教育・研究されるのは1950年に成立した図書館法による司書養成制度を受けての1951年からであった。それから数えても、既に半世紀以上の歴史を有する。この間、図書館を取り巻く社会、経済、行政、技術等の環境は大きく変化した。それに応じて、図書館法と図書館法施行規則は逐次改定されてきた。その結果、司書養成科目も1950年の図書館法施行規則以来数度にわたって改変を見ている。

　それは取りも直さず、わが国の健全な民主主義発展の社会的基盤である図書館において、出版物をはじめ、種々の情報資源へのアクセスを保証する最善のサービスを提供するためには、その時々の環境に合わせて図書館を運営し、指導できる有能な司書の存在が不可欠であるとの認識があるからに他ならない。

　2012(平成24)年度から改定・施行される省令科目は、1997年度から2011年度まで実施されてきた科目群を基礎とし、15年間の教育実績をふまえ、その間の図書館環境の変化を勘案し、修正・変更の上、改めたものである。この間に、インターネット利用の日常生活への浸透、電子メールやツイッター、ブログ等の普及、情報流通のグローバル化、電子出版やデジタル化の進展、公的サービス分野での市場化の普及などの変化が社会の各層におよび、結果として図書館活動を取り巻く環境や利用者の読書と情報利用行動等にも大きな構造的な変化をもたらした。この結果、従来からの就職市場の流動化や就業構造の変化等に伴い、司書資格取得者の図書館への就職率が大きく低下したことも率直に認めざるを得ない。

　このような変化や時代的要請を受けて、1997年版の省令科目の全面的な見直しが行われた結果、新たな科目構成と単位数による新省令科目が決定され、変化した図書館を取り巻く環境にも十分適応できるように、司書養成の内容が一新されることとなった。そこで、樹村房の「新・図書館学シリーズ」もその改定に合わせ内容を全面的に改編し、それに合わせて、「現代図書館情報学シリーズ」と改称して新発足することとなった。

「図書館学シリーズ」として発足し，今回「現代図書館情報学シリーズ」と改めた本教科書シリーズは，幸いにして，1981（昭和56）年の創刊以来，樹村房の教科書として抜群の好評を博し，実質的にわが国図書館学，図書館情報学の標準的教科書として版を重ねてきた実績をもつ。これもひとえに，本シリーズをご利用いただいた読者各位からのご意見やお励ましと，執筆者各位の熱意の賜物と考えている。

監修にあたって心がけたのは，この「現代図書館情報学シリーズ」で司書資格を得た人たちが図書館で働き続ける限り，その職能観の基礎として準拠しうる図書館情報学観を習得してもらえる内容の教科書を作ろうということであった。すなわち，「図書館学は実学である」との理念のもとに，アカデミズムのもつ概念的内容とプロフェッショナリズムのもつ実証的技術論を融合することであった。そのこと自体がかなり大きな課題となるとも想定されたが極力，大学の学部課程での授業を想定し，その枠内に収まるように，その内容の広がりと深さを調整したつもりである。一方で，できる限り，新たな技術や構想等には配慮し，養成される司書が将来志向的な視野を維持できるよう努力したつもりでもある。これに加えて，有能な司書養成のために，樹村房の教科書シリーズでは各巻が単独著者による一定の思想や見方，考え方に偏重した執筆内容となることを防ぐべく，各巻ともに，複数著者による共同執筆の体制をとることで，特定の思想や価値観に偏重することなく，均衡ある著述内容となることをこのシリーズにおいても踏襲している。

本シリーズにおける我々の目標は決して学術書として新規な理論の展開を図ることではない。司書養成現場における科目担当者と受講者の将来の図書館への理想と情熱が具体化できる教材を目指している。その意味で，本シリーズは単に司書資格取得を目指す学生諸君のみならず，現職の図書館職員の方々や，図書館情報学を大学(院)等で研究する人たちにも役立つ内容をもつことができたと自負している。読者各位からの建設的なご意見やご支援を心からお願い申し上げます。

2011年2月

監修者

序　文

「図書館サービスを考えること」はすなわち，「図書館のあり方そのものを考えること」であるといっても過言ではあるまい。一つひとつの図書館はそれぞれ独自の文化的・地域的・社会的その他固有の背景を有している。それを十分，効果的に反映したそれぞれの図書館サービス・図書館運営に関する理論や思想がなければならないはずである。

いま，目まぐるしく変化する情報化社会にあって，かつてないほどに図書館の存在意義が問われている。単なる「本を貸してくれるところ・本を読むところ」といった従来の固定観念から脱却し，思い切って新しい一歩を踏み出すことがなによりも求められている。

図書館は人々が平和で自由で充実した日常生活を送る上で，欠かすことのできない重要な社会機関であることを，具体的に人々に提示していくことが大切である。地域の人々の資料・情報要求に応えることはもちろん，その先の一歩を指し示し，人々の生活をより豊かで充実したものにするための支援・援助を行う役割を担わなければならない。

本書は2012年度から全面展開される新カリキュラムに対応するテキストとして，従来の内容をさらに充実させる目的と併せて，編まれたものである。そのため主たる読者としては，大学・短大レベルで司書資格取得をめざす，いわば初学者の人々を想定している。

急激に変化する情報化社会の中で，図書館のあり方は特に情報技術にかかわる側面で大きく変化していることは否めない。しかしそのような変化する社会においてもなお，人々の生活を支える重要な社会機関の一つとしての図書館，特に公共図書館の使命と存在意義は決して変わることはない。それはすべての人々が，図書館を媒介として等しく必要な知識・情報を入手することができ，それによって，より豊かな生活を享受できるようになるということである。そのために図書館は何をなすべきか，という問いに本書を通じて一人ひとりの読

者が想いをめぐらしていただけることを期待している。答えは恐らく読者の数だけあるであろう。大事なことは，それをいかにして実現していくかにかかっている。日本の図書館の将来を担う，未来の図書館員へ心からのエールを送りたい。

　本書執筆者各位には当初刊行予定が大幅に遅れたため種々ご迷惑をおかけしたが，最後までご協力いただいたことを感謝申し上げたい。前版編集責任者の高山正也先生には今回は監修者のお立場から色々とご指導ご助言を賜った。また本書刊行にあたった樹村房においては，木村繁前社長急逝という事態に見舞われながらもなんとか刊行にこぎつけた裏には，大塚栄一現社長の大変なご苦労・ご努力があったことを想い，心から感謝申し上げたい。

　本書の構成は前述のように，基本的に文部科学省から示された新カリキュラムの科目内容指針に沿っている。その範囲内で各章執筆者の方々の日頃の教育・研究成果の一端を発揮していただくことが一定程度実現されたかと思う。

　本書を授業等でお使いくださる先生方には，種々お気づきになられた点をコメント・ご助言としてご教示いただければ大変有難い。

　　2012年2月24日

　　　　　　　　　　　　　　　　　　　　　　　　編集責任者　宮部　頼子

図書館サービス概論
も　く　じ

監修者の言葉　　iii
序文　　v

1章　図書館サービスの意義と理念 ————————(宮部)—1
　1．図書館サービスの意義と目的 …………………………1
　　（1）図書館の社会的意義　　1
　　（2）図書館サービスの法的基盤　　3
　2．図書館サービスを支える理念 …………………………5
　　（1）「ユネスコ公共図書館宣言1994年」　　6
　　（2）「図書館の権利宣言」　　7
　　（3）「図書館の自由に関する宣言」　　8
　　（4）「図書館員の倫理綱領」　　8
　　（5）『図書館学の五法則』　　9
　　（6）「公立図書館の任務と目標」　　9
　3．図書館サービスの要素 …………………………………10
　　（1）図書館資料　　10
　　（2）図書館施設　　11
　　（3）図書館職員　　12
　　（4）図書館利用者　　13
　4．図書館サービスの機能 …………………………………13
　　（1）収集　　13
　　（2）組織化（整理）　　14
　　（3）保存　　14
　　（4）提供　　15
　5．図書館サービスの諸相 …………………………………16
　　（1）テクニカルサービスとパブリックサービス　　16

6．変化する図書館サービス ……………………………………… *22*

2章　公共図書館サービスの変遷　——————————(宮原)—*23*

 1．第1期：公共図書館サービスの基盤整備（1945年‒1950年代）……*24*
 　（1）占領期の図書館振興と図書館法　*24*
 　（2）アメリカ式図書館サービスの導入　*25*
 　（3）第1期の先駆的図書館の例：CIE 図書館・アメリカ文化センター　*27*
 　（4）日本の公共図書館　*27*
 2．第2期：公共図書館数の拡大と貸出サービスの発展
 　　　　　（1960年代‒1970年代）………………………………………*29*
 　（1）高度成長期における図書館　*29*
 　（2）『中小レポート』の発表　*29*
 　（3）第2期の先進的図書館の例：日野市立図書館（東京都）　*30*
 　（4）『市民の図書館』　*31*
 　（5）貸出の増加　*32*
 3．第3期：図書館利用者のニーズとサービスの多様化
 　　　　　（1980年代‒1990年代前半）………………………………*33*
 　（1）図書館数の拡大　*33*
 　（2）貸出サービスの定着　*34*
 　（3）多様なサービスへの取り組み　*34*
 　（4）図書館の居住性・アクセスの変化　*35*
 　（5）第3期の先進的図書館の例：町田市立中央図書館（東京都）　*35*
 4．第4期：地域の情報拠点としての ICT 活用サービスの進展
 　　　　　（1990年代‒現在）…………………………………………*37*
 　（1）図書館での ICT の利用　*37*
 　（2）貸出・予約の増加と課題　*38*
 　（3）第4期の先進的図書館の例：浦安市立図書館（千葉県）　*41*
 　（4）第4期の先進的図書館の例：
 　　　　千代田区立千代田図書館・日比谷図書文化館（東京都）　*42*

3章　図書館サービスの種類と方法 ──────────(齋藤)─44
　1．直接サービスと間接サービス ··44
　　（1）直接サービス　*44*
　　（2）間接サービス　*45*
　　（3）直接サービスと間接サービスの相互関係　*45*
　2．資料提供サービスと情報提供サービス ··48
　　（1）資料提供サービスと情報提供サービスの特徴　*48*
　　（2）情報要求の特性からみた資料提供サービスと情報提供サービス　*50*
　3．利用者対象別の図書館サービス ···52
　4．館種別図書館サービス ···54
　5．場としての図書館サービス：集会行事活動 ···································56
　6．課題解決支援サービス ···56

4章　資料提供サービス ─────────────(松本)─58
　1．資料提供サービスの意義と概要 ···58
　2．資料提供サービスの種類と内容 ···58
　　（1）利用の案内　*58*
　　（2）閲覧サービス　*60*
　　（3）貸出サービス　*65*
　　（4）予約・リクエストサービス　*72*
　　（5）複写サービス　*76*
　3．文献送付サービス ···77
　4．資料提供サービスに類するサービス ···78
　5．資料提供サービスと著作権 ···79

5章　情報提供サービス ─────────────(松本)─80
　1．情報提供サービスの意義と概要 ···80
　2．情報提供サービスの種類と内容 ···80
　3．レファレンスサービス ···80
　　（1）質問回答のサービス　*81*

（2）図書館利用教育（利用案内）　*86*
　　　（3）読書相談サービス（読書案内）　*88*
　4．情報サービス ……………………………………………………………*89*
　　　（1）カレントアウェアネスサービス　*89*
　　　（2）情報検索サービス　*90*
　5．情報提供サービスにおける間接サービス ……………………………*93*
　6．レファレンスサービスにおける協力 …………………………………*94*

6章　利用対象別サービス ──────────────(宮部)―*96*
　1．利用対象別サービスの意義と必要性 ……………………………………*96*
　2．利用対象別サービスの種類と内容 ………………………………………*97*
　　　（1）個人を対象とするサービス　*97*
　　　　　a. 年齢別サービス　*97*
　　　　　b. 図書館利用に障害を持つ人々へのサービス　*105*
　　　　　c. 来館に障害を持つ人々へのサービス　*112*
　　　　　d. そのほかの非来館者（潜在的図書館利用者）向け
　　　　　　　図書館サービス　*114*
　　　（2）団体を対象とするサービス　*116*
　　　　　a. 団体貸出　*116*
　　　　　b. 保育園や幼稚園に対するサービス　*116*
　　　　　c. 学校図書館へのサービス　*116*
　　　　　d. 相互協力の相手図書館を対象とした図書館サービス　*116*
　　　　　e. 類縁機関（博物館，文書館その他など）へのサービス　*117*

7章　図書館サービスとコミュニケーション ──────(齋藤)―*118*
　1．コミュニケーションシステムとしての図書館サービスの意義 ……*118*
　2．利用者に対する接遇・コミュニケーション …………………………*120*
　　　（1）貸出サービスにおける接遇・コミュニケーション　*120*
　　　（2）レファレンスサービスにおける接遇・コミュニケーション　*121*
　3．図書館と利用者とのコミュニケーション ……………………………*124*

（1）地域住民への広報活動　*124*
　　　（2）サインシステム　*126*
　4．図書館員間のコミュニケーション ································· *128*
　5．図書館間のコミュニケーションと図書館員間のコミュニケーション ··· *129*
　6．図書館と親機関とのコミュニケーション ···························· *131*
　7．図書館と関係諸機関とのコミュニケーション ························ *132*

8章　図書館サービスと著作権 ──────────────（逸村）─*134*
　1．今日的な著作権の意義と概要 ····································· *134*
　　　（1）著作権の理念　*134*
　　　（2）著作権法　*135*
　　　（3）図書館サービスと著作権　*137*
　2．図書館サービスにおける著作権 ··································· *138*
　　　（1）コピー（複写）サービス　*138*
　　　（2）上映会および障害者サービスに伴う著作権問題　*139*
　　　（3）公貸権（公共貸与権または公共貸出権）　*140*
　　　（4）図書館協力における著作権の扱い　*141*
　3．インターネットを活用した図書館サービスと著作権 ·················· *143*
　　　（1）基本的な考え方：公衆送信権，送信可能化権（アップロード権）　*143*
　　　（2）電子書籍と著作権　*144*
　　　（3）デジタルアーカイブと著作権　*145*
　　　（4）電子ジャーナルと著作権　*146*
　4．オープンアクセス ·· *147*
　　　（1）オープンアクセスの理念　*147*
　　　（2）オープンアクセス雑誌　*148*
　　　（3）機関リポジトリ　*148*
　　　（4）クリエイティブコモンズ　*149*
　　　（5）EYEマーク　*149*
　　　（6）自由利用マーク　*150*
　5．図書館サービスと著作権の今後 ··································· *150*

9章　図書館サービスの協力と連携 ───────────(荻原)─152
　1．図書館サービスにおける協力・連携の意義……………………152
　　（1）図書館法等の文書にみる協力・連携　152
　　（2）協力・連携の今日的な意義　154
　2．図書館協力による図書館サービスの展開………………………155
　　（1）基本的な考え方　155
　　（2）公共図書館間の協力体制　156
　　（3）公共図書館と他館種間の協力体制　160
　　（4）書誌ユーティリティ　163
　　（5）図書館コンソーシアム　163
　3．各種機関との「連携」による図書館サービスの展開…………164
　　（1）基本的な考え方　164
　　（2）「利用対象別サービス」「課題解決支援サービス」における諸機関との連携　166
　　（3）学校との連携　169
　　（4）公民館，博物館，文書館等との連携　171
　　（5）地域の住民ボランティア団体等との連携　172

10章　図書館サービスの課題と展望 ──────────(宮部)─175
　1．地域に根差した図書館サービス……………………………………175
　2．図書館の文化活動促進・場としての図書館………………………176
　3．図書館活動の広報……………………………………………………178
　4．図書館情報専門職員の能力開発・教育養成………………………179
　5．世界とつながる図書館サービス……………………………………181
　6．社会と技術の変化に対応する図書館サービスの再構築…………182

参考文献　187
資料1　図書館法　189
資料2　ユネスコ公共図書館宣言　1994年　192
資料3　公立図書館の設置及び運営上の望ましい基準　195
資料4　公立図書館の任務と目標　200
さくいん　210

1章　図書館サービスの意義と理念

1．図書館サービスの意義と目的

"国民は，すべての基本的人権の享有を妨げられない""すべて国民は，健康で文化的な最低限度の生活を営む権利を有する"と「日本国憲法」で明記されている[1]。

そのような健康で文化的な生活を実現するために必要なさまざまな知識・情報を得ることが可能となる出版物へのアクセスが保障されて，私たちは豊かで安全で快適な日常生活を維持していくことができる。現代社会において，私たちが必要とするさまざまな資料・情報にアクセスが可能で，そのアクセスにより情報をいつでも提供してくれる社会機関の代表的なものが図書館であり，なかでも私たちの最も身近な存在として地域住民にサービスを提供してくれる図書館が，自治体により設置・運営される公立図書館である[2]。

(1) 図書館の社会的意義

公立図書館は「図書館法」[3]にその設立基盤を置くものであるが，幼児から高齢者までを含む住民すべてを利用対象とし，住民の自己教育を支えるとともに，住民が情報を入手し，芸術や文学を鑑賞し，地域文化の創造にかかわることのできる場でもある。私たちが日常的に接するいわゆる地域の最寄り図書館は多くの場合，公立図書館であり，公費によって維持される公の施設である。住民はだれでも無料でこれを利用することができ，私たちはこれを日常，公共図書

1：「日本国憲法」第11条および第25条参照。
2：『公立図書館の任務と目標』1981年公表。日本図書館協会作成。「第1章，基本的事項，公立図書館の役割と用件」参照（巻末参考資料）。
3：「図書館法」：1950(昭和25)年4月30日公布。2008年6月1日年改正。

館と呼んでいる。以下，本章では設置母体を明示する必要のあるような特別な場合を除き，すべての人が平等にいつでも無料で利用できる，というサービス基盤を重視する観点から，「公立図書館」の代わりに「公共図書館」を用いる。

ところで現在，日本国内にはどれくらいの数の公共図書館が存在するのだろうか？　日本図書館協会の公共図書館統計[4]によれば，2010年4月1日現在，図書館総数は3,196館，専任職員数は12,114名，兼任職員数は1,306名，非常勤職員は8,033名，臨時職員は7,261名，委託・派遣職員は7,196名である[5]。図書館設置率は市区立で98.4％，町村立で53.2％となっている。これら一つひとつの図書館が，その規模や地域性等さまざまな条件の違いはありながらも，すべての利用者・住民に満足してもらえるようなサービスを目指して努力している。

今日の公共図書館の基本的役割は，めまぐるしく進展する情報化社会の中で，知的文化の伝承と流通を担い，人々の生涯学習を支えることともいえよう。

図書館の歴史を振り返ると，長い間，資料の収集や蔵書の保管・維持に多くの努力が注がれる時代が続いてきた。これは本そのものが貴重品であった時代には当然のことであったといえよう。もちろん，図書館内での閲覧は行われていたが，図書館の蔵書は原則として館外に持ち出されることはなかった。時には亡失を防ぐために本を閲覧机や書架に鎖で固定した，いわゆる「鎖つき図書」（chained book）のような形で閲覧させる場合もあった。

15世紀半ばのグーテンベルグによる活版印刷術発明以降，図書の数は徐々に増加したが，特に近代に入ると刊本が全盛となり，小型で軽量な本が次第に増えた。イギリスでは1850年に近代的な公立図書館制度ができ，無料の館外貸出が行われるようになった。

レファレンスサービスの概念は1876年にアメリカのグリーン（Samuel Swett Green, 1837-1918）により提唱され，20世紀を通じて図書館員への教育，レファレンスコレクションの整備とともにその範囲を広げ，図書館の基本的サービスの一つとなった。

20世紀後半にはコンピュータの利用が進み，1970年代初めには有料の各種デ

4：日本図書館協会編．"公共図書館集計（2010年）"．日本図書館協会．http：//www.jla.or.jp/portals/0/html/statistics/2010pub.html．（参照2011-05-22）．
5：非常勤，臨時，委託・派遣職員は年間実働時間1500時間を一人として換算。

ータベースサービス機関が生まれた。

　日本では2章で後述するように，1963(昭和38)年の『中小都市における公共図書館の運営』[6]の刊行以後，公共図書館は貸出サービスを中心に発展を遂げた。

　近年はさまざまな情報媒体が生まれてきている。それを受けて公共図書館でも従来の印刷資料，視聴覚資料，電子情報等の提供に加えて，電子書籍の提供に代表されるような新しいサービス形態を開拓しつつある。

（2）図書館サービスの法的基盤

　公共図書館サービスの基本となる主な法規は「日本国憲法」「教育基本法」「社会教育法」と，それらの精神を具現化するものとして制定された「図書館法」である。憲法の中では図書館や図書館サービスには直接言及されてはいないが，学習権，社会的生存権，知る権利，参政権など，基本的人権のいくつかの条項は公共図書館におけるサービスと深い関係を有している。

　図書館サービスを行政的観点から考えるときには法的事項が関係してくるが，そうした事項について規定し，時代に即応する公共図書館および図書館サービスのあり方を明示しようとするのが「図書館法」の目的である。

　具体的には図書館サービスの行われる基本的条件，たとえば設置の手続き，職員組織，国庫補助，入館料等について触れられている。特に，図書館サービスに関しては第3条（図書館奉仕）を確認しておくことが重要である。図書館サービスは「図書館奉仕」と表現されているが，まず図書館サービスを実施する場合の留意点が"図書館奉仕のため，土地の事情及び一般公衆の希望に沿い，更に学校教育を援助し，及び家庭教育の向上に資することとなるように留意し……"と示されている。

　次に，9項目にわたって図書館サービスの具体的内容が列記されている。1，2は図書館の基本的機能である資料収集・整理・提供，3は図書館職員の資質・能力と相談業務，4は他館種との図書館協力，5は分館等のネットワーク，6は読書会等各種サービスの展開，7はレファレンスサービス，8は社会教育活動の奨励，9は博物館他の類縁機関との連携協力について述べている。

6：略称『中小レポート』。日本図書館協会刊行の中小公共図書館のための指針書。

これらのサービス内容は，当然ながら図書館法が制定された時代背景を反映しているが，時代の変化は常に図書館に新しいサービスを要求してくる。その意味では，これらの公共図書館サービスの内容はあくまで例示として理解すべきである。しかし同時に，これらのサービスは基本的なものであり，時代の変化を超えて適用可能な側面を有するともいえる。すなわち，第3条の規定は公共図書館サービスの基本的な方向性を示しているということができよう。この規定を基礎に置いた上で，常に新しい時代の要請に即した多様な図書館サービスが行政サービスとして展開されなければならない。また第4条から第6条にかけて，「図書館に置かれる専門的職員」としての司書及び司書補について言及されている。

特に第5条において，図書館専門職の教育養成基盤として従来の司書講習に替えて，大学における科目履修を第一においた最近の改正は，図書館情報専門職教育の国際的なレベルアップの動向に則したものとして，大きな意義を有しているといえる。

さらに第13条では，図書館サービスに関して最も大きな責任を有する図書館長についても"館長は，館務を掌理し，所属職員を監督して，図書館奉仕の機能の達成に努めなければならない"と述べている。また，第14条では図書館協議会を取り上げ，地域のさまざまな人々から図書館サービスに関して助言や意見をうけることの重要性も示し，第17条では，公立図書館の無料の原則が示されている。これは「いつでもどこでもすべての人にすべての資料を」とうたわれている公共図書館サービスの基本原則に直接かかわる，きわめて重要な規定である。しかしながら昨今の急激な情報化社会のもとでは，外部データベースを使用する有料オンライン情報検索の例にみられるように，無料の原則に収まりきらないような状況も存在していることは否めない。

また，「日本国憲法」「教育基本法」「社会教育法」「図書館法」という法制のもとで長い年月に渡って図書館サービスが実施されてきたが，最近になり新たな法環境の変化も生じている。すなわち，「情報公開法」「個人情報保護法」「公文書管理法」等の法制が新たに設けられた結果，特に公共図書館等での図書館サービス上，国の安全保障・外国との条約上の規定・個人情報に関する記載等に関する図書類の自由な閲覧提供に影響が生じることが懸念されるという

ことである。

　図書館サービスと直接関係する法規としては「図書館法」が主要なものであるが、その他にも図書館サービスを支えるものとして後述する各種の基準や宣言、倫理綱領などが存在する。

2．図書館サービスを支える理念

　ここで改めて、「図書館サービスとは何か」について考えてみよう。まず「サービス」という言葉自体について、手もとの英和辞典で調べてみると、"①奉仕、貢献。②世話、助力。③仕事、勤務。④雇用。⑤（客に対する）もてなし、給仕。⑥運航。⑦公益事業。⑧（役所などの）部門。⑨軍務。⑩宗教儀式、礼拝。⑪献立。⑫（法律）送達"……など多数の訳語が見られる[7]。

　このように、英語のサービスという語は非常に広範な意味内容を有している。日本の図書館では、かつては「図書館奉仕」とか「図書館活動」と呼んでいたが、現在では「図書館サービス」という語が定着している。この用語変遷の背後に、図書館を取り巻く社会の変化に対応した、図書館活動そのものの変化と多様化を読み取ることができるだろう。

　特に近年は「電子図書館」という表現に象徴されるように、図書館が所蔵する資料は電子化されたものが急激に増え、利用者が自宅に居ながら図書館の蔵書を検索・閲覧することが可能になっている場合もある。このようなさまざまな電子情報とメディアによる、いわば機械化された支援、もこれからの図書館には不可欠である。しかしそれと並んで、図書と読者、図書館職員と利用者が直接に触れ合う場としての図書館の「優れて人間的な側面」ともいうべき特質は、今後も永久に変わることはないであろう。

　既述のように図書館は住民の求める情報・資料を提供することを通して、人々の知る権利や学習する権利を保障し、教養や趣味を育むことを基本的な機能とする社会機関である。そのために、図書館では資料の収集・組織化・保存整備等の働きをしている。「図書館法」ではそうした事柄を、第2条において

7：川本茂雄編．講談社英和辞典．講談社，1977．
　小稲義男ほか編．研究社新英和大辞典．第5版，研究社，1980．

以下のように表現している。"この法律において「図書館」とは，図書，記録その他必要な資料を収集し，整理し，保存して，一般公衆の利用に供し，その教養，調査研究，レクリエーション等に資することを目的とする施設……"。また同法第3条においては"図書館は図書館奉仕のため，土地の事情および一般公衆の希望に沿い……，おおむね次に掲げる事項の実施に努めなければならない"として，「図書館奉仕」という表現を用いている。

今日の図書館サービスとは，"図書館がサービス対象者の情報ニーズに合わせて提供するサービス全体"であるとされ，"図書館で行われる図書の利用と情報の伝達にかかわる幅広いサービスを含む概念"と定義されている[8]。

図書館サービスは，図書館の種類・利用者の種類・サービスを提供する施設の目的によってそれぞれ異なっているが，資料の収集・組織化・保存といったテクニカルサービス（間接的サービスともいう）と，資料・情報提供の形で図書館が利用者に対して直接かかわるパブリックサービス（直接的サービスともいう）とに大きく分けることができる。しかし場合によっては，直接的な利用提供に係るパブリックサービスのみを指して図書館サービスと呼ぶこともある。

以下に，図書館サービスの基本理念を示す内外の代表的な文書をいくつか紹介していく。それらの中に「図書館サービスとは何か」という問いに対する具体的な答えを見出すことができるであろう。

(1)「ユネスコ公共図書館宣言1994年」
　　　　（UNESCO Public Library Manifesto）

ユネスコ[9]は世界の国々に公共図書館が普及し，その意義がより理解されるように，公共図書館の目的に関する「公共図書館宣言」を1949年に発表した。その後社会の変化や進展を取り入れて1972年に改訂がなされ，さらに1994年にはコンピュータや衛星通信の発達などにより情報化社会へと大きく変化した状況を反映して再改訂された。

この宣言は，公共図書館が教育・文化・情報の活力であり，人々の心に平和

8：日本図書館情報学会用語辞典編集委員会編．図書館情報学用語辞典．第3版，丸善出版，2007，177p．
9：国際連合教育科学文化機関。1946年発足。日本は1951年に加盟。

と精神的豊かさを育成するために無くてはならない機関である，というユネスコの信念を公式に表明したものである。図書館はすべての人が平等に利用できるという原則に基づいてサービスが提供されること，いかなる検閲にも屈してはならないこと，利用は原則として無料とし，国および地方自治体により経費が調達されねばならないことなどを述べている。1994年の改訂ではアウトリーチサービス[10]が明確に位置づけられている。さらに，近年の情報化社会の進展を反映して，多様なメディアや技術を取り入れて容易に情報が入手できるようにする，地域の情報センターとして公共図書館を位置づけている。

（2）「図書館の権利宣言」（Library Bill of Rights）

　アメリカ図書館協会（American Library Association：ALA）が図書館と利用者の知的自由を守るための基本方針として1939年に採択したもので，「図書館憲章」とも訳される。ナチスの焚書や国内右翼の検閲に対する抵抗の指針として採択され，その後1948・1967・1980年に改訂された。前文では，"アメリカ図書館協会はすべての図書館が情報・思想の交流の場であり，以下の基本方針が図書館サービスの指針となるべきであるということを確認する"として，本文で以下の6項目を挙げている。ⅰ著者の出身・経歴・見解を理由とする資料排除の禁止，ⅱ党派や主義を理由とする資料排除の禁止，ⅲ検閲の拒否，ⅳ表現の自由や思想の抑圧に抵抗する個人・団体との協調，ⅴ個人の出身・年齢・経歴・見解を理由とする図書館利用の権利の拒否・制限の禁止，ⅵ個人・団体への展示空間や集会室の公平な提供。

　この宣言の解釈および解説として，『図書館における知的自由マニュアル』[11]が出版されている。

10：施設入所者，低所得者，非識字者，民族的少数者など，これまで図書館サービスが及ばなかった人々に対して，サービスを広げていく活動。

11：American Library Association. "Intellectual Freedom Manual". American Library Association. 1974. http：//www.ala.org/ala/aboutala/offices/oif/iftoolkits/ifmanual/intellectual.cfm，（参照2011-08-15）．

（3）「図書館の自由に関する宣言」
　（Statement on Intellectual Freedom in Libraries）

　アメリカ図書館協会が作成した上記「図書館の権利宣言」に対応するものとして，それを基に日本図書館協会が作成し，1954年に全国図書館大会において採択され，1979年に改訂がなされた。図書館および図書館員の知的自由に関する基本的立場とその決意が，以下のような内容で表明されている。

　"図書館は，基本的人権のひとつとして知る自由をもつ国民に，資料と施設を提供することを，もっとも重要な任務とする"

　"この任務を果たすため，図書館は次のことを確認し実践する"

　"第1　図書館は資料収集の自由を有する。第2　図書館は資料提供の自由を有する。第3　図書館は利用者の秘密を守る。第4　図書館はすべての検閲に反対する。第5　図書館の自由が侵されるとき，われわれは団結して，あくまで自由を守る"

　特に注目すべきは前文第4項において，"わが国においては，図書館が国民の知る自由を保障するのではなく，国民に対する「思想善導」の機関として，国民の知る自由を妨げる役割さえ果たした歴史的事実があることを忘れてはならない。図書館は，この反省の上に，国民の知る自由を守り，ひろげていく責任を果たすことが必要である"として，日本における図書館人の戦争責任に言及している点であろう。

（4）「図書館員の倫理綱領」（Code of Ethics for Librarians）

　これは上記「図書館の自由に関する宣言」といわば表裏一体の関係にあるもので，図書館員を対象にした倫理綱領である。1980年の日本図書館協会総会において採択され，以下のような内容が盛り込まれている。

　"この倫理綱領は，「図書館の自由に関する宣言」によって示された図書館の社会的責任を自覚し，自らの職責を遂行していくための図書館員としての自律的規範である"

　"第1　図書館員は社会の期待と利用者の要求を基本的なよりどころとして職務を遂行する。第2　図書館員は利用者を差別しない。第3　図書館員は利

用者の秘密を漏らさない。第4 図書館員は図書館の自由を守り，資料の収集，保存および提供につとめる。第5 図書館員は常に資料を知ることにつとめる。第6 図書館員は個人的，集団的に，不断の研修につとめる。第7 図書館員は，自館の運営方針や奉仕計画の策定に積極的に参画する。第8 図書館員は，相互の協力を密にして，集団としての専門的能力の向上につとめる。第9 図書館員は，図書館奉仕のために適正な労働条件の確保につとめる。第10 図書館は図書館間の理解と協力につとめる。第11 図書館員は住民や他団体とも協力して，社会の文化環境の醸成につとめる。第12 図書館員は，読者の立場に立って出版文化の発展に寄与するようつとめる"。

(5)『図書館学の五法則』(The Five Laws of Library Science)

　これはインド出身の高名な図書館学者ランガナータン (Shiyali Ramamrita Ranganathan, 1892-1972) [12]が1931年に出版した著書であるが，その中で図書館の基本的目標を，以下のような5項目の法則として簡潔に表したものである。
　第1法則　図書館は利用するためのものである。
　第2法則　いずれの読者にもすべて，その人の図書を。
　第3法則　いずれの図書にもすべて，その読者を。
　第4法則　図書館利用者の時間を節約せよ。
　第5法則　図書館は成長する有機体である。
　特に第5法則は，今日でもさまざまな機会に引用されることが多い。

(6)「公立図書館の任務と目標」
　　　(Mission and Objectives of Public Library)

　「図書館法」第18条で言及されている「公立図書館の設置および運営に関する基準」が国によってなかなか策定されないために，日本図書館協会図書館政策特別委員会が図書館サービス計画立案の参考資料として，1983年に検討を開始し，1987年に「公立図書館の任務と目標（最終報告）」として公表されたも

12：インド図書館学の父とも，分類理論の世界的権威とも称される。コロン分類法で有名な図書館分類法での貢献の他に目録法の研究，『図書館学の五法則』での図書館学の根本原理提唱など，図書館学のほぼ全分野に渡って国際的にも活躍した。

のである。1989年に『「公立図書館の任務と目標」解説』が出版され，その後増補改定が続けられている。

この「公立図書館の任務と目標」は公立図書館はどういう活動を展開すべきか，サービスの目標はどこにあるのかを明示するのがねらいである。"すべての国民に図書館利用の権利を保証することは，民主主義国家においては必須の条件であり，これは公の責任において果たさなければならない"と強調している。

第1章では基本的事項として，公立図書館の役割と要件・知る自由の保障・図書館計画・住民参加・図書館相互の協力・図書館職員などにふれ，第2章および第3章では市区町村立図書館および都道府県立図書館を対象にして図書館システム・サービス・資料・相互協力などのあり方に触れている。続く第4章では公立図書館の経営に関して述べ，最終第5章では図書館振興策について述べている。付録として「数量的な目標」がある。これはすべての公立図書館を対象とする指針として，わが国で最初のものといえよう。

3．図書館サービスの要素

図書館サービスを構成する要素とは具体的にどのようなものか？　これは，サービス活動を展開する図書館そのものを支える構成要素と言い換えることもできる。なぜならば，図書館という社会機関はその基本的な存在理由を，住民への資料・情報提供というサービスにおいているからである。そのように考えた場合，図書館サービスを構成する要素としては以下のように，「図書館資料」「図書館施設」「図書館職員」「図書館利用者」の四つのものが挙げられる。

（1）図書館資料

図書館資料（library material）とは一言で言えば，図書館が収集の対象とするすべての資料のことである。いくつかの区分が可能だが「図書館法」では，図書館を"図書，記録その他必要な資料を収集し……"と定義し，その第3条において，"郷土資料，地方行政資料，美術品，レコード及びフィルムの収集にも十分留意して，図書，記録，視覚聴覚教育の資料その他必要な資料（以下，

「図書館資料」という。）を収集し，……"と示している。

また，『日本目録規則　1987年版　改定三版』(2006年）では，"1）図書，2）書写資料（手稿，写本等），3）地図資料，4）楽譜，5）録音資料，6）映像資料，7）静止画資料（写真集，原画，版画，ポスター，複製画等），8）電子資料（データ，プログラム等），9）博物資料（標本，模型等），10）点字資料，11）マイクロ資料，12）継続刊行物（逐次刊行物等）"のように区分をしている。

これまで人類は伝達手段として情報を文字や記号等に変え，石や粘土板，パピルス，羊皮紙，木の葉，木片，紙などを書写材料として利用し，記録してきた。これらのものが保存され残っているもの，すなわち「情報を文字などの記号によって記録し，再現できるようにした物」が資料といえよう。今日では従来の紙・印刷資料に加え，さまざまな電子資料が急増しており，それらの多くも図書館資料として，利用者に提供されるようになっている。

図書館は利用者の求めに応じた資料構成を実現し，それを提供するが，増大する一方の資料に対しては収集・保存・提供に関するさまざまな形での図書館間相互協力が必要となる。図書館はすべての住民の多様な資料要求に応えるために幅広い資料整備を行わなければならないので，資料構成は有機的なつながりをもち，住民のニーズと地域社会の状況を反映したものでなければならない。

（2）図書館施設

図書館サービスに供されるための建築物が一般的に図書館施設（library facility）と呼ばれるものである。これには独立した建物，他の建物の一部，規模の大きなもの，小さなものなどさまざまなものがある。図書館施設は図書館建築という語と同義語のように用いられることもあるが，前者は図書館と他の施設との関係や，図書館の地域計画の含まれる諸施設の機能や規模等を論じる際に用いられる場合が多い。図書館建築の方は個々の建物の構造や設備等に関して用いられる場合が多いといえよう[13]。

同一の敷地内あるいは建物内に，公民館や文化センターなど多機能を持った

13：図書館問題研究会編．図書館用語辞典．角川書店，1982，p.452.

施設と混在させる形で建設された図書館を複合併設図書館と呼ぶ。このような複合施設の図書館部分，あるいは保存書庫など図書館機能の一部を果たすための施設や，他の建物の一部を当てている分室や配本所なども図書館施設と呼ぶことができる。また，「図書館法」第9条においては，図書館同種施設に関して言及されているが，これは公立図書館・私立図書館以外の，図書館と同様の機能を果たす施設を指しており，地域文庫，家庭文庫，町内会等団体の設置する図書室などがこれに該当する。

「公立図書館の設置及び運営上の望ましい基準」(2001年)[14]では，図書館サービスの水準を達成するため，開架・閲覧，収蔵，レファレンスサービス，集会・展示，情報機器，視聴覚機器，事務管理などに必要な施設・設備を確保するよう求めるとともに，児童・青少年，高齢者および障害者等に対するサービスに必要な施設・設備など具体的な指針が示されている。

(3) 図書館職員

図書館で働いているすべての職員の総称が図書館職員 (library staff) であり，図書館員ともいう。専任職員のほかに臨時職員，嘱託職員，派遣職員などさまざまな身分の職員がいる。公共図書館の場合は専任職員の中にも司書，事務職員，技術職員などがいる。図書館の管理と運営はすべての図書館職員の協力によって行われているが，専門職としての基礎教育を受け，図書館現場での経験を積み，不断に自己研修に努めている司書が主に資料の収集・組織化・保存・提供といった中心的な一連の仕事を担っている場合が多い。十分な専門職員が確保できない図書館では，これらの仕事を他の職種の職員が行っている場合もあるが改善が望まれる。

日本における図書館専門職に関しては，その養成・教育体制が必ずしも十分でないことに起因する司書の能力不足，図書館現場における専門職司書採用の困難性，社会における図書館専門職司書に対する評価の低さ等々，いずれも相互に関連している問題であり，図書館専門職の問題は大きな課題として図書館関係者の前に立ちはだかっている。

14：巻末資料参照。

（4）図書館利用者

　図書館がサービス対象とする人々のうち，実際に図書館を利用する個人および団体を図書館利用者（library user, customer, patron, clientele）という。館種により特色があるが公共図書館の場合は，老若男女あらゆる年齢層の広がりをもち利用形態もさまざまである。

　サービス対象集団としては主に，設置自治体の住民や他の地域からその自治体に通勤・通学している人々が中心であるが，近年は近隣自治体住民を含む広域利用がかなり広がっている。図書館としては定期的にその利用者の構成状況やニーズの変化を把握することによって，サービス計画の練り直しやサービス戦略の明確化を図ることも必要である。図書館サービスの対象でありながら図書館を実際には利用しない人々を「潜在的利用者」と位置づけることができるが，この中には，障害者・高齢者・非識字者・外国人等，図書館利用に関する何らかの障害が原因で利用できないケースも含まれる。また，図書館を利用しない原因としては，図書館に対する無関心の他に，図書館施設設備の不備，時間的条件，サービス面での問題，PR不足等が考えられる。

　近代・現代の図書館サービスにおいては後述する「提供」機能と相まって，この「図書館利用者」が最も重要な要素といっても過言ではないだろう。

4．図書館サービスの機能

　図書館の基本的機能は図書館法にも示されているように，資料の収集・組織化（整理），保存そして提供である。以下にそれぞれの内容に関して簡単に説明を加える。

（1）収集

　収集（acquisition）機能には資料選択，発注，受入，支払い，登録を経て，資料を組織化担当者に渡すまでの，図書館における最初の業務が含まれる。それぞれの図書館における収集方針と基準に沿って資料選択と収集が実施される。具体的な収集方法には，購入，寄贈，交換，寄託などがあるが，一般的な公共

図書館の場合は購入によるものが中心となる。近年は新刊点数が年間約8万点近い一方でいずれの図書館でも資料購入費が削減され，さらに電子媒体資料も急増しているため，資料収集は難しい判断を伴う仕事となっている。こうした状況に対応するために，複数館が協力関係を築き「分担収集・保存」を実施したり，外国雑誌や電子媒体資料購入に関しては「図書館コンソーシアム」といった協力連合組織をつくり，合理化・効率化を図る例も増えている。

資料収集に際しては，各館の収集方針を成文化したものを整備することが重要である。担当職員に関しては，資料に関する専門的知識と経験を必要とすることから，専任の専門職員が担っている場合が多い。

(2) 組織化（整理）

収集した各種資料をいつでも誰でもその目的に応じて迅速に利用できる状態に整えることが，資料の組織化（technical processing, technical service）である。具体的には分類・目録作成，装備など，資料を館内の所定の書架に排架するまでのプロセスを指している。従来はこの分類・目録業務が図書館専門職としての司書の最も専門的で重要な仕事と考えられ，その作業にかなりの時間を費やしていた。

しかし1963年のいわゆる『中小レポート』以降，貸出中心の図書館サービスが展開される中で，職員のエネルギーの多くは貸出やレファレンスといった，直接サービスに向けられる傾向が強まった。さらには複写機の発達，コンピュータ利用のMARC（Machine Readable Catalog：機械可読目録）の登場等により，図書館業務全般の合理化が大きく進み，個別図書館における組織化の時間も労力も大幅に短縮されるようになった。しかし一方では，図書館資料の多様化に伴う書誌データ作成の複雑化・高度化などから，この分野の知識・技能は従来以上に図書館専門職としての基本的技能として重要なものとなっている側面もあることを，見逃してはならない。

(3) 保存

図書館資料は利用されてこそ意味があるといえるが，それを支える重要な機能として，保存（preservation and conservation）がある。図書館資料はその

時期，その時代の利用だけではなく，将来の利用をも考慮して収集・保存がなされることが必要である。公共図書館のうち，規模の大きい都道府県立図書館や中央館にはとくに保存機能を担う責任が託されている。その最たるものが各国の国立図書館である。

　一般の公共図書館の場合はスペース上の問題から，現在貸出要求の多い資料を優先的に収容し，利用頻度の落ちた資料は大規模図書館に依存したり，近隣の図書館同士で分担保存を図るといった工夫が見られる。また，協同で保存書庫を設置する場合もある。日常的な保存に関する業務としては，毎日の貸出返却作業を通じて資料の痛み具合を把握したり，排架作業に際して回りの資料の状況をチェックし，補修が必要な資料に関しては早めの手当てを施すことが大事である。

　一方で，国立図書館を始めとする大規模図書館においては，酸性紙による資料劣化が世界的にも大きな問題となっている。わが国でも中性紙使用が奨励され，その効果が期待されている。それぞれの図書館において，個別資料に適した方法を採用して適切な保存をはかることが大切である。

(4) 提供

　利用者が必要とする資料・情報を提供 (provision of library material) することであり，図書館にとって最も重要な本質的・基本的機能といえよう。上述の収集・組織化・保存機能は，すべてこの提供機能を支えるものとして存在・機能するといっても過言ではあるまい。提供機能は，『中小レポート』以降，館外貸出という具体的・戦略的な方法によって，公共図書館における中核的な機能として強調されてきた。資料の貸出は個人を対象とするだけではなく，団体も対象とされる。資料は利用者の望む方法・利用者にとって便利な方法で利用できるようにすることが重要だとする考え方は，他の館種におけるサービス方針にも影響を与えてきたといえよう。

　こうした貸出重視の考え方の背後には，実は，貸出が十分に行われることによって，レファレンスの要求も生まれ拡大する，さらには読書会などの集会行事活用も活発化する，といった資料提供と情報提供，すなわち貸出とレファレンスサービスとの間の有機的な関係を展望する思想が横たわっていたと思われ

る。しかし日本においてこれまでのところ，貸出に対応するだけの十分なレファレンスサービスが展開されているとは言い難く，このことが図書館関係者の今後の課題となっている。

5．図書館サービスの諸相

　図書館サービスは，図書館がサービス対象者の資料・情報ニーズに合わせて提供するサービス全体を指す概念である。すなわち，図書館で行われる資料の利用と情報の伝達にかかわる幅広いサービスを含む概念であり，図書館の種類・利用者の種類・サービスを提供する施設の目的によって異なってくる。ここではそうした図書館サービスの枠組みおよび概略を以下に紹介する。

（1）テクニカルサービスとパブリックサービス[15]

　館種の違いに関係なく一般的に図書館サービスには，資料の管理と組織を中心とした，利用者の目には見えにくいテクニカルサービス（資料の収集・組織化・保管など）と，直接利用者と接する度合いの大きいパブリックサービス（資料・情報の提供などの利用者サービス）とに，大きく分けることができる。前者を間接的サービス，そして後者を直接的サービスと呼ぶこともできる。3章以下でも触れるが，前者は後者のサービスを実施する前提となる。いずれも利用者のために図書館が行う重要なサービス機能であるが，特に公共図書館の場合は，直接的サービスであるパブリックサービスがさまざまな展開をみせていることもあって，このパブリックサービスを指して図書館サービスという場合もある。言葉を変えれば，図書館サービスとは広義には，記録情報である資料を収集し，これを整理・蓄積して利用者に提供する図書館の専門的業務全体を指すが，狭義には特に資料・情報の提供にかかわるパブリックサービスを指して図書館サービスという。パブリックサービスが十分機能するためには，それを支えるテクニカルサービスがしっかりと機能していなければならないことは言うまでもない。

15：テクニカルサービスとパブリックサービスについては，3章以下でも扱う。

以下に，パブリックサービスを中心にして，さまざまな種類の図書館サービスを簡単に紹介する。本章ではそれらの枠組みと概略のみに留め，3章以下でそれぞれのサービス内容を詳述する。

a．利用対象別の図書館サービス
❶年齢別サービス
①乳幼児サービス……近年開始されたブックスタートが代表的なものである。これは乳幼児健康診断の折などに図書館員が保健所等に出向いて絵本を読み聞かせたり，絵本の与え方等で母親の相談にのったり絵本キットをプレゼントしたりするサービスである。

②児童サービス……お話会，ストーリーテリング，ブックトーク，読み聞かせ等が代表的なものである。

③ヤングアダルトサービス……青少年サービスとも言われ中高生が中心である。活字離れの激しい年代なので，サービスにも工夫が求められる。

④成人サービス……社会の変化等に対応し，就職・転職・職業能力開発，日常の仕事等のための資料および情報の収集・提供がもとめられる。

⑤高齢者サービス……高齢者に配慮した施設・大活字本・拡大読書器などの設置が望ましい。図書館利用の際の介助・対面朗読・宅配サービス等きめ細かなサービスも必要である。

❷障害者サービス
視覚障害者，聴覚障害者，身体障害者等の状況に応じた施設・設備の整備が求められる。点字資料，録音資料，手話や字幕入りの映像資料の整備・充実，資料利用を可能にする機器・機材の整備や手話等による良好なコミュニケーションの確保，図書館利用の際の介助，対面朗読，宅配サービス等が含まれる。

ただし，障害者サービスは本来的には福祉施策の範疇で検討され，実行されるべきであり，その意味では，今後は地域の図書館と福祉施設の間のサービスに関する相互協力・連携がより活発になることが望まれる。

❸その他の特定利用者向けサービス
①多文化サービス……在住外国人に対するサービスである外国語資料の収集・提供，利用案内やレファレンスサービス等が含まれる。

②アウトリーチサービス……施設入所者・入院患者・受刑者・低所得者・非

識字者など，サービス圏内に居ながらこれまでサービスが及んでいなかった人々に対する積極的なサービスである。

b．形態別の図書館サービス

図書館サービスを形態別に見た場合，いくつかの類型化が可能である。ここでは従来からの貸出サービスに代表される，「資料提供サービス」と，レファレンスサービスに代表される，「情報提供サービス」に大別して主なものをみていく[16]。

4 資料提供サービス

①閲覧（館内での資料の利用）

②貸出（館外での資料の利用），複写（利用者自身が行うもの）

③文献送付（依頼に応じて職員が行う複写および送達）

④資料配布（利用者への資料の送達）

⑤現物貸借（図書館間相互貸借など）

⑥予約サービス

5 情報提供サービス

①レファレンスサービス……利用案内（施設の利用案内，資料の利用案内，情報・文献探索法の指導），情報提供（情報源の提供や提示，情報源の所在箇所の指示，二次資料の作成と提供，レフェラルサービス）

②文献検索（文献調査，オンラインデータベース検索設備の提供，CD-ROM検索設備の提供，代行検索）

③カレントアウェアネス（コンテンツサービス，SDI・アラートサービス）

④その他（読書相談，論文作成指導など）

6 その他　　施設の提供（集会・行事活動），広報活動

c．館種別の図書館サービス（3章3，4も参照）

設置母体別に図書館を見た場合，国立図書館，公立図書館，学校図書館，大学図書館，専門図書館，その他の図書館に分けることができる。図書館サービスの根幹部分は館種の如何(いかん)を問わず共通のものが多いが，各図書館は利用対象はじめ固有の条件に従った独自の設立目的をもっており，それに沿って館種固

16：詳細は4章，5章を参照。

有のサービスも展開している。ここでは館種ごとにその特徴的な図書館サービスに関して簡単に紹介してみよう。

❶国立図書館のサービス　その国を代表する図書館としての位置づけを与えられており，多くの場合，納本制などに基づきその国の出版物を網羅的に収集・保存する機能を果たしている。質・量ともに国内最大級の図書館である。日本では，1948（昭和23）年に「国立国会図書館法」が制定され，そのサービス基盤が明記されている。そのサービスは国会議員に対するものと，国民に対するものとの二面性を有している。

中央の図書館は東京本館（全体統括，国会へのサービス，行政および司法各部門へのサービス，資料収集方針策定と実施，全国書誌の作成，館内利用サービス，専門情報サービス等を担当）および関西館（遠隔利用サービス，館内利用サービス，アジア情報サービス，総合目録の作成と提供，障害者図書館協力事業，図書館情報学研究と図書館員研修，電子図書館コンテンツの構築と提供等を担当）から構成されている。また支部図書館として，国際子ども図書館（児童書及び関連資料の収集・提供・保存，閲覧・複写・レファレンスサービス，展示・イベント，学校図書館等との連携，デジタルアーカイブ，デジタルミュージアム等の電子図書館サービスなどを担当）をはじめ，各行政・司法部門の支部図書館がある。これらが全体として日本の国立国会図書館を構成している。国立図書館の最大の特徴は，その網羅的な資料収集・全国書誌作成と保存機能にあるといえよう。

❷公立図書館（多くの場合，公共図書館と重なる）のサービス　1950（昭和25）年制定の「図書館法」には"国民の教育と文化の発展に寄与すること""教養，調査研究，レクリエーション等に資すること"が目的とされている。利用対象は国民，すなわち老若男女を含むすべての国民である。さまざまな背景をもつ利用者一人ひとりに満足してもらえるような図書館サービスを実現することはある意味では至難の業ともいえるが，しかしそれを目指すことこそ専門職としての図書館司書の誇りというべきであろう。本来は公共図書館の利用対象者であるが，特別な事情で利用面での障害・制約をかかえている人々のためのサービスに関しては，後述「その他の図書館」で別に扱う。

「図書館法」では"入館料その他図書館資料の利用に対するいかなる対価を

も徴収してはならない"として公立図書館無料の原則を打ち出している。近年の急速な情報化社会の出現により，データベースなどある種の情報は高額料金を図書館に課す場合もあるが，それをそのまま利用者負担とすることは現時点では行われていない。しかし諸外国の例なども参照し，日本でも有料制を支持する声は一部で高まってきている。

3 学校図書館のサービス　サービス対象は1953(昭和28)年に制定された学校図書館法に明記されているように，小学校・中学校・高等学校（各種特別支援学校を含む）の児童・生徒および教員である。同法には明記されていないが当然職員も利用対象に含まれていると考えるべきであろう。そのサービスの特徴は，"教育課程の展開に寄与すること"および"児童又は生徒の健全な教養を育成すること"とされている。具体的には児童・生徒に対する読書活動促進のためのさまざまなサービスや，授業と有機的に関連付けられた情報活用能力育成のためのサービスがある。また教員に対してはその教育・研究活動をさまざまな形で支援する。実際に学校図書館の業務を任っているのは，いわゆる学校司書と呼ばれる人々の場合が多い。

　2003(平成15)年4月から12学級以上のすべての学校には司書教諭を置くこととなっているが，まだ全体の半数近い11学級以下の規模の学校が存在していること，多くの場合司書教諭は兼任であることなど，さまざまな問題が多い。教科担任や情報科目担当者とのティームティーチングをはじめとする各種連携，父母・ボランティア等のサポート活用，地域の公共図書館との連携協力により，上記の目的を達成できるような体制つくりが急務といえよう。その際，校長や教育委員会関係者の学校図書館運営に対する理解と優れたリーダーシップが，成功の鍵を握る極めて重要な要素であることは明らかである。

4 大学図書館のサービス　大学図書館固有の法律はないが，「大学設置基準」等が設置・運営の根拠となっている。一般的に利用対象は学生および教職員であり，研究・教育に資することが目的とされる。設置母体の特徴を反映したサービス内容となるが，公共図書館や学校図書館に比べて，専門的な内容のレファレンスサービスが活発といえよう。一般的に資料は質量ともに公共・学校図書館に比べて充実している。また電子媒体の資料も積極的に収集され，学生・教員のために教育・研究両面におけるサービスを提供している。近年は外国も

含めた他大学図書館とのさまざまな図書館協力が盛んになっている。一方では地域住民への資料・情報提供サービスを積極的に行う大学図書館も増えてきている。

5 専門図書館のサービス　専門図書館はその種類と数が多く，公共図書館や大学図書館でも一部のものは専門図書館的な性格を有しているため，明確な線引きはなかなか困難である。そのサービスの特徴としては第一に，利用対象が特定の専門領域にかかわる人々に限定されている。第二に，その扱う資料・情報もいわゆる灰色文献[17]や，オンラインデータベースに代表されるような，最新かつ専門的なものが多いことが挙げられる。そのため，サービスの質は他の館種に比べて高度で専門性の高いのものとなり，その実態は調査活動や情報分析活動となる。このため専門図書館サービスを行うには司書としての能力に加え，専門調査研究活動能力は必要不可欠である。また，職員には最新の電子媒体を駆使する技能も要求される。

6 その他の図書館のサービス[18]

①点字図書館……視覚に障害を有する人々のための図書館であり，1949(昭和24)年制定の「身体障害者福祉法」に基づいて運営されている。点字資料，録音資料，大活字本等を整備し，もっぱら郵送貸出によりサービスを展開している。点字図書館では著作権法の規程により，著作権者の許諾不要で録音資料の作成が可能となっている。視覚障害者情報提供施設として点字図書館を含む多くの施設が，全国各都道府県に設置されている。

②病院図書館……日本ではまだ入院患者のための充実した図書館サービスはごく一部を除き，実現していない。人々の意識の高まりとともに，地域の公共図書館と病院内図書館との一層の連携協力が望まれる。

③刑務所図書館……1908(明治41)年制定の「監獄法」により収容者の読書権が認められてはいるが，独立施設は少なく，サービス内容も極めて貧しいものである。諸外国の例に学ぶべき点が多いといえよう。

17：学位論文，会議資料，調査研究報告書等，一般の流通経路にのらないため入手が困難な資料をいう。
18：6章も参照。

6．変化する図書館サービス[19]

　急激な社会の情報化により，図書館サービスは大きな変化をみせている。公共図書館においてもインターネットでの蔵書検索や予約システムが一般的になり，図書館資料を家の近くの図書館や公民館，コンビニエンスストアで受け取ったり，返却したりする試みも進んでいる。ビジネス支援サービスや地域資料の充実といった特色あるサービスを展開している図書館も多い。県立図書館や大学図書館などでは，図書館に足を運ばなくても受けられるデジタルレファレンスサービスの実施，所蔵資料の電子化・公開，コンソーシアム形成による学術情報の収集・提供・発信機能の強化，海外学術研究機関との連携緊密化なども進められている。

　しかし一方では，こうしたサービスの展開に伴って新しい問題も生まれている。たとえば，物流にかかわる費用負担の問題，相互貸借のルールの明確化，コンピュータウィルスやセキュリティーの問題などが顕在化し始めている。

　インターネットを中心とするコンピュータネットワークを用いた資料・情報提供が，特に科学技術分野やビジネス分野を中心として今後さらに発展することは確実であろう。しかしそうした変化の中にあっても，人々の豊かで充実した生活を支えるための資料・情報を提供する社会機関として，図書館は今後も変わらず生き続けることは間違いないといってよいだろう。

19：3章以下で詳しく扱う。

2章 公共図書館サービスの変遷

　図書館サービスにはどのようなものがあるかと問われた時，多くの場合真っ先に思い浮かべるのが「閲覧」や「貸出」サービスではないだろうか。図書館に出かけ，書架の中から読みたい本を手に取り，図書館の椅子に座ってページをめくってみる。そして自宅でゆっくり読みたい場合は，貸出登録を済ませて利用者カードを発行してもらい，気に入った本や雑誌，CDやDVDをカウンターに持っていき，貸出手続きをすませる。日頃からこのように図書館へ出かけて本などを借りてくるという人も多いだろう。

　貸出の他にも，図書館ではさまざまなサービスが提供されている。これらの図書館サービスは，時代の変化や利用者ニーズの多様化に合わせて開発・導入された。そこで本章では，公共図書館をとりまく変化とサービスの変遷について，現在の公共図書館サービスの元となったアメリカによる図書館サービスの種類が固まった第二次世界大戦後から，インターネットの利用による新たな図書館サービスの開発が進む現代までを四つの時代に分けて概説する。

　「第1期」の「公共図書館サービスの基盤整備」では，第二次世界大戦後から1950年代までに導入された，アメリカ式のサービスについて述べる。

　「第2期」の「公共図書館数の拡大と貸出サービスの発展」では，1960年代から1970年代の貸出を中心としたサービスの発展を検討する。

　「第3期」では，「図書館利用者のニーズとサービスの多様化」が進んだ，1980年代から1990年代にかけての図書館サービスの多様化について検討する。

　そして1990年代から現在までの「第4期」にあたる「地域の情報拠点としてのICT活用サービスの進展」では，貸出中心主義の反省と，インターネットなどの新たな情報通信技術を使ったサービスの展開について述べる。

　また具体的な図書館サービスの理解が進むように，「先進的図書館」として，各時代の公共図書館サービスの課題に積極的に取り組み，先進的サービスを行った図書館の例を合わせて紹介する。

表2-1　戦後から現在までの公共図書館サービスの変遷

区分	年代	サービスの特徴	先進的図書館の例
第1期	1945-1950年代	公共図書館サービスの法的基盤整備，アメリカ式図書館	CIE図書館・アメリカ文化センター
第2期	1960年代-70年代	公共図書館数の拡大と貸出サービスの発展	日野市立図書館
第3期	1980年代-90年代	図書館利用者のニーズとサービスの多様化	町田市立中央図書館
第4期	1990年代-現在	地域の情報拠点としてのICT活用サービスの進展	浦安市立図書館，千代田区立千代田図書館

1．第1期：公共図書館サービスの基盤整備（1945年-1950年代）

　第二次世界大戦後の「第1期」は，日本の図書館界がアメリカの図書館サービスの影響を直接的に受けた時代であり，現在の公共図書館サービスの基本的な考え方が確立した時代でもある。この時代，日本の図書館界がアメリカの図書館サービスからどのような影響を受けたのかについて考えてみる。

(1) 占領期の図書館振興と図書館法

　終戦後，日本は連合軍総司令部（General Headquarters, the Supreme Commander for the Allied Powers：GHQ/SCAP）の軍事占領下に置かれた。占領の目的は，日本の軍国主義と超国家主義を撲滅し，日本を民主化することであったことから，占領中はアメリカによってさまざまな社会制度改革が行われた。GHQ/SCAPは特に民主主義の啓蒙とアメリカ理解の促進に力を入れており，その手段として公教育制度の整備を進め，ラジオや映画，図書館などのメディアを積極的に活用したこともあり，戦後の図書館振興は急速に進んだ。
　1946年3月，日本の民主化をめざした図書館の専門家を含めた第一次教育使節団が来日し，教育施設や図書館への視察を行った。視察成果は『第一次アメリカ教育使節団報告書』にまとめられ，図書館に関しては，都市部の図書館の

復興，公共図書館の整備，総合目録を核にした相互協力，職員養成の重要性が内容に盛り込まれた。しかし，当時の日本の図書館界にはそれを直ちに受け入れるだけの態勢も能力もなかった。報告書をもとに GHQ/SCAP は図書館振興を進めた。図書館振興の中心的な役割を担ったのが，民間情報教育局（Civil Information and Educational Section：CIE）である。CIE はアメリカ型図書館のモデルとなる「CIE 図書館」（先進的事例参照）を日本国内に複数設置したほか，国立国会図書館の設立，『学校図書館の手引』の編集，図書館学校（Japan Library School）[1]の設立など，今日の日本の図書館の礎ともなる重要な仕事をいくつも行った。

　この時代，特に重要な出来事は，図書館サービスを行うための法的基盤である「図書館法」が1950（昭和25）年に制定されたことである。同法第2条では図書館の定義がなされ，図書館は"一般公衆の利用に供し，その教養，調査研究，レクリエーション等に資することを目的とする施設"として位置づけられ，図書館利用の多様な目的が盛り込まれた。また第3条では，図書館奉仕の内容が具体的に示された。さらに第17条においては，公立図書館では入館料等を徴収してはならないことが定められ，日本の公立図書館に無料の原則が初めて確立された。なお戦前の図書館利用は有料であり，たとえば東京都立図書館では，1949年には5円から8円の閲覧料を徴収していた。CIE では映画「格子なき図書館」を作成し，各地での巡回映写を行い，国民に開かれた新しい図書館像のイメージを広めた。

　このように第1期は，図書館サービスを行うための法的基盤が整い，アメリカの図書館サービスの影響を受けて，現在の公共図書館サービスの基本的な考え方が確立した時代である。

（2）アメリカ式図書館サービスの導入

　CIE の本部は，東京都千代田区内幸町の旧 NHK ビル内に置かれていた。

1：図書館員への教育は，明治36(1903)年の日本文庫協会による「図書館事項講習会」から始まり，大正10(1921)年には修業年限1年の「文部省図書館員教習所（後に講習所）」が開設された。1937年から1943年までの間には検定試験も実施されていた。なお現行の大学での司書養成教育は，慶應義塾大学内に設けられた Japan Library School が最初である。

CIE 図書館は，政策・企画，新聞・出版，放送，映画・演劇などの各部署と共に情報部情報課に属しており，最初の CIE 図書館は，終戦から3か月後の1945年11月に CIE 本部に設けられた。終戦からわずか3か月という短期間で図書館を開くことができたのは，アメリカがすでに海外で図書館運営を行う豊富なノウハウを持っていたからである。第二次世界大戦前には，植民地フィリピンや中南米諸国などに図書館を開設した。戦時中は戦時情報局（Office of War Information：OWI）によってイギリスにアメリカ図書館[2]が開かれたほか，オーストラリアや，インド，南アフリカなどにも図書館が設けられた。このようなさまざまな国での図書館運営の経験は，日本を含めたアジア地域をはじめ，独立間もない新興国などの図書館設置に後年活かされた。

CIE 図書館は，初めはパンフレットを中心とした小さな図書室であったが，1946年3月に日比谷の日東紅茶喫茶店を接収した大きな場所に移転し，本格的な図書館サービスを開始した。1950年までに，人口20万以上の都市，23か所（以下開設順に，東京（日比谷），京都，名古屋，大阪，福岡，新潟，札幌，仙台，金沢，神戸，長崎，静岡，高松，横浜，函館，熊本，広島，東京（新宿），長野，松山，岡山，秋田，北九州）に開かれた。各図書館には，アメリカから取り寄せた英文図書や定期刊行物が収集されていた。それらの資料は誰もが無料で利用することができた。また書架システムは戦前の公共図書館ではほとんど見られなかった開架式が採用され，利用者は図書を直接自由に手に取ることができた。こうした図書館サービスは，海外の情報に飢えていた人々を魅了し，連日多くの人が CIE 図書館を利用した。

占領中の7年間には約50人のアメリカ人ライブラリアンが来日し，CIE 図書館でのサービス提供や運営，日本人図書館員への研修などを行った。特にレファレンスサービスや図書館間相互貸借制度，開架式書架など新しいサービスの導入は，日本の公共図書館のサービス様式に多大なる影響をもたらした。

2：ロンドンにあるアメリカ図書館は，イギリスにいるアメリカのジャーナリスト，宣教師，イギリスの政府機関，教育・文化・科学関係の団体に対し，アメリカの情報を提供する，小規模ではあるが，高度のレファレンス・ライブラリーであった。（今まど子．アメリカの情報交流と図書館：CIE 図書館との係わりにおいて．中央大学文学部紀要．1994，vol.156, no.4, p.36.）

1952年のサンフランシスコ平和条約の発効により日本の占領が終了した後は，CIE 図書館はアメリカ広報・文化交流庁（United States Information Agency：USIA）の出先機関であるアメリカ広報・文化交流局（United States Information Service：USIS）による「アメリカ文化センター（アメリカン・センター）」に代わった。アメリカ文化センターでは図書館の他，映画，ラジオプログラム，人物交流など，日本人の知識人層を主な対象とした，広範な文化活動が行われた。

（3）第1期の先駆的図書館の例：CIE 図書館・アメリカ文化センター

敗戦直後の日本では，海外情報に対する需要は高かったが，当時の日本の外貨事情ではアメリカの資料を購入することは難しかった。そのため CIE 図書館には連日，多くの利用者がつめかけた。

CIE 図書館は無料で公開され，開架式で図書・雑誌が並べられた。アメリカ人ライブラリアンが各図書館に1名ずつ配置され，日本人職員が補佐しながら運営管理に当たった。貸出の他に，レファレンスサービス，図書館間相互貸借，児童サービスなど，当時の日本の公共図書館にはなかったサービスが行われた。さらに乏しい資料に悩む公共図書館・学校・工場・新制大学図書館への団体貸出しも行われた[3]。

特に商工業の中心地である大阪では，海外のビジネス情報に対する需要が非常に高かったこともあり，大阪の CIE 図書館は企業の調査関係スタッフや研究者が数多く利用した。このように一般利用者だけでなく，日本の社会各層をリードする人達もこぞって CIE 図書館を利用していた。第二次世界大戦中の情報ギャップを埋める上で，CIE 図書館が果たした役割は大変大きかったのである[4]。

（4）日本の公共図書館

CIE 図書館で行われたアメリカ式の図書館サービスは，日本の図書館関係者

3：今まど子．"CIE 図書館の研究"．CIE 図書館を回顧して．回顧文集編集委員会，2003，p.4．
4：岡本昌雄．"大阪の官民に支えられた CIE 図書館"．CIE 図書館を回顧して．回顧文集編集委員会，2003，p.7．

2-1図 1947年の東京 CIE 図書館（アメリカ大使館レファレンス資料室提供）

に強い影響を与えた。しかしアメリカ式の開かれた図書館奉仕という概念は，当時の日本の公共図書館員の間になかなか広まらなかった。アメリカのサービスをモデルに，レファレンスサービスなどの新しいサービスを始める公共図書館も現れたが，オープンで利用者重視の図書館サービスが日本の公共図書館界に広く普及するのは，もう少し先のことになる。

　ではこの時代の日本の公共図書館はどのようなサービスを行っていたのだろうか。公共図書館の本質的な機能は「資料提供」にあるとされているが，1950年代の公共図書館は十分な資料提供ができる環境にはなかった。蔵書冊数は少なく，蔵書構成も現在のような幅広いジャンルのコレクションではなく，一般的にはなじみの薄い学術書や教養書が多くを占めていた。その上，どの図書館でも資料費が乏しく，新しく受け入れる資料が少ないため書架には古い資料ばかりが並んでおり，利用者にとって魅力的な書架ではなかった。専門的な教育を受けた図書館員も少なく，資料の閲覧や貸出の手続きが煩雑であるなど，利用者にとって使い勝手のよい資料提供を行うにはほど遠い状況であった。この時代の図書館は資料の利用よりも，学生が座席利用の目的で来館することが多く，「学生の勉強部屋」と揶揄されるほどであった。

2. 第2期：公共図書館数の拡大と貸出サービスの発展 (1960年代-1970年代)

　「第1期」では，アメリカからの支援により，公共図書館の基盤が整備された。CIE 図書館は自由で開かれた図書館サービスのあり方を日本国民に示した。
　1960年代からの「第2期」では，公共図書館の理念と，図書館サービスの軸を貸出サービスとすることが提案され，いくつかの先進的図書館での実践が始められた。ここでは図書館サービスの歴史において，公共図書館サービスの転換となった『中小レポート』と『市民の図書館』の意義について考えてみる。

（1）高度成長期における図書館

　1960年に新日米安保条約が締結され，池田内閣が「国民所得倍増計画」を打ち出すなど，日本は高度成長期に入った。産業化・都市化が進み，一般家庭にはテレビが普及し，大衆化した出版物も氾濫するなど，国民のライフスタイルは大きく変化した。1965年には大学進学者数が100万人に達し，女性の進学も増えるなど，国民の高等教育に関する関心も急速に高まっていった。このような変化は，公共図書館のサービスにも少なからぬ影響を及ぼすと考えられるが，現実には図書館サービスは停滞したままであり，国による図書館振興策や，十分な財政的な措置と制度化のためのガイドラインが示されることはなかった。

（2）『中小レポート』の発表

　そうした中で日本図書館協会は停滞している公共図書館の現状を打開するために，独自の図書館振興策を提案した。1963年には同協会の中小公共図書館運営基準委員会の報告書として『中小都市における公共図書館の運営』[5]（以下，『中小レポート』）が発表された。それまでの大図書館を中心とする硬直化したサービスが公共図書館界の停滞を招いたとの反省に立ち，『中小レポート』では大図書館ではなく，住民にとって最も身近な中小都市における公共図書館を

5：日本図書館協会編．中小都市における公共図書館の運営．日本図書館協会，1963, 217p.

活性化させるための方策が提起された。

　『中小レポート』では"公共図書館の本質的な機能は、資料を求めるあらゆる人々やグループに対し、効果的かつ無料で資料を提供するとともに、住民の資料要求を増大させるのが目的である"と位置づけている。つまり資料提供こそが、公共図書館の"本質的、基本的、核心的"機能であり、"その他の図書館機能のいずれにも優先するもの"とされている。また資料提供を核として、図書館のあらゆる業務を「奉仕」を基本に再編成することの必要性が主張された。この理念を現実化させる方法として、委員会は「館外奉仕」を前面に押し出し、その方法として分館、貸出文庫、ブックモビル（移動図書館）を示し、全市的なサービスを展開することを強調した。また資料費についても"図書館の生命は資料であり、図書館予算の中核である"とした。

　『中小レポート』の意義は、国による公共図書館運営の方針が示されないなかで、それまでの「学生の勉強部屋」のような図書館から、貸出を中心とする具体的な指標とサービスを有する図書館への変化を提唱するなど、公共図書館サービスの新たな方向性を提示したことにある。1950年代までの低迷した公共図書館の状況を改革するために、図書館運営の指針や図書館運動のテキストとして、この『中小レポート』は多くの図書館関係者に読まれた。

(3) 第2期の先進的図書館の例：日野市立図書館（東京都）

　この『中小レポート』の理念を具現化したのが、東京の日野市立図書館であった。

　日野市立図書館は1965年9月21日、移動図書館「ひまわり号」による個人への貸出サービスを開始した。日野市にとって初めての図書館を移動図書館としたのは、これまで図書館に縁のなかった市民に図書館サービスを気軽に体験してもらい、「市民の図書館観を現実のサービスによって変える」ことがねらいであったからである。貸出の重視、全域へのサービス、資料を第一とすることを運営方針とし、『中小都市における公共図書館の運営』の「公共図書館の本質的機能」の「資料提供」に徹し、その利用を促進していった。1966年4月から1967年2月までに市の人口に対する登録率が12.6％となり、人口に対する貸出率も2.7倍となるなど、当時の全国の公共図書館の中では秀でた成果を出し

2-2図　初代移動図書館ひまわり号（日野市立図書館提供）

た[6]。

　日野市立図書館は，①何でも貸し出すことを徹底し，②レファレンスサービスをすすめ，市民の情報センターとして機能し，③児童へのサービスをさらにすすめることを目指した。市内の図書館配置は，移動図書館，分館，中央館の順に充実させていった。最初に移動図書館による巡回サービスから始めたのは，図書館とは建物ではなく，資料提供の働きであるという，新たな理念を市民に示すためであった。移動図書館による当時の平均的な利用水準を大きく上回る実績を記録し，全国の公共図書館に強い影響を与えた。

　1966年の高幡図書館の開館を嚆矢とし，1972年には6分館となった。中央図書館は1973年4月に開館し，貸出だけでなくレファレンスサービスも充実させる体制を整えた。1977年12月には市役所内に市政図書室が開館し，貸出とレファレンスという資料提供の両輪を重視する姿勢を貫いた。

（4）『市民の図書館』

　日本図書館協会は中小の図書館サービスのさらなる検討を行うために，1968

6：日野市立図書館「業務報告　昭和40・41年度」p.14-15.（『日本現代教育基本文献叢書　社会・生涯教育文献集　Ⅵ 55』日本図書センター，2001年所収）p.55.

年に「公共図書館振興プロジェクト」を実施した。全国の図書館の中から上田市（長野県），七尾市（石川県），日野市（東京都），平塚市（神奈川県），防府市（山口県）の五つの市立図書館を選び，各館のサービス実践の研究を行った。研究結果は『市民の図書館：公共図書館振興プロジェクト1968』として刊行され，公共図書館の理念，目標，目標達成への手段・方法が示された。また最重点目標として，①市民の求める図書を気軽に貸し出すこと，②児童の読書要求に応え，徹底して児童にサービスをすること，③あらゆる人々に図書を貸し出し，図書館を市民の身近に置くために全域にサービス網をはりめぐらすこと，の３点が示された。

　この報告書は1970年に『市民の図書館』[7]として日本図書館協会から新たに刊行され，多くの図書館員や市民に読まれた。これを機に1970年代には全国各地で公共図書館設立に向けた運動が始まり，その後の「貸出」を中心とする公共図書館サービスが発展する契機となった。

（5）貸出の増加

　こうした変化の中で地方自治体でも知事などの考えに基づき，図書館振興を積極的に進めるところが現れた。たとえば東京都では，図書館振興対策プロジェクトチームを発足させ，独自の図書館振興策をつくり，1971-74年度までに図書館に対し10億円の補助金を支出し，図書館を増やした。

　このように「第２期」では，貸出サービスを軸とした図書館の利用拡大を実現した日野市立図書館の成功を受けて，多くの図書館で貸出サービスが進展した。全国的に図書館数が増加したことで，貸出冊数や利用者数も急増した。２－３図のグラフからもわかるように，1963年に『中小レポート』が発表されてからの40年間で，貸出登録者数は右肩あがりで増えていった。中でも特に1960年代から70年代にかけての貸出登録者の前年比の増加の伸びが急増しており，貸出サービスが急速に広まったことがわかる。

7：日本図書館協会編．市民の図書館．日本図書館協会，1970, 168p．

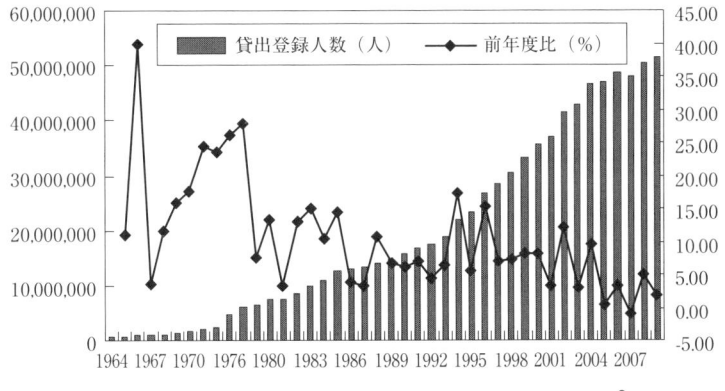

2-3図 公共図書館の貸出登録人数と前年度比の推移[8]

3．第3期：図書館利用者のニーズとサービスの多様化（1980年代-1990年代前半）

　貸出による資料提供を進めた日野市立図書館の成功もあって，1970年代以降貸出サービスは全国へと波及した。日本経済の好調期と重なり，豊かな地域財政の恩恵を受けて，1980年代は貸出を軸とした公共図書館サービスが一種の成熟期を迎えた。第3期では図書館利用の量的な変化と，図書館サービスの多様化について考えてみる。

（1）図書館数の拡大

　1970年代から80年代にかけて日本経済は空前の好景気を迎えており，地方自治体の財政事情も安定していた。各自治体では本庁舎の新改築をはじめ，立派な設備を備えた体育館や文化会館などの大型施設が次々と建てられた。そのような公的施設整備の一環として，生涯学習センターや図書館の設置も進んだ。また1988年度の「ふるさと創生事業」では，地域振興のために1億円が各自治体に交付されたが，その使途として人気の高い図書館の設立を選んだ自治体は

8：日本図書館協会編．日本の図書館．日本図書館協会，1964-2009．より作成．

少なくなかった。

　このような背景に後押しされて、公共図書館の数は右肩あがりで増えていった。『日本の図書館』によると、1970年度の公共図書館数は881館であったが、1980年度には1,320館となり、1990年度には1,928館[9]にまで増えた。図書館が増えたことで、本館と分館との図書館ネットワークが各自治体内で形成された他、他の自治体との連携協力による広域図書館ネットワークづくりも進んだ。図書館間協力が進んだことにより、資料の相互貸借や、他の自治体住民の利用を認める相互利用など、「相互協力サービス」が進展した。

（2）貸出サービスの定着

　図書館数の増加に比例して利用者の数も増え、特に館外貸出の伸びは顕著であった。上述の『日本の図書館』によると、個人登録者数は1970年度には約161万人であったが、1980年度には約740万人となり、さらに1990年度には1,500万人を超えるなど急増した。貸出冊数は1,982万冊（1970年度）から1億3千万冊（1980年度）、2億6千万冊（1990年度）と、20年間でおよそ13倍に増えたことになる[10]。館外への貸出サービスが全国規模で本格化したのは1970年代以降であるが、貸出サービスが図書館利用者の間に広く浸透したといえる[11]。

　貸出サービスの利便性を高めるために、図書館では予約・リクエストサービスを進めるなど、貸出を補完する機能をより強固にしていった。また図書館業務の電算化が進み、目録や利用者情報がデータベース化されたことで、検索が容易になったほか、貸出手続きの簡略化が進んだ。

（3）多様なサービスへの取り組み

　教育界では1986年に総理大臣の諮問機関である臨時教育審議会が「教育改革

9：日本図書館協会編. 日本の図書館. 日本図書館協会, 1970, 1980, 1990. を参照。なお「公共図書館」は、都道府県立、市区立、町立、村立、私立を含む。

10：日本図書館協会編. 日本の図書館. 日本図書館協会, 1970, 1980, 1990. を参照。

11：ただし、ここの図書館利用者とは登録者であり、1990年時点で、全人口の約1割程度に過ぎない。利用者人口の底辺の拡大を図書館界は怠った、という批判的視点も忘れてはなるまい。

の第二次答申」で生涯学習体系への移行を発表し，1990年には「生涯学習の振興のための施策の推進体制等の整備に関する法律」が公布されるなど，社会的に生涯学習に関する関心が高まりつつあった。公共図書館は地域の生涯学習の拠点と位置づけられ，大規模館を設置し，新たな利用者層の拡大に取り組む自治体も現れた。

　たとえば特定の利用者層のニーズに対応したサービスとして，従来行ってきた「児童サービス」のほか，図書館利用が少ない中高生を対象に「ヤングアダルトサービス」が広がりをみせた。「障害者サービス」や「高齢者サービス」，「多文化サービス」など，通常の図書館利用を困難とする人のための「アウトリーチサービス」もこの時期に発展した[12]。また視聴覚機材やメディアの進化により，レコードやCD，VHSなどの視聴覚資料の提供も始まった。

（4）図書館の居住性・アクセスの変化

　公共図書館では館外貸出を重視し，自宅での資料利用を想定してきたため，多くは館内の利用環境にさほど目を向けてこなかった。図書館の大型化や利用者ニーズの拡大と共に，広々としたブラウジングコーナー[13]や，飲食ができるカフェ，視聴用の音楽デッキや，個人用の映画ブースを設けるなど，図書館の居住性に配慮し，利用者が館内で快適に過ごせるような工夫が行われるようになった。またそれまでの静かな郊外にある単独館から，駅前など交通の便のよい場所や，複合ビルの中にある図書館も増えるなど，図書館へのアクセス向上が図られるようになった。閉館時間の延長や週末や休日の開館も一般的になるなど，従来からのサービスのあり方への見直しも始まった。

（5）第3期の先進的図書館の例：町田市立中央図書館（東京都）

　第3期の図書館サービスの課題は，利用者数の急増と図書館利用者のニーズの多様化である。町田市立中央図書館は図書館サービスの大規模化・多様化に取り組んだ，東京の大規模市立図書館の先駆けである。

12：6章「利用対象別サービス」を参照。
13：雑誌架，新聞架，ソファー・椅子などが設置され，通常はくつろいだ雰囲気になるように工夫されている。

2-4図 「憩いの広場」(左) と「障害者奉仕室」(右) (町田市立中央図書館提供)

　同中央図書館はJRと小田急線の町田駅近くに1990年に開館した。駅前再開発による商店街の活性化を図るため，地域の要望により図書館設置が決まったこともあり，駅前商店街の一角という利便性のよい場所に建てられた。それまで市内には規模の小さな図書館しかなく，住民の数も急増していたことから，開館後の図書館は連日多くの利用者であふれかえった。現在もその状況は変わらない。

　同中央図書館では多様な読書ニーズに対応するため，豊富かつ広範囲の資料収集に努めてきた。館内手前には利用が多い実用書が置かれるなど，書架の配置も工夫されている。大きな窓に面した広々としたブラウジングコーナー(「憩いの広場」)にはさまざまな種類の雑誌が置かれ，ソファに座ってゆったり読むことができる[14]。カフェも館内に併設されており，館内で快適に読書を楽しむことができる。また開館当初からヤングアダルトサービス・障害者サービス・視聴覚サービスなど，利用者層の多様化に合わせたさまざまな新規サービスを導入した。

　一方で，大量の紛失本や予約件数の未曾有の増加など，大規模図書館特有の問題にもいち早く直面することになった。資料の紛失を防ぐためのブックディテクションシステム (Book Detection System：BDS)[15]の導入や，予約が集中する本に対し一定の複本を用意する対応には賛否両論あるが，同中央図書館では率先して取り組んでいる。

14：現在ではソファの代わりに簡易な閲覧席が設けられており，多くの利用者が座れるよう以前より座席数が確保されている。
15：磁気などを利用した図書館資料の亡失防止システム。

4．第4期：地域の情報拠点としてのICT活用 サービスの進展（1990年代-現在）

「第3期」では地方自治体の豊富な財政力を背景に，図書館数の増加，図書館の大型化や蔵書冊数の大規模化も進み，貸出以外の図書館サービスも発展した。1990年代に入っても公共図書館の数が初めて2千館を突破するなど，図書館の増加は続いた。図書館サービスの面でも，インターネットの普及によりマルチメディアの収集・提供が進み，オンラインサービスが発展するなど，情報通信技術（ICT）の活用は欠かせないものとなり，図書館をめぐる状況はハード・ソフトの両面で変化していた。

しかし一方で，図書館界がこれまで進めてきた貸出を中心とする図書館サービスの在り方に対して，地方財政の悪化とそれに伴う図書館業務遂行者の非地方公務員化（業務外部委託化，指定管理者へ移管）などの要素も加わり，基本的な見直しが求められるなど，今日の第4期の図書館サービスは大きな変革のうねりの只中にいる。第4期では，情報社会における図書館サービスの進展について考えてみる。

（1）図書館でのICTの利用

図書館業務面での電算機器の活用は1970年代後半より進んでいたが，図書館サービスでのICTの活用が本格化したのは1990年代に入ってからである。国はICTの発展と高度情報化社会における図書館サービスの検討を行い，1996年の「図書館の情報化の必要性とその推進方策について—地域の情報拠点として（報告）」[16]において，「地域の情報拠点」としての図書館の役割が文部科学省より示された。さらに情報社会における図書館サービスの在り方をわかりやすくまとめた『2005年の図書館像—地域電子図書館の実現に向けて—』や『こ

16：生涯学習審議会社会教育分科審議会，計画部会図書館専門委員会編．"図書館の情報化の必要性とその推進方策について：地域の情報拠点として"．文部科学省．1998-10-27．http://www.mext.go.jp/b_menu/shingi/12/shougai/toushin/981001.htm，（参照 2011-08-15）．

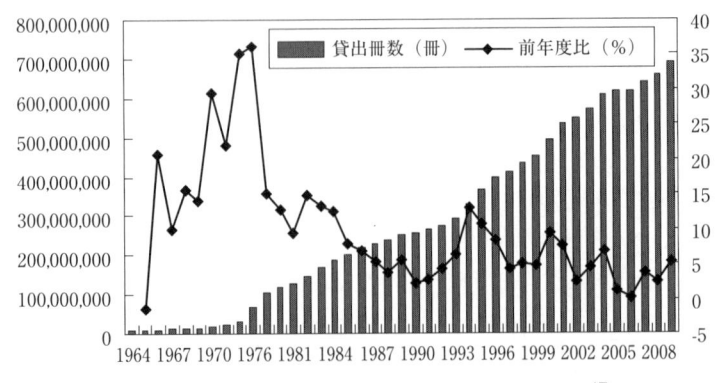

2-5図 公共図書館の貸出冊数と前年度比の推移[17]

れからの図書館像−地域を支える情報拠点をめざして』などの「提言」を発表し，具体的な図書館サービスの将来像を示した。

2001年の小泉政権下ではIT政策「e-Japan戦略」が発表され，基本的なPC操作を学ぶIT講習会が目玉とされていた。図書館の中にはIT講習会の会場となった館も多くあり，図書館が情報サービスにかかわるきっかけともなった。

サービス面でのインターネットの活用は，図書館ホームページの開設において最も早くかつ広く普及した。ホームページのコンテンツは，初めは図書館の場所や開館時間などを知らせる広報的な内容のみであったが，やがてWeb OPACが備わり，資料の検索や予約ができるようになった。利用者の図書館資料へのアクセスは容易になったが，次に述べるように予約の急増を招き，図書館界に新たな問題を生むことにつながった。

（2）貸出・予約の増加と課題

これまで述べてきたように，『中小レポート』『市民の図書館』の提言を踏まえ，多くの公共図書館では貸出を重視する戦略を採用したこともあり，貸出サービスは広く普及した。また図書の選書・発注から納入までの物流システムが開発されたこともあり，新刊本は書店に並ぶのとほとんど変わらないタイミン

17：日本図書館協会編．日本の図書館．日本図書館協会．1964-2009．より作成．

予約数

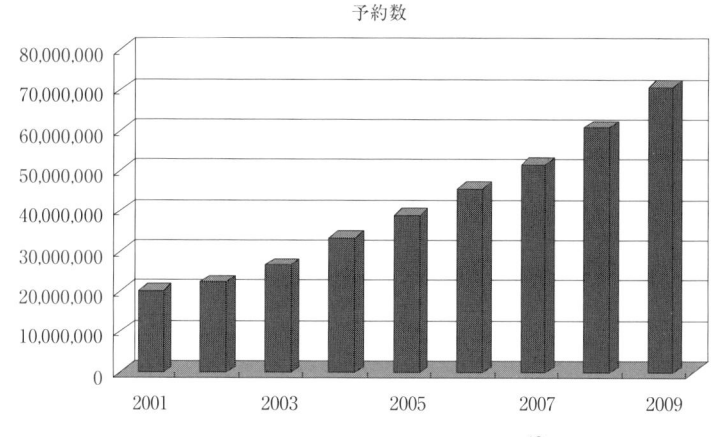

2-6図　公共図書館の予約数の推移[18]

グで図書館の書架にも並べられるようになった。貸出の伸び率はバブル期にあたる1980年代後半には落ち込み気味であったが，バブル崩壊後の1990年代初頭には再び増加に転じるようになった（2-5図参照）。

しかし一方では，後述のようにこの傾向は出版界や出版流通界の厳しい批判を招くことになった。

貸出の増加と並行して，予約サービスの利用も進んだ。日本図書館協会が予約の統計を取り始めたのは2001年度からであるが，上記のグラフからも予約件数が急増していることがわかる（2-6図参照）。

予約が増えた背景の一つとして，既述のようにWebOPACの普及がある[19]。それまでは予約をするためには図書館に出向き，所定の用紙に書いて図書館員に渡すことが必要であったが，パソコンや携帯から気軽に予約ができるようになったのである。特にベストセラー本に対する予約が集中し，大きな図書館では一つのタイトルに数百件の予約がつくなど，これまでにない予約件数が数えられるようになった。図書館では「複本」を用意して少しでも早く利用者に本が届くよう努めるなどしていたが，一部の作家や出版界，書籍流通業界等からは，図書館の過度な資料提供は「無料貸本屋」と同じではないかといった批判

18：日本図書館協会編．日本の図書館．日本図書館協会．1964-2009．より作成．
19：OPACの普及は，資料へのアクセスのうち，書誌的アクセスの状況を大いに前進させた．

が向けられるようになった。

　こういった問題は，これまで図書館界が進めてきた貸出冊数の増加という「量」を指標とした発展戦略と，貸出サービスへの偏重に対する反省を促す契機になった。そこで司書によるサービスの「質」の向上や，「課題解決型サービス」[20]の提供，情報アクセス支援などの取り組みに注目が集まるようになった。

　たとえば浦安市立図書館では，司書資格取得者を積極的に採用し，"図書館学，あるいは図書館界で言われてきた基本的なことに忠実にしたがって"[21]，図書館サービスの質にこだわった運営を行うこととした。

　「課題解決型サービス」（3章，5章も参照）は，図書館利用者への情報提供・相談業務の発展形である。日常生活で直面する課題や地域の課題解決への実用的な情報提供を目的としており，特定領域に絞った情報の収集・提供を行う。たとえば医療情報の提供や，ビジネス情報の収集・提供により起業とビジネスを支援する「ビジネス支援図書館」等がある。さらに2010年からは「図書館海援隊」として，次のような分野における課題解決のための情報支援活動も行われている[22]。

(1) 労働・生活に関するトラブル解決に役立つ図書等の紹介・提供や，相談会の開催
(2) 心の問題，健康に関する図書等の照会・提供や相談会，講演会等の開催
(3) 自己啓発，技術・資格・就職に関する図書等の照会や提供
(4) 行政の支援制度に関する資料等の提供，説明会・セミナーの開催
(5) 新たな地域の課題解決のための支援や情報提供（子育て支援，農業・観光等の地域活性化支援，消費者問題，防災・防犯等）

　以上，「第4期」の公共図書館サービスでは，「地域の情報拠点」として，司書による質の高いサービスへの関心が高まった他，地域情報の提供や，特定の

20：図書館をハブとしたネットワークの在り方に関する研究会．"地域の情報ハブとしての図書館：課題解決型の図書館を目指して"．文部科学省．2005-1-28. http：//www.mext.go.jp/a_menu/shougai/tosho/houkoku/05091401.htm，(参照2011-08-15)．
21：常世田良．浦安図書館にできること：図書館アイデンティティ．勁草書房，2003，p.1.
22：生涯学習政策局社会教育課編．"図書館海援隊プロジェクトについて（図書館による課題解決支援）"．文部科学省．2000-11-28. http：//www.mext.go.jp/a_menu/shougai/kaientai/1290062.htm，(参照2011-05-31)．

課題解決のための情報の収集・提供や，ICTを活用した図書館サービスの展開が始まっている。

（3）第4期の先進的図書館の例：浦安市立図書館（千葉県）

　浦安市は東京ディズニーランドのある街として有名であるが，図書館界においても，浦安市立図書館の名前は全国に轟いている。

　浦安市立図書館は駅からバスで10分ほどの，市役所に隣接された場所にあるが，一見どこにでもあるような市立図書館である。だが浦安の図書館の名を有名にしているのは，「専門職の配置，市民の身近に施設を配置，資料費」という，図書館運営の基本となる三つの要素を重視する姿勢である。"一つ一つの業務について一定程度の専門職と予算をあててきたのであって，それは特別のメニューというわけではない"[23]とは元館長の常世田良の弁であるが，「一定程度の専門職と予算」を確保することは，図書館の運営で一番困難なことでもある[24]。

　本来，司書資格を持つ正規職員の配置は，専門的サービスを行い質の水準を保っていく上で，最も重要な要素である。だが自治体の司書職採用の減少は全国各地で相次いでおり，次に述べる千代田図書館のように，指定管理者による図書館業務の委託が全国各地で進む近年では，財政状況の逼迫下で浦安市立図書館のように正規職員の配置を前提とする図書館運営のできる自治体は少数派になってきている。

　数ある図書館サービスの中には，経験の蓄積が特に必要とされるものがある。レファレンスなどの情報サービスはその筆頭であろう。質の高い図書館サービスを長年にわたり継続させていくには，十分な経験を重ねた質の高い司書が必要であることを，浦安図書館の優れたサービスから学ぶことができる。

23：常世田良．浦安図書館にできること：図書館アイデンティティ．勁草書房，2003，p.1-2.
24：浦安市はその恵まれた財政基盤のおかげで，他の自治体では不可能であった図書館の運営を可能とした，という側面も（当然ながら）見逃してはならないだろう。

2-7図 「レファレンス室」（左）と「パスファインダー」[25]（右）
（浦安市立中央図書館にて筆者撮影）

（4）第4期の先進的図書館の例：千代田区立千代田図書館・日比谷図書文化館（東京都）

　千代田区立千代田図書館は2007年に開館した。千代田区は東京都の都心にあり，昼間人口のほうが夜間人口よりもはるかに多いという特徴を持つ。この図書館は千代田区役所の9階と10階にあり，皇居や日本武道館がある北の丸公園の隣に位置する。場所柄，夕方以降のビジネスマンの利用が多いなど，郊外にある市区町村立図書館とは異なる利用者層や利用形態がみられる。

　図書館の面積が小さく，蔵書冊数も約17万冊とかなり少ないことから，多様な情報サービスの開発・提供に力を入れていることが特徴である。「情報探索コーナー」では，オンラインデータベースの利用や，インターネットでの調べものができる。調査研究ゾーンの「セカンドオフィス」では，ビジネスに役立つ各種資料が用意されている他，電源やネットワーク・コンセント設備のあるキャレル席（個人用ブース席）が設置されており，無線LANが利用できる。

　さらに街の玄関口としての地域案内を行う「図書館コンシェルジュ」がレファレンスカウンターとは別に置かれ，図書館の総合案内，ガイドツアー，本探し手伝いの他，千代田区の地域案内を行っている。地域のお店の紹介や，図書館で入手できない本を扱う書店の紹介など，地域や商店会と連携したサービスを行い，地域の情報拠点としてのサービスを行っている。

25：特定主題に関する情報源の紹介や探索方法を解説したもの。

2-8図 「図書館コンシェルジュ」(左) と特別研究室 (右)
(千代田区立千代田図書館・日比谷図書文化館提供)

　なお，千代田図書館では指定管理者による運営を導入し，図書館以外のキャリアを持つスタッフが多く働いており，既存の図書館サービスの概念にとらわれず，画期的かつ斬新なサービスを企画・運営している。

　また千代田区は2011年11月に，旧東京都立日比谷図書館を千代田区立日比谷図書文化館として，リニューアルオープンした[26]。旧東京都立日比谷図書館は1908(明治41)年に東京市立日比谷図書館として開館以来，わが国の代表的な公共図書館のひとつとして長年活動してきた。しかし2008年の開館100周年を機に，東京都から千代田区に移管されることになった。その後，館内改修工事を終えた2011年に，図書館機能に加えてミュージアム機能や飲食サービス提供機能等も備えた文化複合施設として，発展的に再生・開館した。この図書文化館は，「知識の入り口」としての「新たな図書館像」を標榜し，伝統的な図書館機能に加えてMLA連携に応じた博物館機能や資料館機能，文化活動・文化交流機能を重視している。図書館機能に関してはオフィス街の立地を生かした，主としてビジネスパーソン向けのサービスに重点を置いている。従来の伝統的な公共図書館に見られなかった機能としてはたとえば，「特別研究室」スペース提供，専門図書館的な貴重書・稀こう本の有料開架サービス，研究会やナイト・セミナーその他集会活動への対応などが挙げられる。

26：日比谷図書文化館ホームページ。http://hibiyal.jp/hibiya/index.html，(参照2012-02-19)．

3章 | 図書館サービスの種類と方法

　図書館ではさまざまな種類のサービスが提供されているが，図書館サービスは次のような観点から類型化し，その特徴を捉えることができる。すなわち，第一にサービス提供における利用者と図書館員との関係，第二に提供されるサービスの内容（資料と情報），第三に利用者の属性，第四に館種の違い，第五に場としての図書館の機能，第六に課題解決支援機能である。以下，これらの観点から捉えた図書館サービスの種類と方法の特徴について解説する。

1. 直接サービスと間接サービス

　図書館サービスは，提供する側の図書館員とそれを受ける側の利用者との関係から直接サービスと間接サービスに区分することができる。以下，直接サービスと間接サービスについて解説するとともに，両者の関係について述べる。

（1）直接サービス

　直接サービスとは，利用者を意味するパブリック（public）という用語を使いパブリックサービスともいうが，図書館員が利用者と対面しながら提供されるサービス，あるいは，利用者に直接提供されるサービスをいう。直接サービスに属するものとして，貸出サービス，図書館間相互貸借（Interlibrary Loan：ILL），リクエストサービス，質問回答サービスとしてのレファレンスサービス，利用案内等が挙げられる。各サービスの詳細については4章で取り上げることとし，ここでは貸出サービスとレファレンスサービスを例に直接サービスの特徴について述べる。

　貸出サービスは，利用者の図書館利用の主たる目的の一つであり，主要な図書館サービスである。貸出サービスは，利用者が貸出カウンターにおいて貸出を受けたい図書を提示し，図書館員は提示された図書について所定の貸出手続

を経て利用者に提供するサービスである。自動貸出機が導入されている図書館では，利用者は貸出カウンターで図書館員に直接，相対することなく貸出サービスを受けることが可能である。

　質問回答サービスとしてのレファレンスサービスは，利用者から提示された情報要求を表した質問に対して図書館員が回答を提供するサービスである。カウンターでのレファレンスサービスは，利用者と図書館員が直接対面しながら提供されるサービスとなるが，最近では，電子メールやウェブなどの電子的手段によって利用者の質問を受け付けるバーチャルレファレンスを導入する図書館も増えている。電子メールを使ったレファレンスサービスでは，利用者と図書館員とのやり取りが同時に進行するわけではなく，質問提示から一定の時間を置いて図書館員によって回答が提供されることになる。

（2）間接サービス

　間接サービスは，図書館員が利用者に直接応対して提供するサービスではなく，利用者と図書館員との関係が間接的であるサービスをいう。具体的には，選書業務，分類作業や目録作業などの資料組織に関するサービスやレファレンスサービスにおけるレファレンスコレクションの形成等が該当する。これらの間接サービスは，直接サービスを準備するためのサービスであることから準備的サービスという場合もある。間接サービスは，分類法や目録規則に精通している必要がある資料組織など，専門的な知識・技術を必要とする業務からなるサービスであることからテクニカルサービスともいう。

（3）直接サービスと間接サービスの相互関係

　直接サービスと間接サービスとの関係に見られる特徴として，原則として前者が後者に依存して提供されている点が挙げられる。貸出サービスという直接サービスは，選択・収集・組織化という間接サービスの結果，図書館蔵書となった資料を利用者が館外で利用できるようにするサービスである。よって，所蔵されていない資料に対して貸出サービスを提供することはできない。所蔵されていない資料に対しては，図書館間相互貸借により他館から取り寄せ，あるいは，リクエストサービスにより新規受入を行い，利用者に資料を提供するこ

とになる。このように，貸出サービス，図書館間相互貸借，リクエストサービスという直接サービスは，利用者が求めている資料が，間接サービスによって図書館に収集・組織化・蓄積された資料に基づいて提供されるサービスといえる。そのため，直接サービスを準備するための間接サービスは，利用者の情報資料への要求を十分に踏まえたものでなければならない。

　直接サービスに見られる特徴として以下の4点があげられる。すなわち，ⅰ無形性，ⅱ生産と利用の同時性，ⅲ利用者との共同生産，ⅳ結果と過程の重要性，である[1]。以下，これらの要素から図書館の直接サービスに見られる特徴と間接サービスとの関係について取り上げる。

　第一の特徴がサービスの無形性である。このサービスの無形性とはサービスが活動であるという特性から生じるものである。すなわち，サービスとは活動そのものであり，物理的な形をとることができず，またモノのように試用することもできない。貸出サービス，レファレンスサービス，利用案内のいずれも活動であって，モノを生産し，提供するようなことはしない。貸出サービスは，資料というモノが利用者の手に渡るが，貸出自体は活動であり，物理的な形をとるわけではない。

　第二の特徴がサービスにおける生産と利用の同時性である。貸出サービスでは，利用者が貸出を求める図書を提示した時点でサービスとして生産が開始され，提供されるサービスであり，提供と同時に利用者によって利用されるサービスである。レファレンスサービスを例に挙げれば，提供された回答が誤っていたことが判明した場合，利用者にはすでにその誤った回答が提供されてしまっていることになる。その利用者を同定できている場合には，利用者に回答が誤っていたことを連絡し，正しい回答を改めて提供するという対応措置を講じることが可能だが，利用者を同定できていない場合，誤った回答を訂正する機会がないことから，当該利用者には大きな不利益をもたらすことになる。

　第三の特徴が利用者との共同生産性である。これは，サービスの生産自体が利用者の行動によって引き起こされることを意味している。貸出サービスは，利用者が貸出を求める図書をカウンターに提示することにより開始され生産さ

1：近藤隆雄著. 新版サービス・マネジメント入門：商品としてのサービスと価値づくり. 生産性出版, 2004, p. 28-36.

れるサービスである。利用者が貸出を求める図書をカウンターに提示しない限り，貸出サービスが生産されることはない。ゆえに，貸出サービスは利用者と図書館員が共同して生産するサービスではあるが，より厳密には，利用者側にサービスの主導権が与えられているものといえる。

　利用案内や文献探索講習会については，あらかじめ企画立案し特定の日時を指定して実施する場合，貸出サービスやレファレンスサービスとは異なり，利用者がサービスを起動するようなものではない。しかし，そうした利用案内や講習会であっても，参加する利用者がいなければ成立しない。また，参加者がいても，実習などを組み入れている場合には，参加者が主体的に課題に取り組み，利用者が案内や講習の成果を獲得しようとする意欲が求められる。すなわち，利用者の積極的な参加があってはじめて利用案内や講習会という直接サービスが成功するという点で，利用案内や講習会も利用者との共同生産性という特徴を有すると見ることができる。

　第四の特徴が結果と過程の重要性である。これは，利用者にとっては，サービスから得られた結果と同時に，そのサービスが生産されるまでの過程も結果に劣らず重要であり，利用者によるサービス評価に大きな影響を与える，というものである。レファレンスサービスを例に挙げれば，利用者がサービスを評価する場合，求める情報への回答が得られただけでなく，回答の提供にいたるまでの図書館員の接遇・応対が大きくかかわるということである。また，貸出サービスは多くの利用者が利用するサービスであるだけに，貸出サービスの担当者による利用者への接遇・応対が図書館サービス全体に対する評価を左右するといっても過言ではない。その意味で，貸出サービスの担当者は，利用者からは図書館サービスを代表する職員として見られていることに十分に留意のうえ，利用者にとって快い接遇を心がける必要がある。図書館管理者は，この貸出担当者のもつ重要性を十分に認識し，適切な職員の配置を心がけるべきである。

2. 資料提供サービスと情報提供サービス

（1）資料提供サービスと情報提供サービスの特徴

　ここでは，資料提供と情報提供の区分による類型を取り上げる。具体的なサービスの内容については4章と5章で扱う。

　貸出サービスやレファレンスサービスなどの図書館サービスの最も重要な特徴は，図書や雑誌等の文献という資料（情報源）に基本的に依拠して提供される点にある。この図書館サービスには，資料自体を提供するサービスと，資料に関する情報や資料に含まれている情報を提供するサービスとに大別することができる。前者の資料提供サービスには貸出や閲覧などのサービスが挙げられる。後者の情報提供サービスには，レファレンスサービス，レフェラルサービス，利用案内，カレントアウェアネスサービスなどが挙げられる（詳細は，4章，5章を参照）。

　資料提供サービスに属する貸出サービスと情報提供サービスに属するレファレンスサービスとは密接な関係にある。ランガナータンは，3-1図に示したように，「図書館学の五法則」を基盤に，テクニカルサービスを経てレファレンスサービスが提供され，レファレンスサービスを経て貸出サービスが提供されるとして，貸出サービスを図書館サービスの最上位に位置づけている[2]。

　図書館サービスは上述の通り，基本的に図書や雑誌という文献に大きく依拠したサービスである。このことは，インターネット上の情報源が増大し普及している今日，図書館サービスの独自性と特徴を捉えるうえできわめて重要である。図書館サービスが依拠する文献は，編集・出版という社会的活動を通して生産された情報源であることから，そこに記録されている情報・知識の質や信頼性については一定の保証がされているものと認められる。特に辞書・事典等のレファレンス資料やオリジナルな情報や知識を含む一次資料としての専門資料（学術図書，学術論文等）についてはその信頼性が保証がされた情報・知識

2：Ranganathan, S. R. Documentation : genesis and development. Ess Ess Publications, 1973, p.71.

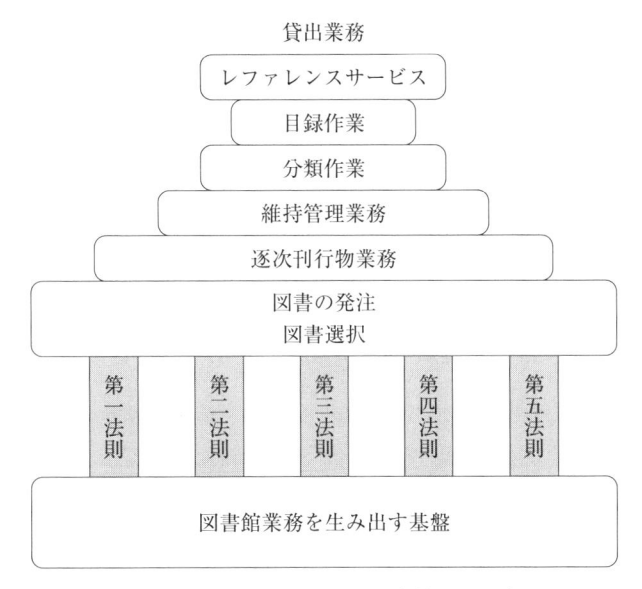

2. 資料提供サービスと情報提供サービス

```
            貸出業務
         レファレンスサービス
           目録作業
           分類作業
          維持管理業務
         逐次刊行物業務
          図書の発注
          図書選択
   第一法則 第二法則 第三法則 第四法則 第五法則
        図書館業務を生み出す基盤
```

3-1図 図書館サービスと図書館学の五法則

(Ranganathan, S.R. *Documentation : genesis and development.* Ess Ess Publications, 1973, p.71)

が含まれていると考えることができる。こうしたレファレンス資料や専門資料が提供する信頼性が保証された知識は「典拠となる知」(cognitive authority)[3]として捉えることができるものである。図書館がサービスの対象とする文献という情報源はこうした信頼性の高い典拠となりうる知識が含まれているという点において、人々の課題・問題の解決、意思決定に重要な知識を提供するものといえる。

一方、ネットワーク情報源のなかには、信頼性が十分に保証されていない情報を含んでいるものがある。たとえば、近年、注目されているフリーの百科事典であるWikipediaは、人々の集合知を結集したものとして注目されている情報源ではあるが、原則として自由な書き込みと編集が可能であり、情報内容の信頼性を保証する審査や編集という社会的メカニズムが組み込まれていないという点で、たとえば、『日本大百科全書』のような百科事典とは明確に区別さ

3：Wilson, P. Second-hand Knowledge : an Inquiry into Cognitive Authority. Greenwood Press, 1983, 210p.

れるべき情報源である。

　図書館が文献を通して「典拠となる知」を収集，組織し，提供する社会的機関であるという点は，ネットワーク時代において図書館に求められるきわめて重要な社会的役割といえる。典拠となる知を含む文献に依拠することなく，ネットワーク情報源，それも信頼性を欠いたネットワーク情報源に過度に依存した図書館サービスを展開するならば，もはや図書館は情報サービス機関としての独自性を失い，社会的役割を果たしえないことに留意すべきである。

(2) 情報要求の特性からみた資料提供サービスと情報提供サービス

　主要な資料提供サービスである貸出サービスと情報提供サービスとしてのレファレンスサービスは，利用者の貸出要求や情報要求の提示があって初めて提供可能なサービスであることは先述のとおりである。その意味で，貸出サービスやレファレンスサービスは図書館側から利用者に働きかけて提供する能動性はなく，あくまでも利用者からの要求の提示を受けて提供される受動的性格を有するサービスである。

　貸出要求は，利用者自身が実際に利用したい情報・知識を含むと判断した図書への要求である。閲覧サービスへの要求についても，その基本構造は貸出要求と同じである。求める情報・知識を自ら特定し，それらが記録されている情報源を館内で探索，入手し，館内で利用しようとする利用者に提供されるのが閲覧サービスである。レファレンスサービスにおいて提示される情報要求も，情報自体を求める質問であれ，求める情報を含む文献を求める質問であれ，利用者は必要とする情報・知識を基本的に特定化していることになる。

　しかしながら，利用者のもつ情報要求はこのように特定化されているものばかりではない。すなわち，特定の図書を利用する目的で図書館を訪れたわけではないが，開架に並んでいる図書をブラウジング[4]するうちに，興味ある図書に出会い，館内で閲覧し，さらに貸出サービスの利用に至るということがある。

　ランガナータンは，図書館学の第3法則「あらゆる図書を，その利用者に」のなかで，開架制は利用者が「図書を発見する」頻度が高くなると述べ，その

4：ブラウジングとは，書架を見て回ることであり，特定資料の探索行動というよりも，明確な情報要求をもたない状態でとられる資料探索行動といえる。

意義を強調している[5]。開架制は，ランガナータンが指摘しているように，特に具体的な資料要求をもつことなく来館した利用者に対して，情報源との出会いの機会を作り出し，潜在化していた無意識の情報要求に気づかせる，というきわめて重要な機能を発揮する図書館サービスのシステムといえる。こうして開架にある図書との出会いにより顕在化した情報要求はその図書の閲覧・貸出サービスの利用へとつながり，その図書の利用をきっかけに，より高度な情報要求を生み，レファレンスサービスへの支援を求めることにもなるのである。

このように，開架制は利用者が多様な資料に接する機会を作り出し，利用者自身による多様な資料の探索を可能にすることから，図書館員による直接的な利用者への支援の必要性は低下するとの見方がある。しかしながら，ランガナータンは，開架制の導入は図書館員による利用者支援の必要性を高めることはあっても，低めることはないと指摘している[6]。その理由は，開架制というサービスシステムにより，情報資料との出会いの機会が増えることになり，より多くの情報要求を生み出すと考えられるからである。

書架上の図書は，通常，その図書が扱っている主な主題に基づき分類されており，図書のもつ多様な属性を反映して組織・排架されているわけではない。たとえば，複数の主題を扱った資料の場合，主たる主題か最初の主題あるいは上位概念の主題により分類記号が付与され，その分類記号をもとに請求記号が決定され，その請求記号によってその図書の排架位置が定められる。また，その図書が扱っている主題分野において専門性の高い図書なのか，それとも初学者向けの図書なのか，という側面も分類記号には反映されない。このような，開架資料の探索が有する限界は，レファレンスサービスを通じた図書館員による人的支援によって克服する必要がある。

さて，情報提供サービスの一つにカレントアウェアネスサービスがある。その詳細は5章で扱うが，このサービスは，コンテンツサービスとSDI（selective dissemination of information：SDI，選択的情報提供）サービスとからなる。前者は利用者に関心のある分野を予め設定してもらい，その関心分野に属

5：ランガナータン，S. R. 図書館学の五法則. 森耕一監訳, 日本図書館協会，1981，p.240-243，249-251.
6：前掲注5，ランガナータン，p.240-243，249-251.

する新着雑誌の目次情報を提供するサービスである。たとえば，図書館情報学分野や分子生物学分野というように，主題範囲を設定し，その分野に属する専門誌の最新号が刊行され次第，随時，掲載論文の書誌情報を利用者に提供する。このコンテンツサービスは，関心のある論文の発見につながるセレンディピティ（serendipity）[7]の効果をもたらすものとしてきわめて重要なサービスである。

　それに対して後者のSDIサービスは，利用者が情報要求を特定化している場合に有効なものである。SDIサービスでは，特定化されている情報要求を構成する概念を表現する検索語をあらかじめ選定し，選定された検索語をもとに定式化された検索式を使って所定のデータベースを定期的に検索した結果が利用者に提供される。

3．利用者対象別の図書館サービス

　ここでは，利用者の属性によるサービスを提供する意義と種類について概観し，その詳細は6章で扱う。

　公共図書館は，乳幼児から高齢者まで，あらゆる年齢層の利用者に必要なサービスを提供している。また，障害者，外国人，入院患者，受刑者などに対しても，公共図書館はサービスを提供する責務を負っている。このように公共図書館が利用者の属性を限定することなく，あらゆる人々にサービスを提供することは，『ユネスコ公共図書館宣言』や『図書館の自由に関する宣言』のなかで明示されている図書館サービスの基本原則でもある。

　『ユネスコ公共図書館宣言』では，公共図書館の使命について次のように述べられている。

> 　公共図書館のサービスは，年齢，人種，性別，宗教，国籍，言語，あるいは社会的身分を問わず，すべての人が平等に利用できるという原則に基づいて提供される。理由は何であれ，通常のサービスや資料の利用ができない人々，たとえば言語上の少数グループ（マイノリティ），障害者，あるいは入院患者や受刑者に対しては，特別なサービスと資料が提供されなければならない[8]。

7：漠然と資料を探しているうちに思いがけない資料に出会うこと。
8：今まど子編著．"ユネスコ公共図書館宣言1994年"．図書館学基礎資料．第9版，樹村房，2010，p.43-45．

また、『図書館の自由に関する宣言』においては、図書館サービスの対象について次のように述べている。

> すべての国民は、図書館利用に公平な権利をもっており、人種、信条、性別、年齢やそのおかれている条件等によっていかなる差別もあってはならない。
>
> 外国人も、その権利は保障される[9]。

以上のとおり、公共図書館は、利用者の属性にかかわりなく等しく図書館サービスを提供する責務を担うが、公共図書館ではあらゆる属性の利用者に対して貸出やレファレンスサービスなどの基本的な図書館サービスを提供すると同時に、それぞれの属性に応じて適切なサービスを提供している。すなわち、年齢や発達段階によって、乳幼児サービス、児童サービス、ヤングアダルトサービス（YAサービス）、高齢者サービスが提供されている。

乳幼児から中高生までの発達段階別にサービスを設ける理由は、情報資料の利用に必要となる言語能力・読解力の違いや興味・関心の変化などが挙げられる。また、発達段階別にさまざまな資料が出版されていることも発達段階別のサービスを設ける理由であり、図書館は乳幼児向け資料、児童資料、YA資料などの、発達段階別のコレクションを形成している。

障害をもった利用者に対しては、視覚障害者を対象にした点字資料の作成・提供、DAISY（Digital Accessible Information SYstem）により作成されたデジタル録音図書の提供、朗読サービスなど、種々の障害者サービスを提供し、外国人に対しては、母国語の資料の収集・提供をはじめとする多文化サービスを提供している。また、入院患者や受刑者など、図書館に来館できない人々に対しては病院や刑務所等への団体貸出などのアウトリーチサービスが提供されている。

ランガナータンは図書館学の第2法則「すべての人に、その図書」のなかで、次のように述べている。

> 地球のあらゆる所から、ことごとくの人—富者と貧者、男性と女性、若者と老人、健常者と障害者、読み書きのできる人とできない人—これらすべての人を集めて学

9：今まど子編著. "図書館の自由に関する宣言. 図書館学基礎資料. 第9版, 樹村房, 2010, p.53-55.

問の殿堂へ導きいれるまで，第二法則は休むことはない[10]。

　ランガナタンは，この第2法則は図書館の果たす教育的機能を示すものであると同時に，限りない民主主義とそのアピールの普遍性に依存したものであるとしたうえで，本に接する機会，学習する機会，楽しむ機会に関して周到に均等の原則を守ることを示した原理であると指摘している。公共図書館が，以上のように，障害者サービス，高齢者サービス，アウトリーチサービスなど，利用者別のサービスを提供するのも，民主主義社会における知る自由の保障，情報への公平なアクセスの保障，さらには自己教育支援という，重要な使命が公共図書館に課されているからにほかならない。

4．館種別図書館サービス

　ここでは，図書館の館種の違いによる図書館サービスの特徴についてみていきたい。

　図書館の種類としては，公共図書館，学校図書館，大学図書館，専門図書館，国立図書館が挙げられる。これらの館種の違いは，図書館の設置母体，サービス対象となる利用者，収集・提供される情報資料の諸側面の違いに依拠している。

　公共図書館は，一般公衆を対象に地方公共団体が設置する公立図書館と，日本赤十字社又は一般社団法人もしくは一般財団法人が設置する私立図書館[11]を総称したものである。

　公共図書館，とりわけ公立図書館の場合には，地域住民や当該地域に通勤・通学する利用者を対象に，図書館法に規定されている教養，調査研究，レクリエーションに資するためのサービスが提供される。公立図書館が，娯楽目的に製作された映像・音声資料を積極的に収集・提供し，また，文学作品，趣味娯楽のための資料を収集・提供するのも，レクリエーションのための図書館利用に資するためといえる。また，本章3節で取り上げた利用者別サービスが提供されるのも，一般公衆に奉仕することを目的に設置された図書館であるためと

10：前掲注5，ランガナタン，p.130.
11：国立や公立でない，個人・民間団体が運営する図書館をさしていうことがある。

いえる。

　学校図書館は，小学校・中学校・高等学校に設置された図書館であり，児童生徒，教員，さらには条件付ではあるが，一般公衆を対象にしている。学校図書館には，教育課程の展開に寄与するための学習・情報センターとしての機能と健全な教養の育成を目的とする読書センターとしての機能が求められている。学習・情報センターとしての機能を発揮するために重要となる利用指導は，児童・生徒の情報リテラシーの育成にかかわる重要なサービスであり，主体的な学習能力の獲得を促進することが期待されている。また，児童・生徒の読解力の低下が指摘されている今日，学校における読解力の育成はきわめて重要な学校教育の課題である。そこで，学校図書館には公共図書館との連携を図りながら，豊富な読書資料を提供するサービスを積極的に行うことが求められている。

　大学図書館は，学生・教職員を利用対象としているが，同時に地域貢献・社会貢献の観点から地域住民に対するサービスの提供も行われている。大学図書館は，学術情報の収集・提供をとおして教育・研究を支援することを使命としており，現在では，ポータルサイトを構築し，一元的に学術情報の探索と収集を可能にするサービスの導入や，機関リポジトリによる研究成果のアーカイブと情報発信が重要なサービスとなっている。また，学生の情報リテラシーの育成のために情報探索講習会等を開催したり，またパスファインダー[12]等の情報探索ツールの作成・提供を行うことも大学図書館の特徴的なサービスといえる。

　専門図書館には，企業・専門機関に設置された図書館と，専門資料を収集・提供する公共図書館の一部や大学の学部・学科，研究所等に設置された図書館が含まれる。特に企業・団体等に設置された専門図書館では，設置母体の目的達成のために迅速かつ最新の情報提供サービスが重視されている。専門図書館における情報提供サービスでは，本章2節で取り上げたカレントアウェアネスサービスが重要であり，コンテンツサービスによって新たな研究開発のための着想の獲得を支援する役割も期待されている。また特定の研究プロジェクトに関するSDIサービスによる網羅的，かつ最新の情報を確実に提供するようなサービスが求められている。

12：パスファインダーとは，特定主題等に関する情報源の紹介や探索方法を解説したもの。

国立国会図書館は，中央の図書館（関西館を含む），国際子ども図書館及び行政・司法各部門の支部図書館から構成されており，国会議員の職務の遂行に資するとともに，行政及び司法の各部門に対し，さらに日本国民に対しサービスを提供するわが国唯一の国立図書館である。納本制度によるわが国の出版物の網羅的収集と全国書誌の作成という重要なサービスを担っている。また，電子書籍や電子ジャーナルなど，デジタル情報源への対応，さらにはネットワーク情報源の選択・収集・蓄積などをはじめとする電子図書館サービスも提供されている。一方，国際こども図書館では，児童資料を網羅的に収集し，提供するとともに，各種の展示会やイベントを開催し，学校図書館セット貸出など，学校図書館支援サービスも積極的に展開している。

5．場としての図書館サービス：集会行事活動

図書館は，図書・雑誌・視聴覚資料などの資料やそこに含まれている情報の提供を主たる目的としているが，同時に地域の文化拠点であり，地域の人々が集う場としての機能も有している。具体的には，読書会・講演会・映画会・講習会など，各種の集会・行事活動や教育文化活動が企画・実施されている。現在図書館には地域文化の情報提供機能と発信機能が求められており，地域の文化・歴史・民俗を表現する資料・情報の提供や，地域情報・地域文化情報のデジタルアーカイブによる情報発信を試みる図書館もある。その一例として，岡山県立図書館の「デジタル岡山大百科」は住民参加型の地域文化発信機能を提供するものとして注目される[13]。

6．課題解決支援サービス

近年，図書館には，人々の重要な課題・問題の解決や意思決定に必要な情報を提供する社会的機関としての役割が期待されている。文部科学省の報告書「地域の情報ハブとしての図書館」では，課題解決支援サービスの領域として，

13：森山光良.「デジタル岡山大百科」：電子図書館ネットワーク "Digital Okayama Dai-Hyakka"：Digital Library Network. 情報管理. vol. 50, no.3, 2007, p.123-134.

ビジネス支援，行政情報提供，医療関連情報提供，法務情報提供，学校教育支援・子育て支援，地域情報提供・地域文化発信，の6領域が挙げられている[14]。

ビジネス支援サービスの事例としては，大阪府立中之島図書館の取り組みが挙げられる。大阪府立中之島図書館では，2004(平成16)年4月より本サービスを開始し，営業，キャリアアップ，創業など，あらゆるビジネスシーンにおいて迅速・的確なサービスの提供を進めている[15]。具体的なサービスとしては，ビジネスに役立つ商用データベース・CD-ROMの無料提供，市場調査のための各種の情報源の収集と提供，ビジネスに関するレファレンス，ビジネスセミナーの開催，ビジネス文書作成のための各種資料の提供，ビジネス支援・相談機関の案内紹介など，多岐にわたるサービスを提供している[16]。

医療関連情報提供サービスの事例としては，東京都立中央図書館の健康・医療情報サービスの取り組みが挙げられる。東京都立中央図書館では，健康の維持・向上のため，また病気やくすりなどについて調べたいとき，利用者自身で医療関連資料・情報を調べ，必要な情報を得られるための支援として，以下のサービスを提供している[17]。すなわち，医療・健康関係の専門資料の提供や健康・医療関係のレファレンスをはじめ，東京都の関連機関や病気・薬に関する専門機関に関する情報提供，健康・医療関係のブックリスト，闘病記文庫の設置など，幅広いサービスを提供している[18]。

14：図書館をハブとしたネットワークの在り方に関する研究会．"地域の情報ハブとしての図書館：課題解決型の図書館を目指して"．文部科学省，2005-1-28．http://www.mext.go.jp/a_menu/shougai/tosho/houkoku/05091401.htm, (参照2011-08-15)．
15：大阪府立中之島図書館．"大阪府立中之島図書館ビジネス支援サービス"．大阪府立中之島図書館．http://www.library.pref.osaka.jp/nakato/busi/pamph.pdf, (参照2011-01-10)．
16：前掲注15．
17：東京都立中央図書館情報サービス課．"健康・医療情報サービス"．健康・医療情報サービス．http://www.library.metro.tokyo.jp/1n/index.html, (参照2011-01-10)．
18：前掲注17．

4章　資料提供サービス

1. 資料提供サービスの意義と概要

　現代の図書館では資料や情報の提供が重視されているが，貸出をはじめとする資料提供サービスはその中でももっとも活発に利用されているサービスである。図書館は利用者に資料を貸し出すのと同時に，それに付随した各種サービスも提供している。こうしたサービスによって，利用者は必要とする資料に迅速にアクセスし，資料から知識・情報を得ることができるのである。
　本章では，こうした資料提供サービスの概要について述べていく。

2. 資料提供サービスの種類と内容

　資料提供サービスの中心は貸出サービス（単に「貸出」(loan; lending; circulation)ともいう）である。それに加え，関連するさまざまなサービスも提供している。図書館の使い方がわからない利用者のためには利用の案内を行っている。また，資料にスムーズにアクセスできるように，開架式を採用して排架の方法も工夫している。所蔵資料が図書館にないときのために予約制度やリクエスト制度を整え，資料を手もとにとっておきたい利用者のためには複写サービスを提供する。このようにして，図書館は利用者の資料・情報要求に応えているのである。

(1) 利用の案内

　図書館に初めて来た利用者は，図書館が独自の原理にもとづいて資料を排架しているのに戸惑うかもしれない。また，どのようなサービスを受けられるのかを十分には，知らないであろう。こうした利用者に対して，必要に応じて図

書館の利用の案内をすることは重要である。そのときの案内は，大別して二つに分けられる。一つは施設や運営にかかわるもので，開館時間・休館日・館内施設の案内などであり，もう一つは資料利用にかかわる案内で，書架の案内・OPACの利用方法・貸出方法・予約方法などである。

こうした利用案内には，図書館員が介在する方法と介在しない方法とがある。介在する例を見てみよう。はじめて図書館に来た利用者には一般に利用案内のためのパンフレットやリーフレットが用意されており，利用登録時に図書館員がそれを使って説明する。また学校図書館や大学図書館では，児童・生徒や学生に対し図書館オリエンテーションを開催している。こうしたものは図書館員が介在する利用の案内である。

一方，図書館員が直接介在しない方法としては，まずカウンターや書架へ誘導するサインがある。図書館内にあるサインは，利用者が自らの利用の文脈に応じて活用することができる。こうしたサインにはデザインや全体としての整合性・統一性，さらにはわかりやすさなどが求められる。サインの他，各種の利用案内用のパンフレットやリーフレットも配付している。

近年は，情報通信技術を活用した効果的な利用案内を行っている図書館がある。ホームページ上に利用案内を載せることは一般化しているが，ポッドキャスト（Podcast）[1]によって利用の案内を提供しているところもある。

案内資料の多くは図書館員によって作られるため，内容がサービスを提供する側からの視点になってしまいがちである。しかし，利用者にとってはサービスを受ける側からの視点で作られた利用案内が使いやすい。案内の作成ではそうした点に留意したい。また，利用案内は図書館のサービスや活動を図書館外の人々に知らせ，利用を促進するツールにもなる。図書館の意義や役割を広く知らせることも意識して作成していきたい。

ここでは，初めて図書館に来館した利用者に対する案内を中心に述べたが，これは図書館利用教育の一部にも位置づけられる。図書館利用教育の詳細は，5章3節2項「図書館利用教育」で改めて述べる。

1：ポッドキャストとは，音声データをインターネット上のサーバに保存しておき，携帯型デジタルオーディオプレーヤーなどにダウンロードした上で聞く仕組みのことである。

(2) 閲覧サービス

　ここではまず閲覧サービスについて述べる。つぎに，利用者が確実に資料にたどりつけるための工夫について述べた上で，利用のしやすさと密接にかかわる排架方式について述べる。さらに閲覧スペースについての近年の動向にも触れる。

a．閲覧サービス

　図書館には多様な資料がある。利用者は，資料の貸出を受ける前に，まず資料を手に取り，じっくりと，あるいはぱらぱらと見ることが多い。こうしたことを閲覧（in-library-use）と呼ぶ。正確に述べれば，閲覧とは，図書館内における図書館資料の利用のことである。こうした閲覧は貸出の前段階としてまず行われる。しかし，それだけではない。資料の中には貸出をしないものもある。たとえばレファレンスブック（reference-book）や，出版されて間もない逐次刊行物（雑誌など）は貸出をしないことが多い。こうした資料の利用も閲覧によって行われる。

b．アクセスの工夫

　資料を利用するときには，その資料が書架上の定められた場所に排架されていなければ利用できない。所定の場所に資料が正確に排架されていることが，利用者のアクセスを確保するための基本である。そのためには，書架整理（shelf reading）によって排列の乱れを定期的に直したり，不要な資料のウィーディング（weeding）を行うことが必要である。ウィーディングとは，不要資料選択・除架のことであり，選択された資料は保存書庫へ移管されたり，除籍の上廃棄されたりする。こうした作業は一般に開館前や休館日に行われている。

　これらの日常的な作業とともに，利用状況を見ながら資料の排列順序を検討し，書架分類や別置資料の検討も行う。このような，排架資料のメンテナンスと効率的提供のための作業のことを書架管理（shelf management）と呼ぶ。

　利用者のアクセスを確保するには，書架管理に加え資料を探すための目録の整備も不可欠である。近年，目録をOPAC（Online Public Access Catalog）によって提供する図書館が増えてきている。そうしたOPACを十分な台数確

保するとともに，利用しやすいソフトウェアや入力装置を提供していく必要がある。

c．排架方式について

　図書館資料の排架方式には大別して開架式（open stack system）と閉架式（closed stack system）の２種類がある。それぞれによって利用者の利便性は異なり，また資料管理の面で長所，短所がある。開架式は利用者にとって便利であるが，資料管理の面では問題がある。一方，閉架式は利用者に不便であるが，資料管理に適している。以下，整理していこう。

1開架式　　開架式とは，利用者が直接書架に行って資料を選択することのできる排架方式のことである。開架式は，気軽に資料を選択することができるため利用者には都合のよい方式である。時には，必要な資料が明確でない利用者が偶然の発見・出会いを期待して漫然と資料を探しているうちに[2]思いがけない資料に出会うこともある[3]。

　しかし，開架式にすることで，資料の亡失が増えるという短所もある。また，利用者が資料を所定の場所に戻さないこともあり誤排架が生じやすい。さらに，資料保存にとって不適当な温度・湿度，外光等の環境は資料の物理的な劣化を早める。こうした短所もあるが，利用を重視する現代の図書館ではこの方式が広く使われている。

　近年，図書館の中には亡失防止システムであるブックディテクションシステム（Book Detection System：BDS）を設置する図書館が増えてきている。ブックディテクションシステムには，電波式，磁気式，ICタグ方式などがある。ブックディテクションシステムの導入は，実際に一定の効果があることが明らかになってきている。また，自動貸出機を導入できることやプライバシー保護などの長所も指摘されている。しかし，誤作動，導入経費やランニングコストの発生，磁気の消去・付加に伴う貸出返却の作業量増加といった問題も生じる。導入をする場合はこうした長所・短所，さらに導入の範囲（施設全体に設置するか，部分的に設置するか）などを慎重に検討する必要があるだろう。

2閉架式　　閉架式とは，書庫に資料を収容し，図書館員だけが書架にアクセ

2：このような情報探索のことをブラウジング（browsing）と呼ぶ。
3：このような発見のことを「情報との遭遇」またはserendipitous discoveryと呼ぶ。

する方式である。この方式で管理されている資料に利用者がアクセスする場合，目録を使って資料を特定した上で，書名，著者名，請求記号（call number）[4]などの情報を図書館員に伝え，書庫から持ってきてもらうことになる。閉架式は，利用者にとって不便な方式である。正確な書誌情報（bibliographic information）[5]を調べ記入するといった手続きの煩雑さがあり，そうしたことが資料への要求を抑制することもあろう。また，開架式では可能であったブラウジングによる思いがけない資料との出会いも期待しづらい。

一方，図書館側にとっては，長所と短所の両面がある。書庫は一般に利用者の利用を想定しなくてもよいことから書架間隔を狭くすることができ，必要に応じて集密書架（compact shelving, compact stacks）[6]を設置することもできる。これにより収容能力を高めることができる。また，資料保存のための望ましい環境を保つことが比較的容易である。資料の紛失も少ない。資料管理面のこうした長所はあるが，書庫出納の負担が生じる点は短所といえる。

図書館は，実際には開架式，閉架式のどちらかのみを採用している場合は少なく，多くは両方を併用している。一般には開架スペースには利用者のアクセスが多い資料を，閉架スペースには利用頻度が少ない，あるいは保存の必要のある資料を排架している。

図書館の中には，閉架スペースに利用者を入れ，自由なアクセスを許すこともある。たとえば大学図書館などでは一定の利用者（教職員や大学院生など）に，閉架スペースへの立ち入りを許可することがある。また，公立図書館の中にも，閉架スペースへのアクセスを許している図書館がある。これは「開架書庫」「半開架」などと呼ばれている。

近年，目録の利用が便利になり，利用者が必要とする資料を簡単に探せるようになっている。特に，ウェブ上に目録情報が公開されることで，利用者からの書庫への請求が増えているといわれている。図書館の資料が有効活用されることは喜ばしいことであるので，スムーズな書庫出納の仕組みを作り，気持ち

4：図書館資料の排架場所を示す記号。
5：資料についての情報であり，その識別と同定を含め，アクセスを仲介するもの。
6：集密書架は，書庫の収容能力を高めるために設置される。書架列をレール上に設置し可動式にすることで書架間隔を狭くすることができる。

4-1図　国際基督教大学の自動書庫（日本ファイリング提供）

よく利用してもらえるようにしていきたい。

　しかし書庫は，一般に仕事をする上で衛生面等の環境が悪く，さらに地震・火災等の災害発生時は危険な場所となる。書庫出納の負担も大きい。こうしたことから，大規模図書館の中には自動書庫（automated storage）を導入するところも見られる。自動書庫とは図書館資料をコンテナと呼ばれる収納ケースに納め，それをラックに格納し，コンピュータ制御によりコンテナを出納口まで運ぶ書庫のことである。自動書庫を導入することで資料の収容密度を高め，蔵書管理の負担や書庫出納の負担を減らすことができるが，導入には設備の経費がかかる上，運用を中途でやめることが難しいため，多くの図書館に普及するには至っていない。

d．閲覧スペースの確保

■1概要と館種ごとの特徴　　閲覧のためにはスペースの整備が必要である。閲覧のために用意されるスペースとしては通常の閲覧スペース，ブラウジングルーム（またはコーナー）（browsing room/corner），キャレル（carrel）などがある。

閲覧スペースには，机と椅子，または椅子のみが設置される。スペースは独立した部屋を用意する場合と，書架のすぐ近くに机・椅子を設置する場合がある。閲覧する資料の種別（図書なのか新聞なのか等）や想定する利用法によって家具やスペースの作り方は変化する。

ブラウジングルームとは，新着雑誌や新聞などのひろい読みや軽い読書をするためのスペースである。そこにはソファーなどが設置され，くつろいだ雰囲気になるように工夫されている。

キャレルとは，落ち着いて読書や調べものができるように作られている一人用の机のことである。以前は書庫に設置される場合が多かったが，近年はレファレンスコーナーの近くに設置されることも増えている。電源やLANなどの設備を備え，パソコンを使えるところもある。

閲覧スペースの確保では，学校図書館・大学図書館と公共図書館とで多少対応が異なる。教育支援を目的のひとつとする学校・大学図書館では一般に閲覧スペースを広く確保している。しかし，公共図書館では利用者の要求を満たせるほどの閲覧スペースを確保しないことが多かった。これは，歴史的な経緯が関係している。『市民の図書館』[7]では，当時の公共図書館が受験生を中心とした学生・生徒の勉強部屋として利用されていたことが指摘されている。図書館が資料・情報を提供する場所として必ずしも機能せず，受験勉強の場所となっていたわけである。こうした反省に立って，1970年代以降に設置された公共図書館では別フロアなどに大規模な閲覧スペースを設けることはせず，閲覧席を書架スペースの中に組み込み，資料の閲覧を強く意識したスペースづくりが行われてきた。とはいえ，近年は長時間図書館に滞在できるよう，資料閲覧用のスペースを比較的広く設置する図書館も増えてきている。

2 ラーニングコモンズ　近年，大学図書館を中心にラーニングコモンズが設置されるようになっている。ラーニングコモンズとは学生が自律して学習できるよう空間・施設面の配慮を行うとともに，人的な支援を提供する場のことである。ラーニングコモンズの多くは，無線LAN，グループ学習室，可動式の机・椅子，ホワイトボード，プロジェクター，スクリーンなどの設備を備え，

7：日本図書館協会. 市民の図書館. 日本図書館協会, 1970, 151p.

4-2図　ラーニングコモンズの例（この部屋は「コミュニケーション・オープンスペース」と呼ばれている）（東京女子大学図書館提供）

コーヒーなどの飲み物を持ち込むことができる場合もある。さらに，利用者をさまざまな形で支援するため，職員やボランティアの学生が常駐するカウンターも配置される。

　こうした試みは図書館を知識・情報を受容する場から，学びの場に変革するものである。ネットワーク情報資源と図書館資料の融合，人的支援の充実，コミュニケーションから生まれる知識創造などがラーニングコモンズでは重視されている。図書館の今後のあり方を探る上で注目される試みである。

（3）貸出サービス

a．貸出の概要

　資料を一定期間特定利用者に自由に占有させる貸出においては，当該利用者は所定の期間，自由な場所で自由な時間に資料を利用することができる。このサービスは，公共図書館では『市民の図書館』以降，特に強調され活発に行われてきた。2章の2-5図でみたように貸出点数は以前と比べ格段に増えている。

以下，公共図書館における貸出について，その種類および利用登録から督促までのプロセスを解説する。

b．貸出の種類

 公共図書館では，個人を対象にして貸し出す「個人貸出」と団体を対象にして貸し出す「団体貸出」がある。貸出といえば一般に前者がイメージされるだろうが，団体貸出も図書館にとっては欠かすことのできないサービスである。地域の文庫や学校図書館など，蔵書規模が小さいために所蔵資料では利用者の資料要求を継続的に満たすことが難しいところでは団体貸出は大きな役割を果たす。こうした団体貸出は，一般に貸出期間が数か月と長く，また一度に貸出す点数も多い。

c．貸出のプロセス

 ここでは公共図書館を中心にした，個人を対象とする貸出について確認していこう。プロセスの概要は以下のとおりである。図書館では，まず利用者に利用登録を義務づけ，それが済んだ利用者に資料を貸す。利用者は定められた期間内に資料を返却する。しかし，利用者の中には所定の期間内に資料の返却をしないものがいる。そうした利用者に対しては督促を行う。以下，順番に見ていこう。

❶利用登録　　図書館資料を借りる場合，利用登録が必要になる。利用登録では住所，氏名等の情報を登録して利用券を発券する。利用登録の手続きでは，可能な限り煩雑な手続きを省くことが『市民の図書館』で推奨されたが，実際に多くの図書館では簡易なものとしている。市民を信頼して登録のハードルを下げ，より多くの市民の利用を促すことを重視しているのである。

(1) 登録の条件

 図書館では利用登録を受けつける際，一般に利用者の範囲を限定することが多い。学校図書館や大学図書館は，当該機関を構成するメンバーが中心となるが，公共図書館では，図書館を設置する自治体の住民とすることが多い。利用者の範囲は，基本的に図書館の設置目的や資金の出し手と関係している。誰が・何のために・図書館を設置しているかが，サービスを受ける利用者を規定するわけである。

 こうした利用者に加え，公共図書館の中には，自治体外の在住者であっても，

自治体内に職場・学校のある人の便や地域への貢献を考慮して登録できるようにしている場合が近年は増えている。さらに，周辺自治体の図書館と協定を結んで，住人が相互に利用できるようにしている場合もある。こうした仕組みは「相互利用サービス」や「広域利用」などとよばれる。大学図書館の中にもコンソーシアムを組み，学生を相互に利用させるところがある。また，図書館を地域の住民に開放する大学も近年は増えてきている。これは「地域開放」と呼ばれる。

(2) 個人情報の収集

利用登録に際して，住所や電話番号などの個人情報を収集する。原則として図書館ではサービスに必要な情報のみを収集している。また，集めた情報も利用目的を示した上で，その範囲内で使用することが求められる。こうした個人情報の収集・利用においては，個人情報保護法制に則った取り扱いが行われる。

❷貸出

(1) 貸出

貸出は利用者にとって利用しやすく，たいへん便利なサービスである。図書館の魅力を知ってもらうには最適なサービスである。利用者が何冊，またどのくらいの期間資料を借り出せるかは図書館によって異なる。たくさんの資料を長期間貸し出せばその資料を借りる利用者には都合がよいが，それ以外のその資料を必要とする利用者には不便である。図書館において利用者が要求したとき資料等を実際に提供できる程度のことを利用可能性（availability）[8]というが，場合によってはその調査を行い，貸出点数や貸出期間などが他の利用者の利用を阻害していないか，確認する必要がある。

図書館の資料の多くは貸出の対象となっているが，図書館で資料を貸し出すことができるのは，「著作権法」で著作者の貸与権が制限されるためである（第38条第4項）[9]。著作物の中でも映画の著作物は，それ以外の著作物と異なる取り扱いがなされており，公立図書館では補償金を支払わないと貸し出すことができない（第38条第5項）。したがって，市販されている映画の著作物

8：一方，サービスまたは設備への到達及び利用の容易さをアクセス容易性（accessibility）という。
9：著作権法については8章「図書館サービスと著作権」も参照。

(DVD, ビデオテープ等) を購入してそのまま貸し出すことはできない。また, 館種によっては貸出ができないこともある。

　図書館資料の中には, その他にも貸与権の問題と別に貸出をしないものがある。図書館内に利用を限定したそれらの資料のことを禁帯出資料と呼ぶが, そうした資料にはレファレンスブックや新刊雑誌など, 資料の特徴から貸出をしないものがある。レファレンスブックは参考図書とも呼ばれ, 辞典・事典や書誌 (bibliography)[10]・目録などがある。レファレンスブックは, 最初から最後まで読みとおすような資料ではなく, 一部分を参照すれば利用者の情報要求が満たされるような資料であるため, 貸し出さないことが多い。また, 新刊雑誌なども貸し出さないことが多いが, これは情報の新鮮度が重視されるためである。他にも資料管理の観点から, あるいは貴重書・貴重資料であることから貸出をしないものがある。

(2) 電子書籍

　電子メディアを用いて出版した図書のことを電子書籍 (electronic book) と呼ぶ。近年, 電子書籍やそのリーダー[11] (電子書籍リーダー, 電子書籍端末, 電子ブックリーダーなどと呼ばれる) が普及してきたことで, 図書館の中には, 電子書籍を貸し出すところが現れている。

　電子書籍では, 全文の検索が可能である。このことにより, 図書中の特定の言葉を容易に見つけることができるようになる。また, ネットワークを介して電子書籍を入手できるようになることで, 開館時間や図書館の場所を気にせず, 貸出サービスを受けることができるようになる。このことにより, 従来, 図書館を利用することが難しかった利用者も利用できるようになる。電子書籍の導入は, 図書館側にとっても, 書架スペースの節約, 資料の非劣化等のメリットがある。

　しかし, 慎重に検討を要することもある。まず, 電子書籍リーダーについて,

10：何らかの基準で選ばれた図書・論文・記事等の特徴を分析して, 著者名・タイトルなどのデータに表現し, 探索しやすいように排列したリスト。
11：電子図書向けの表示端末。軽量で大量の情報を蓄積できるものが多い。

どのようなデバイスが普及するかわからない[12]。また標準的なファイル形式についても不確定である。そのため，早急に導入した場合，不要なコストが発生する可能性がある。また，電子書籍リーダーやパソコンがなければ利用できないため，平等な利用機会を保障するには，電子書籍リーダー等デバイスの貸与が必要になることも考えられる。

　さらに，書店，取次にあたる提供機関の選択も慎重な検討を要する。一般に電子書籍の提供機関は，個人向けのものと図書館等機関向けのものに分けることができ，後者はさらに，出版社が提供する場合と，複数の出版社の電子書籍をひとつのプラットフォームで提供する場合に分けられる。このとき，どの提供機関と契約を結ぶかによって，利用可能なタイトル（数），経費，利用者向けシステムの画面設計，印刷資料との目録上の連携等が異なることになる。提供機関の選択では，これらを慎重に検討することが必要である。

　加えて，ライセンス契約やDRM（Digital Rights Management）による保護は，資料の利用方法を複雑にする。ライセンス契約により，利用の条件が著作権法から提供機関との契約にしたがうことになる。また，DRMによって保護されることで，著作物ごとに利用条件が異なることも考えられる。その結果，これまでのように，気軽に文献複写等ができなくなることも考えられる。

　このようにネットワークやデバイスを介する電子書籍の利用は，導入によるメリットもあるが，資料管理や提供形態が複雑になることも考えられる。また，利用者の経済的格差やコンピュータリテラシーの有無が利用に影響を与えることも考えられる。これらのことを勘案して，対応していくことが必要となろう。

(3) 貸出方式

　これまで図書館はさまざまな貸出方式（charging system：circulation control system）を採用してきた。代表的なものにニューアーク式貸出法（Newark Charging System），ブラウン式貸出法（Browne Charging System）がある。これらは利用者の利用券と図書に挟んだブックカードを組み合わせて用いる方式である。このうち，ニューアーク式は貸出時に利用者番号を記入したブ

12：デバイスとは装置のこと。複数のメーカーから電子書籍リーダーが発売されている。パソコン，タブレット型端末，携帯電話，スマートフォンによっても電子書籍を読むことができる。

ックカードを図書館に保管しておく方式であり，ブックカードに利用者の貸出記録が残るためプライバシー保護に難点がある。一方，ブラウン式はブックカードに利用者番号を記入せず，貸出券とブックカードを一緒に図書館に保管しておく方式で，利用者の記録を残さないためプライバシー保護に優れている。

　近年の図書館の多くはコンピュータを使って貸出を行っている。最近の統計では9割以上の公共図書館が図書館業務にコンピュータシステムを導入している。こうしたコンピュータシステムは図書館システムとも呼ばれている。コンピュータで処理することにより，貸出の情報を書誌情報や利用者情報と組み合わせることができ，正確・迅速で質の高いサービスを提供することが可能になる。たとえば貸出時に延滞資料のタイトルを伝えることができるのは，貸出の情報・書誌情報・利用者情報が一体的に管理されているためである。

　図書館の中にはRFID（Radio Frequency Identification）と呼ばれる無線による識別技術を用いて貸出をする図書館も現れている。このRFIDで用いられるタグをICタグや単に「タグ」と呼ぶが，このタグを貼付することで非接触により資料や利用の情報を読み出したり，書き込むことができる。これにより貸出を含め図書館の業務がより効率的になるといわれている。たとえば，貸出・返却資料の一括処理，開館中の蔵書点検，誤排架された資料の発見，OPACとの連携による排架場所への案内などが可能となる。また，タグは多くの情報を保存することができるため，利用者がリーダーを持っていればより詳しい資料に関するデータをその場で確認することもできる。しかし現状では，医療機器に与える影響やプライバシーの不安，価格や耐用年数の問題があり，まだ多くの図書館で普及するには至っていない。

　従来，資料の貸出は利用者がカウンターに来て，職員が情報をバーコードリーダーなどのデバイスを使ってコンピュータに入力することが多かった。しかしブックディテクションシステムが導入される中で，利用者自身が貸出手続き可能な自動貸出機が普及してきている。これを導入すると利用者の6割から8割は自動貸出機を使う，とも報告されている。自動貸出機を使えば図書館員に借りる資料を見られることがないため利用者のプライバシー保護に優れる上，混雑を緩和し，さらに耳の不自由な利用者も利用しやすくなると言われる。しかし一方では利用者とのコミュニケーションの減少が図書館への要望や不満の

伝達機会を減らすこと，機器故障・読みとり不具合によるトラブル，不正利用の発生なども危惧されている。

❸返却　資料を借りた利用者は決められた期間内に資料を返却（return）する。貸出期間は公共図書館の図書の場合，2週間としているところが大部分である。継続して借りたい利用者のために，申し出があれば貸出期間を延長する図書館もある。

■貸出記録について

コンピュータで返却処理をする際，多くの公共図書館では利用者の貸出記録（circulation record）を消去している。貸出記録を消去するのは返却が済めば，その情報は必要がないためであり，また残しておけば外部にその情報が漏洩したり他の人からの請求に対して提供してしまう危険があるためであるとされている。すなわち，根本的には利用者に安心して図書館を利用してもらうための措置である。もちろん，資料中に残された遺失物や汚破損の調査に支障は出るが，利用者に安心して利用してもらうという大原則が優先されている。

しかし，貸出記録には極めて有用な未知の情報が隠されていることも，また事実である。なぜなら大量の貸出記録には利用者の資料利用のパターンが残されており，データマイニングによって分類とは異なる資料の類似性や関連性を見つけることもできるかもしれないためである。データマイニングとは，データベース中の大量データから一定の法則を発見する技法のことであり，気づかない隠れた法則の発見を目的に行われる。これにより，Amazonなどのオンライン書店が行っている資料の推薦と同様の質の高いサービスを図書館が行えるようになる。

しかし，図書館がこうした貸出記録を保存することは個人情報の保護からも，また，"図書館は利用者の秘密を守る"という「図書館の自由に関する宣言」の理念からも慎重であるべきだ，という声が図書館界にはある[13]。保存・活用を考える場合は，そうした規範の意義を十分検討した上で技術的側面の理解を深め，利用者と図書館員の間でコンセンサスを形成していくことが必要である。

❹延滞　利用者の中には定められた期限までに資料を返却しない利用者がい

13：利用の記録を分析・加工して，図書館サービスの改善を図ることと，個人情報の保護とはトレードオフ（一方を追求すると他方が犠牲になる）の関係にある。

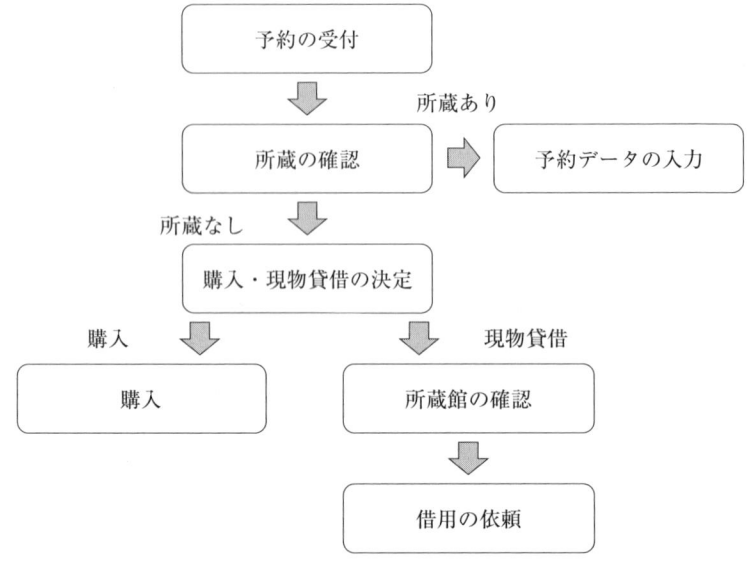

```
                    ┌──────────────┐
                    │  予約の受付    │
                    └──────┬───────┘
                           ▼            所蔵あり    ┌──────────────────┐
                    ┌──────────────┐  ━━━━━▶  │  予約データの入力  │
                    │  所蔵の確認   │           └──────────────────┘
                    └──────┬───────┘
                   所蔵なし ▼
                    ┌──────────────────┐
                    │ 購入・現物貸借の決定 │
                    └──┬───────────┬──┘
               購入 ▼              ▼ 現物貸借
              ┌─────┐         ┌──────────┐
              │ 購入 │         │ 所蔵館の確認 │
              └─────┘         └─────┬────┘
                                    ▼
                               ┌──────────┐
                               │ 借用の依頼 │
                               └──────────┘
```

4-3図　予約サービスの流れ

る。図書館ではそうした利用者に対し督促（overdue notice）を行うが督促は，電話・メール・はがき等の手段によって行われる。

　延滞者に対して図書館の中には罰則を科すところがある。特に大学や学校に設置される図書館では，延滞者に一定期間の貸出停止を科すことがある。公共図書館でも延滞資料の返却まで新たな貸出をしないといった取り扱いをすることがある。アメリカでは，公共図書館でも延滞者に対して罰金を科すことがあるが，日本ではそこまでの罰則を科す図書館はほとんど存在しない。

　貸出記録は利用者のプライバシーにかかわる情報であるため，督促に際しては利用者以外に資料名を伝えない。したがって電話連絡時などに家族が電話口に出た場合は，延滞の事実だけを伝えることになる。

（4）予約・リクエストサービス

　利用者の求める資料が書架にない場合，図書館では利用者の要望を受けて，資料を確保し，予約をした利用者に優先的に資料を貸し出す。こうしたサービスは予約サービス（reservation service）と呼ばれ，貸出・レファレンスサー

ビスなどの基本的サービスを支える重要なサービスとなっている。近年の公共図書館における予約件数は2-6図で見たとおり増加傾向にある。
　一般的な予約処理の流れは4-3図のとおりである。
a．予約サービス
　図書館に利用者が求める資料がない場合，二つのケースが考えられる。一つは，図書館に所蔵しているが貸出中である場合や，分館など同一機関に属する他の図書館にある場合である。このような場合，利用者は予約をすることで，優先的に資料を借りることができる。図書館は資料に予約が入った場合，延滞中の資料であれば督促を行い，同一機関内の他図書館にある場合は資料を移送して利用者に提供する。こうした所蔵資料の返却待ちや移送待ちには，特に「リザーブ」「予約」という言葉を用いることがある。
　また，所蔵している資料について電話やウェブで予約を受けつけることもある。これは，従来も在庫本の取り置きとして行われていたが，ウェブから予約を受け付ける場合は「予約」として処理されるため，結果として先に述べたような予約件数の増加をもたらす一因となっている。
b．リクエスト
　もう一つのケースは利用者が求める資料を図書館に所蔵していない場合である。この場合，図書館はその資料を，新たに購入するか，他の図書館から借用することになる。こうしたサービスは予約サービスと区別して「リクエスト」（request）と呼ぶことがある。新たに購入するのは，ⅰ将来の利用が予想される，ⅱ収集方針に合致している，ⅲ予算が確保できる，ⅳ資料が市場で流通している，など条件が満たされた場合になる。購入しない場合は，他の図書館から借用することになるが，同一機関以外の図書館間の貸借を「図書館間相互貸借」（interlibrary loan）と呼んでいる。また，特にこうした物理的な資料の貸借は図書館間相互貸借の中でも「現物貸借」と呼ばれ，後述する「文献複写」と区別される。現物貸借によって迅速に資料を入手するには，貸出期間や物流の方法，発生する送料の負担などの条件を関係する図書館間で事前に取り決めておくことが必要である。
c．図書館間相互貸借の仕組み
　ここでは，公共図書館の現物貸借と，大学図書館の文献複写サービスの仕組

みを見ていこう。

❶公共図書館の現物貸借　市町村の公共図書館が他の自治体の図書館から利用者のために資料を借りる場合，地域的に近接した自治体で協力体制が構築されていることがある。そのような場合，それらの自治体の図書館から借用することができる。しかし，そこから入手できない資料も多い。そこで次の段階として，都道府県立図書館（以下「県立図書館」）から借用することになる。県立図書館は市町村立図書館と比較し，資料費が潤沢であることが多く専門的な資料の購入も可能である。また，県立図書館は，市民に直接サービスをする市町村立図書館の支援を重要な任務としていることから，積極的に協力することも多い。こうした県立図書館からの現物貸借は，特に「協力貸出」（cooperative lending）と呼ばれている。一般に公共図書館で発生する現物貸借の大部分は，近隣の自治体と県立図書館からの借用によってまかなわれている。

県立図書館から借用できない場合は，「総合目録ネットワーク」を利用して所蔵している図書館を探すことができる。総合目録ネットワークとは，全国の都道府県立図書館の目録を中心に構築された総合目録である。以前は県立図書館から資料を借りられない場合，市町村の公共図書館は国立国会図書館に依頼を出していたが，総合目録ネットワークによって，もう一つの有力な現物貸借のルートが確立された。

総合目録ネットワークを使っても借用できない場合，最終的には国立国会図書館から資料を借りることもできる。国立国会図書館は納本図書館[14]であることから，全国書誌の作成義務をもつ。また，明治期以降の日本語の図書資料に関して最も充実したコレクションを持っている。しかし，国立国会図書館は資料を将来に向かって保存していくという重要な任務がある。したがって，国立国会図書館からの借用は最終的な手段ともいえる。なお，国立国会図書館からの現物による借用は，今後，蔵書のデジタル化とネットワークを通じた図書館への提供ができるようになった場合，電子的な方法に代わる可能性もある。

❷大学図書館等における文献複写　図書館間の文献複写サービスは大学図書館で活発に行われている。大学における研究活動では学術雑誌記事が不可欠と

14：出版社に対して法律により出版物などの納入を義務付けるのが納本制度であり，日本では国立国会図書館が納本図書館である。

4-4図　文献複写件数の推移

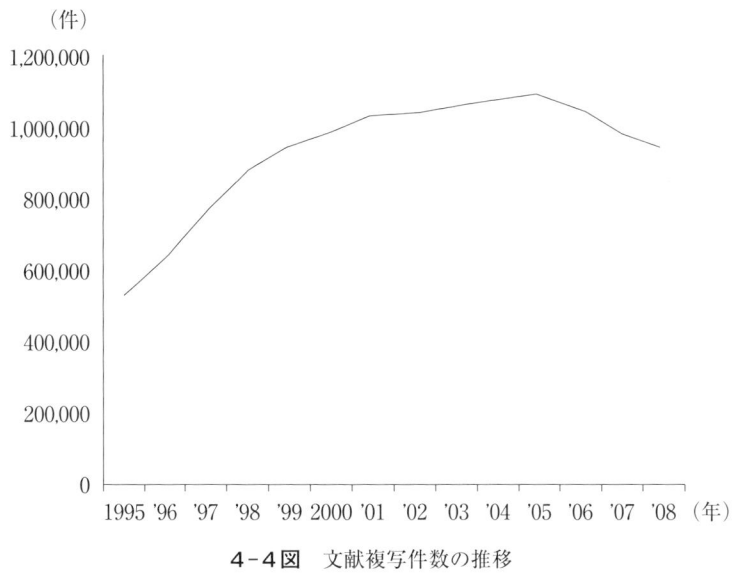

(「NACSIS-ILL　流動統計情報」より作成。値は全機関の合計)

なっており，学内で入手できない場合は，他大学の図書館に文献複写の依頼を出して入手することが多い。大学図書館では，国立情報学研究所（National Institute of Informatics：NII）を中心に総合目録（Nacsis Webcat）が整備されており，図書館間相互貸借もこの総合目録と，依頼・受付・課金をオンラインで管理することのできる図書館間相互貸借システム（NACSIS-ILL）を基盤に行われている。

　近年，外国の学術雑誌は図書館コンソーシアム（library consortium）によって包括契約が結ばれ，個々の図書館で数多くのタイトルを利用できるようになってきた[15]。さらにオープンアクセス雑誌や機関リポジトリ（institutional repository）の充実もあり，利用者が文献複写サービスを利用しなくても，入手可能な雑誌記事が増加する傾向にある。このことは大学図書館間の文献複写サービスに大きな影響を与えると考えられる。4－4図は1995-2008年のNAC-

---

15：図書館コンソーシアム，オープンアクセス雑誌，機関リポジトリについては，5章4節2項b.「アクセス方式と契約・購入」を参照。

SIS-ILL による文献複写依頼件数の推移であるが，これまで増加してきた依頼件数が近年鈍化，あるいは減少している様子が見てとれる。

(5) 複写サービス

　利用者はしばしば図書館資料の一部を複写（コピー）して持ち帰りたいと考える。そうした時のために，図書館では複写の便宜を提供している。このサービスを複写サービス（copy service）と呼ぶ。上で述べた図書館間相互貸借における文献複写サービスは，形としては図書館の利用者以外に提供している複写サービスということもできる。

　ここでいう「複写」とは，複製機を使って元の文書と同じものを写しとることである。複写によって利用者は資料中の必要な箇所を自分のものとすることができる。わざわざ資料全体を借りなくてもよいもの，手もとに持っておきたいもの，などの情報・資料を入手する手段として便利である。

　図書館で資料の複写を行う場合，著作権法に注意する必要がある。というのも，図書館が扱う資料のほとんどは著作物であり，それらの「複製」は著作権者がコントロールしているためである。ここでいう複製は，文書の場合「複写」といわれるが，図書館での一般的な複製（複写）は，「著作権法」第31条に規定されている範囲内に限られる。ここでは，多様な資料の複写の条件やしばしば問題となる点ついて簡単に述べておこう[16]。

　まず，複写は図書館の管理のもと行うことが必要である。したがって，コイン式コピー機を利用者に提供する場合も，複写が著作権法で定める条件に合致しているかの事前・事後の確認を図書館が責任を持って行うことが求められる。

　複写できる分量については著作物の全体の半分以下と解されている。したがって，図書を複写する場合，全体の半分以下ということになる。しかし，この問題は複雑である。1冊1作品の文学作品であれば複写できるのは図書の半分以下，ということになるが，詩の場合はこれが一つの著作物になる。したがって図書中に詩がある場合，その詩の半分以下しか複写できないことになる。こうした取り扱いは，地図・楽譜・レファレンスブックなどでも同様と解釈され

16：著作権と図書館サービスに関しては8章で詳述する。

ている。また逐次刊行物については最新号の複写はできないが，最新号以外であれば一記事全体を複写することができる。ただし，この場合も一冊全体の複写はできない。

　図書館で開放しているパソコンでウェブ上の情報をプリントアウトしたり，レファレンスサービスの中で情報提供のためウェブ上の情報をプリントアウトする場合はどうであろうか。このようなデジタル情報を紙に変える場合（メディア変換）も複製にあたるが，ウェブ上の情報の場合は，実体があくまで外部のサーバ上に存在することから，図書館のパソコン上にある情報は「著作権法」第31条でいう「図書館資料」に当たらず，第31条の規定は適用されない。したがって，著作権者の許諾がなければプリントアウトすることはできない。

　ウェブ上の一般的な資料については上記のとおりだが，たとえば図書館外のサーバから提供される電子ジャーナルなどはどうであろうか。この場合も「著作権法」第31条でいうところの「図書館資料」に該当しない。したがって，やはり第31条の規定は適用されない。しかし電子ジャーナルは一般にライセンス契約によって利用条件を取り決めている。その場合は，最新号・記事全体・雑誌全体などにかかわりなく複製を許諾していることが多い。

　図書館における著作物の複製（複写）の取り扱いは利用者とのトラブルの原因となることが多い。利用者は，日常的にコンビニエンスストアなどで自由に複写することに慣れているため，著作権法で特に許されている図書館での複写については，逆に制約が多いと感じるのであろう。図書館としては，利用者に著作権法についての理解を求めることが必要である。

3．文献送付サービス

　文献送付サービスとは特定の機関が，求められた文献の複写物を，送付と複製にかかわる費用を徴収した上で送付するサービスであり，「ドキュメントデリバリーサービス」（document delivery service）ともいわれる。一般に文献送付サービスは雑誌記事が対象となることが多い。近年は，従来のように複写物を物理的に送付する方法に加え，スキャニングしたPDF（Portable Document Format）等のデジタルデータをサーバ上に一時的に保管し，それを利用

者にダウンロードさせる方法も増えてきた。これはエレクトロニック・ドキュメント・デリバリーと呼ばれている。

　文献送付サービスは図書館間の連携を前提とする文献複写サービスと異なり，独立した機関によって提供されるものを指すことが多い。また，地域・館種で限定されがちな文献複写サービスと異なり，全国的に館種を問わずサービスを展開する点も異なる。図書館が購読している学術雑誌からは入手できない記事の提供がこうした機関に寄せられることが多い。海外で広く知られている提供機関として，英国図書館文献供給センター（The British Library Document Supply Centre：BLDSC）があるが，日本においては科学技術振興機構（Japan Science and Technology Agency：JST）が同様のサービスを提供してきた。国立国会図書館も一般の個人を対象に「遠隔複写サービス」として類似のサービスを提供している。

　大学図書館間の文献複写サービスと同様，包括契約やオープンアクセスの動向，さらには非購読雑誌の論文をクレジットカード決済によって購入できる仕組み（Pay-Per-View）の普及により，このサービスに影響が出てくることも考えられる。

4．資料提供サービスに類するサービス

　図書館が提供する資料は一般に図書・雑誌・新聞と視聴覚資料が中心であった。しかし，図書館の中にはそれ以外のさまざまなものを提供しているところがある。絵画・ぬいぐるみ・玩具・ゲーム等がそうしたものであり，一般には文化的・教育的意義を持つものを提供することが多い。これらを提供する目的は，市民の文化的生活を支援するため・図書館利用者を増やすため，などさまざまである。

　これらのサービスは，結局のところ，図書館の目的や運営方針との関係で検討されるべきものである。図書館が，若者層の取り込みを熱心にすすめるという方針であれば，コンピュータゲームを提供することも検討されることになる。実際アメリカの図書館の中にはそうしたサービスを行っているところがある。図書館の目的達成のためには柔軟な思考が求められることもある。

5. 資料提供サービスと著作権

　本章の最後に，資料提供サービスと関係する著作権について，簡単に確認しておこう。まず，図書や雑誌の閲覧に関しては著作権法上の規定はなく，利用者は自由に行える。ただしDVDやレーザーディスク（LD）を視聴ブースで見せることは，上映に該当し上映権を考慮する必要がある。しかし，これも「著作権法」第38条１項から，非営利・無料であれば問題にならない。

　図書や雑誌の貸出は，非営利・無料であれば自由に行うことができること，映画の著作物については第38条５項から補償金の支払いが必要であることはすでに述べた。ただし映画の著作物については，貸出できる図書館は公共図書館に限定されており，それ以外の館種の図書館ではこの条文に基づく貸出は行えない。

　複写についてもすでに述べたが，複写に関する規定は公共図書館の他，国立国会図書館・大学図書館に適用されるが，それ以外の図書館には適用されないので注意が必要である。

　図書館ではおはなし会や映画の上映会も行っている。おはなし会での読み聞かせやストーリーテリングは口述にあたり著作権者の口述権が働くが，非営利・無料であれば第38条１項によって行うことができる。映画会はやはり非営利・無料であれば行えるが，映画の著作権関連団体と日本図書館協会で合意した了解事項・合意事項に留意する必要がある[17]。

　ほかにもさまざまな関連規定がある。多様にある著作物を法の趣旨に則って適切に活用するため，図書館員には著作権法に関する理解を深めることが求められる。

17：詳しくは，以下の二つの記事を参照。①日本図書館協会と日本映像ソフト協会　映画上映会に関して「了解事項」に調印．図書館雑誌．1998, vol.92, no.8, p.601., ②合意事項．図書館雑誌．2002, vol.96, no.1, p.70–71.

5章　情報提供サービス

1．情報提供サービスの意義と概要

　図書館には多くの資料があり，それらは一定のルールに基づいて組織化されているが，利用者のすべてがそうした資料の利用方法に習熟しているわけではない。また，利用者の中には知りたいことがあるにもかかわらず，うまく探せないものもいる。そこで，図書館員は特別に利用方法を案内・指導する機会を設けることがある。また，利用者の知りたいことを聞き，探し方のアドバイスを与えたり，利用者に代わり資料を探した上で提供していることもある。さらに後述するような発展的な情報サービスによって高度な情報要求に応えてもいる。

　本章では資料提供サービスとならぶ図書館の柱である，こうした情報提供サービスについて概観する。

2．情報提供サービスの種類と内容

　情報提供サービスは，レファレンスサービスと情報サービスから成る。情報提供サービスは直接サービスであるが，情報提供サービス固有の間接サービスもある。情報源の構築や二次資料の作成などがそれである。こうした間接サービスの充実が直接サービスを支えることになる。

3．レファレンスサービス

　レファレンスサービス（reference service）とは，利用者が求めている資料・情報について，図書館員が仲介的な立場から提供・提示するサービスであ

3．レファレンスサービス | *81*

5-1表　レファレンスサービスの実施状況

図書館数	レファレンス実施館数	実施率	実施件数	1館あたりの件数
3,145	2,386	75.9%	7,098,067	2,975

（文部省大臣官房調査統計企画課『社会教育調査報告書　平成20年度』日経印刷株式会社，2008。「1館あたりの件数」は「レファレンス実施館数」と「実施件数」から算出）

る。また，それにかかわる諸業務も含まれる。レファレンスサービスは，貸出とならぶ図書館サービスの基本である。しかし，公共図書館における取り組みはこれまで十分ではなかった。5-1表に近年の取り組みを示している。実施率は以前と比べ高くなっているが1館あたりの件数は多くない。

　文部科学省による『これからの図書館像』[1]では，レファレンスサービスの充実がうたわれている。特に，「課題解決支援」としてビジネス支援，子育て支援，医療・健康・福祉・法務などの情報入手支援が提言されており，こうした分野の資料提供とともにレファレンスサービスによる情報提供が期待されている。

　ここでは，まず利用者から出される質問に対して図書館員が回答する質問回答のサービスについて述べ，次に図書館利用教育（利用案内）について述べる。レファレンスは主にこの二つのサービスによって構成される。また，レファレンスサービスと深い関係にある読書相談サービスについても解説する。

（1）質問回答のサービス

a．レファレンスプロセス

　知りたいことがあるが，どのようにそのことを調べればよいかわからない。このような何らかの情報を求めている利用者に応えるサービスが，簡単にいえばレファレンスサービスである。このうち，利用者の具体的な質問に応えるサービスを特に質問回答サービスとも呼ぶ。このサービスがどのようなプロセス

1：これからの図書館の在り方検討協力者会議．"これからの図書館像－地域を支える情報拠点をめざして－（報告）"．文部科学省．2006-3．http：//warp.da.ndl.go.jp/info：ndljp/pid/286184/www.mext.go.jp/b_menu/houdou/18/04/06032701.htm，94p．（参照　2011-08-15）．

5章　情報提供サービス

```
┌─────────────────┐
│ レファレンス質問の受付 │
└─────────────────┘
         ↓
┌─────────────────┐
│ 質問内容の確認      │
└─────────────────┘
         ↓
┌─────────────────┐
│ レファレンスインタビュー │
└─────────────────┘
         ↓
┌─────────────────┐
│ 質問の分析         │
└─────────────────┘
         ↓
┌─────────────────┐
│ 探索方法の決定      │
└─────────────────┘
         ↓
┌─────────────────┐
│ 探索の実行         │
└─────────────────┘
```

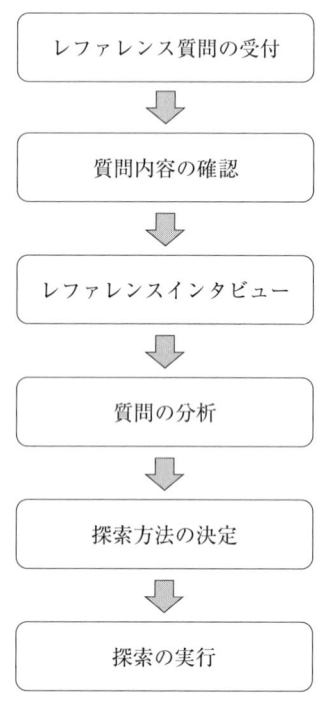

5-1図　レファレンスプロセス

を経るか見てみよう（5-1図参照）。この一連のプロセスはレファレンスプロセス（reference process）と呼ばれる。

　利用者から提示される質問のことをレファレンス質問（reference question）と呼ぶが，図書館員は利用者から提示される質問を受けつけ，質問内容の確認と分析を行う。この過程で行われる図書館員による利用者へのインタビューをレファレンスインタビュー（reference interview）と呼ぶ。

　レファレンスインタビューによって利用者の情報要求の内容が明確になれば，つぎに図書館員は探索方法を考える。これは実際にはレファレンスインタビューと並行して行われることも多く，また探索が簡単であれば，あえて探索方法を検討することは意識化されない。しかし，複雑な情報要求の場合，探索方法を整理しておくのが望ましい。探索方法が定まったら，探索を実行する。このとき，一般に高次資料から低次資料へ，身近な資料からそれ以外の資料へ，といった探索の順序に留意する。ここでいう高次資料とは，書誌の書誌などの三次資料，辞書・事典などの二次資料のことである[2]。

　レファレンス質問の回答に際しては，情報源を提供・提示する場合と，探索方法を教える場合がある。これは利用者によって異なる。たとえば児童・生徒，あるいは学生が宿題で何かを探している場合は，探索方法を教えるのが望ましい。図書館員が情報源を提供・提示する場合は，必ず情報源を参照することが

2：三次資料とは二次資料を編集，加工した資料のことでレファレンスブックの解題書誌などのことを指す。二次資料とは，一次資料を編集，加工した資料のことで，書誌・目録類や百科事典，図鑑などのことを指す。一次資料とは，二次資料の加工の対象となる原資料のことで一般の図書や逐次刊行物がこれにあたる。

5-2表　レファレンス質問の分類

1	案内質問	比較的単純な質問で，図書館が提供するサービスの種類や内容，特定の資料の所在を確認するような質問
2	即答質問	特定の事実，データなどを求める質問で，即座に回答することのできる比較的平易な質問。クイックレファレンスとも呼ばれる
3	探索質問	即答できるほど単純ではなく，2種類以上の探索ツールを併用して回答を求めることができる程度の質問
4	調査質問	単純な探索では解答が得られないような比較的複雑な調査を必要とする質問

(長澤雅男『レファレンスサービス　図書館における情報サービス』丸善，1995, p.133-135)

必要である。情報源を用いないサービスはレファレンスサービスと呼ばない。また，情報源は複数を，提供・提示することが望ましい。複数の情報源を示すことで，回答内容の信頼性を高めることができるし，異なる観点からの情報を提示することもできる。

　レファレンスの回答に際しては，将来の予測にかかわる質問やプライバシーを侵害する質問，公序良俗に反する質問などには，一般に回答しない。また，内容によっては慎重な対応が求められる質問もある。質問に関するこうした取り扱いは，日本図書館協会の参考事務分科会が1961年に採択した「参考事務規定」が参考になる。これを参考に図書館は受け付ける質問の種類，範囲などを明文化しておくことが望ましい。

　レファレンスプロセスは以上のような流れをたどる。しかし，現実のプロセスは各段階を必ずしも順々に進むというわけではなく，場合によっては多様なプロセスを経ることもある。

b．レファレンス質問

　レファレンスの質問には「広告関係の本はどこにありますか」といったものから，「西洋の王室の上座，下座の位置を知りたい」といったものまで幅広い。こうしたレファレンス質問は，難易度に応じて5-2表のように分類できる。

　こうした難易度による分類は，質問回答の実際の現場ではあまり役に立たないが，レファレンスの統計をとる場合に重要である。それは，レファレンス質問の件数は貸出と異なりコンピュータによって自動的に集計されないため，受

付をした職員がカウント・記録する必要があることと関係する。その場合，どのような質問をレファレンス質問としてカウントするかを明確にしておけば，統一した基準で統計をとることができ，業務の分析にも役立てることができる。

　なお，これらの質問の区別は，流動的なものである。利用者による最初の質問はしばしばその利用者が真に知りたいものではないことが多い。たとえば，最初の質問で方言の本を探しているといっていた利用者が，レファレンスインタビューが進むうち，実は老人ホームに訪問ボランティアで行くが，そのときの話の種を探しているといったことを打ち明けることもしばしばある。このように利用者の質問そのものはしばしば真の情報要求と一致しないが，その理由は利用者が図書館のコレクションの質と量を知らない・質問をすることに不安を抱いている・知らないことはうまく言葉にできない，などのためである。図書館員は利用者のこうした状況に十分配慮した上で，レファレンスインタビューを行う必要がある。

　なお今後図書館に寄せられる質問は，相対的に難しい質問が増えると予想される。その理由は，案内質問や即答質問に分類されるものは，利用者がウェブ上の情報資源を使って自分自身で解決できることが多くなっているためである。その意味では図書館員としての技量がますます試される環境になっている。

c．レファレンスインタビュー

　図書館員は利用者の情報要求を，レファレンスインタビューを通じて明らかにする。このときの質問法としては，開質問（open question）と閉質問（closed quesiton）がよく知られている。開質問とは5W1H型の質問を行って自由に利用者に話してもらうものである。一方，閉質問とは，「はい」「いいえ」の形で回答を求めるものである。一般にレファレンスインタビューの前半は開質問によって利用者に自由に情報要求を語ってもらい，ある程度利用者の情報要求が明確になってきたら閉質問に移行するのがよいといわれている。

　こうした開質問・閉質問に加え，中立質問法によるインタビューの有効性も指摘されている。これは利用者に対して情報を必要とする文脈や利用目的を尋ねることで，その利用者がおかれている問題状況に関する理解を深め，情報要求を正確に把握する方法である。具体的には，情報が必要になった状況や，情報の活用方法を尋ねることが多い。また，利用者の情報要求を的確に把握する

には，非言語的情報，たとえば声の調子・表情・うなずきなども用いるとよい。このように，レファレンスインタビューでは図書館員のコミュニケーション能力が重要であるが，これに関しては，7章「図書館サービスとコミュニケーション」でも触れている。

d．レフェラルサービス

　質問回答サービスの中で，利用者の必要とする資料・情報が，ある専門図書館にあることがわかったとしよう。そのような場合に提供されるのがレフェラルサービス（referral service）である。レフェラルサービスとは，利用者が求める情報が図書館内の資料で提供できない場合に，他の専門家や専門機関を紹介することや，そうした機関などに資料・情報の有無等を照会することをいう。レフェラル（referral）とは「紹介，照会」という意味である。紹介に際しては，事前に図書館から専門機関に必要とする資料等を連絡しておき，利用者には図書館長名などで紹介状を発行することがある。

　高度で専門的な情報はやはり専門機関が収集し，蓄積していることが多い。図書館で回答できない質問であっても，レフェラルサービスによって利用者に何らかの手がかりを提供することができることもある。したがって，図書館は事前に専門機関のリストを整備しておき，必要なとき迅速に情報入手の手配をできるようにする必要がある。

e．デジタルレファレンスサービス

　伝統的なレファレンスサービスでは利用者が図書館に来館し，直接カウンターで図書館員に質問をするというスタイルがとられてきた。手紙，ファックス，電話などを介したサービスも行われてきたがそれらは件数としては多くなかった。しかし，情報通信機器の発達・普及にともない，従来の対面でのレファレンスサービスに加え，インターネットを利用したサービスが提供されるようになっている。こうしたインターネットを介してのレファレンスサービスはデジタルレファレンスサービス（digital reference service）と呼ばれている。

　デジタルレファレンスサービスは，電子メールやリアルタイムでメッセージを交換できるインスタントメッセージなどを介して行われる。これらによって，利用者はわざわざ来館しなくてもサービスを受けることができる。また，対面と比較した場合に周囲の状況を意識する必要もないため，情報要求を明確にし

やすい。こうしたことから図書館には，これまでレファレンスサービスを利用してこなかった利用者の掘り起こしが期待できる。さらにはネットワーク上の情報資源への案内もスムーズに行える，という長所もある。

しかし，現在日本でもっとも普及している，電子メールを使ったデジタルレファレンスでは利用者とリアルタイムでコミュニケーションをとることができないため，情報要求を正確に把握することが難しいという難点がある。そのため，知りたいことに加えて，利用目的・回答期限・必要な情報量等も質問を補う情報として入力してもらう工夫が求められる。

図書館のデジタルレファレンスへの対応はさまざまである。質問できる利用者を利用登録者に限定していたり，非利用者の質問を受け付けてはいても図書館がある自治体や地域に関する質問に限定している場合もある。

今後，こうしたデジタルレファレンスは，サービスの類似性から集合知を活用した「Yahoo！知恵袋」などの質問回答サービス（あるはQ&Aサービスと呼ばれる）と競合していくかもしれない。今後は，図書館によるサービスであることの強みを活かしたデジタルレファレンスサービスを発展させていく必要があるだろう。

（2）図書館利用教育（利用案内）

図書館にはじめて来た利用者や，図書館には来ているが使い慣れない資料（たとえばデータベース）を初めて利用する利用者の中には，図書館員の援助を必要とする場合がある。こうした図書館利用や資料に不慣れな利用者に対する案内・指導をここでは図書館利用教育（library use education）と呼ぶ。なお，「図書館利用教育」は「利用案内」「利用指導」と呼ばれることもあるが，本書では「図書館利用教育」で統一した。

図書館利用教育は，図書館資料の多様化・複雑化，さらには情報リテラシー教育の高まりの中で，近年，学校・大学図書館を中心に活発に行われている。しかし歴史的に見れば，アメリカで公共図書館が生まれてすぐに「利用者援助」として実践されるようになったサービスであり，そもそもレファレンスサ

ービスのルーツはこの図書館利用教育といわれている[3]。
　すでに4章2節にて，図書館利用教育の基本的なものを「利用の案内」として解説したが，ここではその概要とともに近年活発に行われるようになっている学校・大学図書館の実践を確認しよう。

a．図書館利用教育の概要

　利用者に一定の支援をすることで，利用者は図書館を有効に活用することができるようになる。このとき，図書館側が利用者に個別に対応する場合と，組織的に対応する場合がある。たとえば質問回答のサービスで，資料の利用方法を指導するような場合が個別の対応である。この場合の図書館利用教育は利用者の情報要求と密接に関連したものとなる。公共図書館の利用者は関心や能力の点でばらつきが大きいため，集団での図書館利用教育は難しい。したがって個別に対応することが多くなる。しかし学校や大学の図書館のようにある程度同質的な集団がいる場合は，特別の機会を設けて情報検索講習会・図書館ツアー・図書館オリエンテーションなどによって組織的に対応することができる。

b．情報リテラシーと図書館利用教育

　近年，学校図書館や大学図書館では図書館利用教育を積極的に行っている。この背景には，資料の複雑化・多様化に加え，教育における情報リテラシーへの注目が高まっているという状況が挙げられる。

　情報リテラシー（information literacy）とは，私たちを取り囲むさまざまな環境の中から的確に情報にアクセスし・収集し・集めた情報を評価・活用する能力全体のことをいう。社会における知識の陳腐化が早く，また新しい知識・技術を調べ身につけていくことが今後の社会をよりよく生きるために必要とされることから，情報リテラシーが注目されるようになっている。こうした情報リテラシー教育は，特に学校や大学で実施されており，図書館も一定の役割を果たすことが期待されている。

　学校図書館・大学図書館で行う場合には，図書館が企画・実施する指導（図書館オリエンテーションなど），教科に関連した指導（教科に関連した資料の探し方など），独立科目による指導（「情報リテラシー」などの科目を開講し，

3：長澤雅男. レファレンスサービス　図書館における情報サービス. 丸善, 1995, p.44-46.

そこで図書館員や司書課程教員が指導）などの方法がある。これらの指導においては，単なる文献の探索法にとどまらず，レポートや論文の作成・情報の評価といった情報リテラシーを強く意識した内容が求められるようになっている。また，日頃のサービスと情報リテラシー教育の経験を活かして，学校や大学全体の情報リテラシー関連の教材作りにも図書館の貢献が求められる。

（3）読書相談サービス（読書案内）

　私たちは，読みたい図書が明確でない場合がしばしばある。たとえば「この前，新聞の書評で読みたい本を見つけたが正確なタイトルを忘れた」，あるいは「猫の飼い方の図書にどのようなものがありどの書棚にあるか」などのような場合である。読書相談サービス（readers' advisory service）は，これらの情報要求を聞き出し，適切な図書を紹介し，入手を援助し，提供するサービスである。こうしたサービスに加え，ある分野の系統的な学習のために利用者の相談に応じ適した資料を紹介するようなサービスも，同様に読書相談サービスと呼ばれてきた。

　もともと読書相談サービスは1920年代以降アメリカで発達したものである。当時のサービス内容は成人を対象とし，利用者の関心や読書の目的を尋ねた上で体系的なブックリストを用意・提供していた。こうしたサービスは，はじめは図書館のレファレンス部門で行われていたが，次第に貸出部門に移行していった。こうした理由から読書相談サービスは資料提供サービスに分類されることもある。

　日本では『市民の図書館』[4]の中でこのサービスが提起されたが，そこでは「読書案内」と呼ばれた。現在日本の公共図書館では，このサービスは日常的に行われている。図書館員はネットワーク上の情報も含め，目録・書誌・書評などの情報源に習熟した上で，適切な図書を紹介し，入手に関する知識を駆使して，迅速に利用者のために図書を提供することが求められる。また，利用者が落ち着いて読書相談でき，さらにレファレンスサービスも受けられるように読書案内デスクを設置することが提起されている。このサービスはあくまでも

4：日本図書館協会．市民の図書館．増補，日本図書館協会，1976，168p．

利用者の主体的読書要求を支援することであって,図書館員の嗜好や価値観などによる読書指導にならないように注意する必要がある。

4. 情報サービス[5]

「情報サービス」(information service) という言葉には,主に3つの意味がある。レファレンスサービス,レファレンスサービスを高度にまたは能動的に進展させたサービス,図書館が提供するサービス全体,がそれである。ここではそのうちの2番目の意味で「情報サービス」という言葉を使っている。

以下,この意味の情報サービスのうち,カレントアウェアネスサービスと情報検索サービスを見ていく。

(1) カレントアウェアネスサービス

研究者は自分の専門分野の学術雑誌の記事を定期的に見て,新しい動向を確認している。図書館では,このような最新の情報を提供するサービスをカレントアウェアネスサービス (current awareness service) として実施してきた。

カレントアウェアネスサービスとは,図書館をはじめとした情報機関が特定主題に関心を有する利用者に対して最新情報を定期的に提供するサービスのことであり,最新の情報に関心のある人にとって便利なサービスである。従来は,図書館の中でも専門図書館が積極的に提供してきたが,現在では他の館種の図書館にも普及している。

カレントアウェアネスサービスには,コンテンツサービス (contents service)・新着図書リストの配布・SDI などがある。コンテンツサービスとは,特定分野や特定雑誌の目次情報を,利用者に提供するサービスである。たとえば,自治体経営にたずさわる首長(市長など)や議員・職員に対して政策や行政に関係する雑誌の目次情報を提供するような場合がこれに該当する。

新着図書リストの配布は多くの図書館で行われており,このサービスによって利用者は新しく蔵書に加わった図書の情報を知ることができる。近年は図書

5:3章も参照。

館のホームページからも提供されるようになっている。

　SDI (Selective Dissemination of Information) は「選択的情報提供」とも呼ばれる。このサービスは，関心を持つ主題やキーワードを事前に利用者に教えてもらった上で，データベースに加わった新しい情報を定期的に検索し，ヒットした場合は，それを利用者に電子メールなどで知らせるサービスである。近年，大学図書館では利用者ごとに MyLibrary などと呼ばれる個人用のポータルサイトを提供するようになっているが，そうしたホームページの中で，SDI を提供しているところもある。

　カレントアウェアネスサービスの提供主体は，情報通信機器の普及・発展に伴い多様化している。たとえば雑誌の最新号の目次情報は，雑誌を出版している出版社が直接電子メールや RSS (Rich Site Summary, Really Simple Syndication 等の頭文字)[6]で利用者に提供している。また，電子ジャーナル（electronic journal）の提供を行っている出版社が，目次情報を RSS で提供することもある。さらに，国立国会図書館も多くの雑誌の目次情報を RSS で提供している。利用者は，電子メールで情報を受け取ったり，RSS リーダーを使って情報を入手することができる。このようにカレントアウェアネスサービスの提供主体は多様化してきている。しかし，現状においても最終的な記事の入手は，図書館を経由することが多い。図書館としては，最新情報の提供から情報自体の入手支援までを，一貫したサービスとして実施することで，利用者に快適な資料入手環境を提供することが望まれる。

（2）情報検索サービス

a．情報検索サービスの概要

　近年，多くの公共図書館ではインターネットに接続したコンピュータを設置して利用者に開放するとともに，レファレンスサービスにおいてもインターネットを活用している。また，大学図書館・専門図書館の多くはデータベースサービス業者と契約してレファレンスサービスの中で各種データベースを活用するとともに，利用者にも図書館や大学内などからアクセスできるようにしてい

6：RSS とは，ブログをはじめとしたウェブサイトの更新情報や最新記事を知らせるためのデータ形式の名称のこと。

4. 情報サービス | 91

5-3表 よく利用される有料データベース

	種別	利用者への提供	代行検索	内部利用	合計
日経テレコン21	新聞	46	9	4	59
聞蔵	新聞	45	11	6	62
NICHIGAI web サービス	雑誌	23	6	4	33
官報検索サービス	行政	22	15	6	43
ヨミダス文書館	新聞	11	2		13
ジャパンナレッジ	事典	11	3	1	15
JRS 経営情報サービス	経営	9			9
毎日 News パック	新聞	6	1	1	8
Lexis Nexis JP	法律	6		1	7
中日新聞記事検索サービス	新聞	5	2	1	8
Jdream Ⅱ	学術	5	1		6

(藤間真ほか「公共図書館における有料データベースの導入について」『図書館界』2007, vol.59, no.2, p.132-136より作成)

る。今日ではこうした情報検索サービス (information retrieval service) は図書館の標準的なサービスになりつつある。

　情報検索 (information retrieval) とは，"あらかじめ組織化して大量に蓄積されている情報の集合から，ある特定の情報要求を満たす情報の集合を抽出すること"と定義される[7]。これは，本来コンピュータを用いる場合と用いない場合があるが，ここではコンピュータを用いた情報検索について解説する。このサービスは歴史的には大学図書館・専門図書館から始まり，次第に公共図書館・学校図書館に普及してきた。近年の公共図書館ではインターネットに接続している利用者用コンピュータの設置率が過半数を超えている。有料の外部データベースを提供しているところはまだ少ないが，今後増加すると見込まれる。5-3表は，利用者向けに有料データベースを提供している公共図書館133館に対して2006年に行われた調査の結果である。これを見ると，新聞関連のデータベースが比較的多く提供されていることがわかる。

7：日本図書館情報学会用語辞典編集委員会編. 図書館情報学用語辞典. 第3版, 丸善, 2007, p.107.

情報検索の対象は，近年はネットワーク情報資源が中心となっており，それは表層ウェブと深層ウェブに分類できる。表層ウェブとは通常の検索エンジンで検索可能な情報のことであり，深層ウェブとは公開されているウェブ上のデータのうち，検索エンジンで検索できない情報のことである。データベース中のデータなどで，利用者の検索要求に対して動的に生成・表示されるウェブページの多くは深層ウェブの一種である。これらは，ウェブ上の情報を定期的に収集するプログラムであるクローラー（Crawler）の収集対象とならないため，個別にデータベースにアクセスして検索する必要がある。このように，図書館員には必要に応じて適切なデータベースを選択できる能力を身につけるとともに，検索技術の向上を図ることが求められる。

b．アクセス方式と契約・購入

データベースサービス業者のオンライン検索サービスを図書館が提供する場合，データベースサービス業者と利用契約をする。契約料は，定額制の場合は，同時アクセスするコンピュータの台数や，検索回数などを基準に設定される。また従量制の場合は基本料金に加えて，表示件数などに応じた設定がなされる。アクセスは一般に図書館内や大学・学校内のコンピュータから行われる。

データベースサービス業者との契約は，大学図書館にとって重要な仕事となっている。これは学術活動の主戦場が学術雑誌となっているためである。特に外国語の電子ジャーナルの導入は重要であるが，そうしたものの提供には学協会以外にも商業出版社が進出してきている。それらの出版社の中には大量の学術雑誌を提供することで，価格をコントロールしているところもある。このことと，学術活動の量的拡大・編集経費の上昇などにより，外国語の学術雑誌の価格が急激に高騰している。

こうした状況の中で，大学図書館では個々に商業出版社と契約するのではなく，図書館協力活動の一つである図書館コンソーシアム（library consortium）を組んで契約を結ぶ場合がある。図書館コンソーシアムとは図書館の連合組織のことであり，多くの図書館が参加することで価格交渉力を高めることができる。こうした図書館コンソーシアムでは包括契約（ビッグディール契約）を結ぶことが多い。包括契約とは契約相手となる商業出版社の刊行する全雑誌，または特定分野の雑誌をまとめて契約する方法のことである。

また，学術雑誌市場の寡占化・価格の高騰に対抗するこれ以外の動きとして，学術研究成果を自由に制限なくアクセスできるようにするオープンアクセス運動が提起されている。こうしたオープンアクセス運動の具体的な成果として，研究者が自らインターネット上で公開されているサーバに研究成果を載せて無料で公開するセルフアーカイビングや，購読料をとらないオープンアクセスジャーナルを刊行するといった動きも見られる。さらに大学・研究機関が，所属研究者の研究成果や教材などを収集・蓄積・提供する機関リポジトリも多数構築されるようになってきている。このように複雑化する学術雑誌の入手環境に対し，図書館員には適切なアクセスの仕組みを作ることが求められる。

c．提供方法

　図書館では情報検索サービスを提供する場合に，利用者が迷わず利用できるように，適切な図書館利用教育を実施することが求められる。また検索環境を提供する場合には，違法・有害情報にアクセスすることが無いように，ウェブサイトへのアクセスを制限するフィルタリングソフトを導入することも行われている。公共図書館ではインターネットに接続されているコンピュータのうち，フィルタリングをはじめとする違法・有害情報の排除措置を行っているコンピュータの割合は半数以上にのぼっている[8]。ただしフィルタリングソフトは，その設定方法によっては適法な情報へのアクセスを阻害することもあることから，導入には慎重な検討が求められる。

5．情報提供サービスにおける間接サービス

　図書館のあらゆるサービスに共通すること，それは，どんなに直接サービスに力を入れても間接サービスがしっかり取り組まれていなければ，提供できるサービスに限界があるということである。その意味で，間接サービスは重要である。「間接サービス」は，一般に資料の収集・組織化・蓄積にかかわる諸機能によって具体化されるサービスとされるが，情報提供サービスの間接サービスとしては，情報源の構築やパスファインダー等の二次資料の作成・提供など

8：文部科学省生涯学習政策局調査企画課．平成20年度社会教育調査報告書．日経印刷株式会社，2010，p.26．

がある。パスファインダーとは特定のトピックの情報入手を支援するため，それに関する基本的情報源をリーフレットなどにコンパクトにまとめた資料のことである。近年では図書館のホームページから提供されることも増えてきた。

　こうした情報提供サービス固有の間接サービスは，一般的な間接サービスと比較した場合，多くを図書館員自らが制作しなければならないこと・図書館固有のニーズに即したものを制作しなければならないこと・豊富な経験と専門的知識が必要になること，などの点で特徴的である。

6．レファレンスサービスにおける協力[9]

　レファレンスサービスを提供するに際しては，個別の図書館だけで提供できることには限界がある。質問回答サービスでは，情報源を実際に提供・提示して回答することが原則であるためである。その上，回答に際しては複数の情報源を提供・提示することが望ましいことから，コレクションが十分にない図書館では充実したレファレンスサービスの提供は難しい。

　このような場合に図書館の不足する資料を補う方法としては，図書館外のリソース（資源）を活用することが考えられる。具体的には，①図書館間相互貸借の利用，②協力レファレンス（cooperative reference service），③レフェラルサービス，などがある。このうち，③レフェラルサービスについてはすでに述べたので，以下では①，②について簡単に述べる。

　①の図書館間相互貸借の利用とはレファレンス質問に回答するために，必要な資料を探索した上で，図書館間相互貸借を利用してそれを取り寄せるものである。しかし情報源が掲載されているか不確かな資料が多くあるような場合には，図書館間相互貸借の利用は得策ではない。そこで，事前に図書館間で協定を結んでおき，レファレンス質問の調査について協力体制を構築しておくことが考えられる。これが②の協力レファレンスである。公共図書館では，市町村の公共図書館が都道府県の公共図書館とこうした協力関係を結んでいることがある。また，コレクションの規模が小さい学校図書館が同じ自治体の公共図書

9：7章4節5項レファレンス協同も参照のこと。

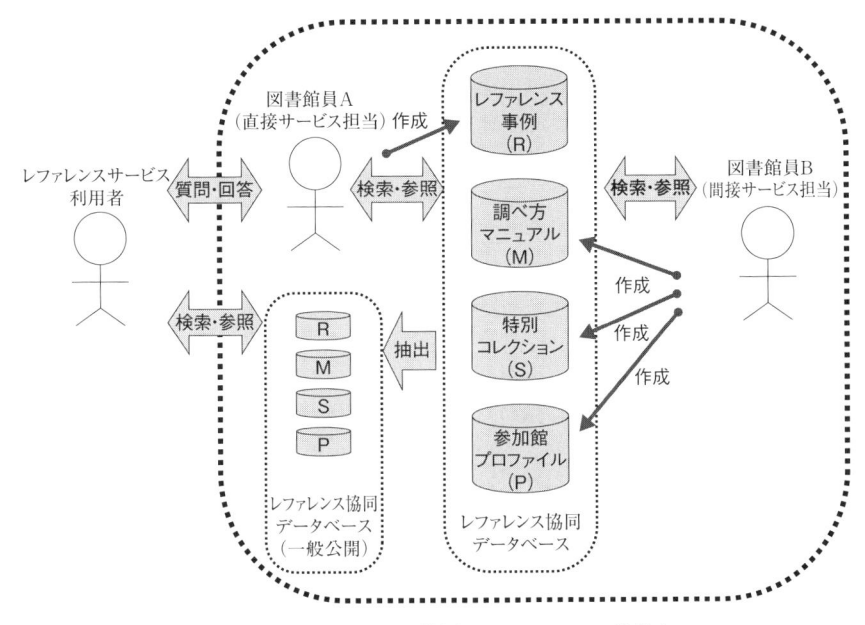

5-2図　レファレンス協同データベースの仕組み

(国立国会図書館関西館編『レファレンス協同データベース事業調べ方マニュアルデータ集：データと解説』日本図書館協会，2007，151p)

館と協力関係を構築していることもある。

　レファレンスサービスにおける新しい共同の形としては，ウェブを活用しての協同デジタルレファレンスと，レファレンス事例データベースの試みがある。世界的によく知られている協同型のデジタルレファレンスとしてはアメリカのOCLC（Online Computer Library Center, Inc）と米国議会図書館（Library of Congress：LC）が主導するQuestionPointが挙げられる。QuesitonPointに参加することで，回答できない質問があっても他の図書館の協力を得ることができる。レファレンス協同データベースとは，図書館におけるレファレンスサービスの支援と一般利用者の調査研究活動の支援を目的とした事業であるが，そこでは参加館で生じたレファレンス質問の内容・回答・回答に用いた資料，などが事例ごとにアップロードされている。またそうした事例の中で未解決のものに関しては，他の図書館から支援を得られる仕組みも用意されている（5-2図参照）。

6章　利用対象別サービス

1．利用対象別サービスの意義と必要性

　公共図書館はすべての人を対象にした中立公平なサービスをその基本としているため，図書館サービスに携わる者には最善の図書館サービスを常に模索しつつ，より望ましい状況をつくり出していくことが求められる。地域住民に対するアンケートやインタビュー調査などを実施して，自館のサービス対象となる人々の正確な状況を把握することも有効な手段と言えよう。その結果を基にしてサービス対象をグループ分けし，グループごとに最適なサービスの企画立案，予算計画，実施計画および改善策を考案していくことになる。

　グループ分けに関してはいくつかの類型化が考えられるが，まず個人と団体に分けることができる。個人の場合はさらに年齢別グループ，図書館利用に障害を持つ人々のグループ，来館に障害をもつ人々のグループ，潜在的利用者としての非来館者グループなどに分けることができる。また団体の場合は学校，病院・老人ホーム・刑務所などの各種施設，相互協力の相手図書館，連携対象としての博物館・文書館・公民館・情報センター等の類縁機関やその他各種事業所，同好会，サークルなどさまざまなものが存在する。図書館利用者を考える際に重要なことは，従来の固定観念にとらわれず，広い視野に立って，「いかにより多くの人々に図書館利用者となってもらえるか」を真剣に模索し続けることであろう。

　以下にそれぞれのグループについて，サービス内容や工夫すべき点などについて述べていく。

2．利用対象別サービスの種類と内容[1]

(1) 個人を対象とするサービス

a．年齢別サービス

　図書館利用者を年齢別にみた場合，乳幼児・児童・青少年・成人・高齢者といったグループ分けが考えられる。しかしこれらの分け方はあくまで一般的なものであり，各グループの年齢を厳密に線引きすることは難しい面もある。またそれぞれのサービスは必ずしも特定グループのみを対象とはしておらず，複数グループを対象に実施される場合も多い。

❶乳幼児を対象とした図書館サービス　「図書館利用は何歳くらいから可能か」という点に関して，従来は絵本が楽しめる4，5歳の幼児から，というのが一般的な考えであった。しかし近年は乳児を含むより年齢の低い幼児も図書館サービスの対象として認識されるようになってきた。その代表的なものがブックスタートである。

　ブックスタート（Book Start）は1992年にイギリスのバーミンガム市で始まった，乳児に絵本を贈る運動である。生後7～9か月検診等に保健所を訪れた参加者全員に，図書館員が絵本2冊程度と，親や保護者向けのイラスト入り育児アドバイス集などをプレゼントする。日本でも子育て支援への関心が高まる中で次第に浸透し，2001年4月にブックスタート支援センター[2]が発足した。

　主な活動はアドバイス集・絵本のリスト・地域公共サービス情報などの入ったブックスタートバッグの配布，お話し会・読書相談などのほか，ブックスタートに関する各種情報提供・研修・講演会・イベント・研究調査・広報活動な

1：3章3節「利用者対象別の図書館サービス」，9章3節2項「『利用対象別サービス』『課題解決支援サービス』における諸機関との連携」も参照。
2：2004年に「NPOブックスタート」に改名。イギリスのブックスタート推進団体「ブックトラスト」との協力関係のもとにブックスタートの理念を伝え，各地域に対するさまざまな情報提供や支援事業を行っている。特定非営利活動法人ブックスタート．"NPOブックスタート概要"．Bookstart．http://www.bookstart.net/org/index.html，（参照 2011-04-15）．

どを行っている。「子ども読書年」の2000年11月に東京都杉並区でパイロットスタディ，同年12月には北海道恵庭市でサービスが開始された。ブックスタートの具体的な効果としては，普段図書館を訪れる機会の少ない地域の親子全員と保健所で直接触れ合うことができることと併せて，図書館が子育て支援の役割も担えることや，さらには赤ちゃんづれの利用者の増加も期待できることが挙げられている。

6-1図 ブックスタート
（恵庭市立図書館提供）[3]

2 児童サービス　図書館サービスにおける「児童」の年齢層は，一般的に小学生までと考えてよいだろう。内容としてはストーリーテリング・読み聞かせ・ブックトーク・人形芝居・紙芝居・パネルシアター[4]・ペープサート[5]・布の絵本を利用したお話・ゲームなどを挙げることができる。これらのサービスには熟練と経験が要求されるので，各図書館には児童サービス専用のスペースと併せて担当専任職員を配置することが望ましい。児童サービスコーナーには児童用資料と共に，保護者用子育て参考資料も整備しておくとよい。2001（平成13）年の「子どもの読書活動の推進に関する法律」，2002（平成14）年の「子どもの読書活動推進に関する基本的な計画」といった国の基本的な計画策定を受けて，全国各地でも子どもの読書活動推進に関する計画策定が進んでおり，今後一層の児童サービス充実が期待される。

（1）「ストーリーテリング」（storytelling）

3：恵庭市教育委員会教育部 図書館編，"ブックスタートについて"．恵庭市．http://www.city.eniwa.hokkaido.jp/www/contents/1199938027123/index.html，（参照 2011-04-05）．
4：パネル・シアター（panel theater）：起毛布地を張った60cm×100cm程度のパネル（舞台）に不織布の人形や背景画を張ったり外したりしながら物語を演じる人形劇。
5：ペープサート：割り箸・串等の両面に同一人物の表裏絵を描いた厚紙を張り，うちわ状にしたものを使って演ずる人形劇。ペーパーパペットシアター（paper puppet theater）を短くした日本での造語といわれる。

語り手（ストーリーテラー）が物語をあらかじめ覚えておいて、子どもたちの前で語り聞かせることである。本の世界の素晴らしさを直接子どもに伝えることができ、その後の読書へのいざないともなり、子どもと本を結びつけるための重要なサービスとしてとらえられている。日本では1970年以降急速に広まった。近年では図書館員や地域文庫の運営者等が、学校や児童施設に出向き「ストーリーテリング」や「読み聞かせ」（後述）をする活動も広がりを見せている。公共図書館では定期的に「お話し会」や「お話の時間」（story hour）を設けているところも多く、専用の「お話の部屋」がつくられる場合もある。「お話し会」ではストーリーテリング・絵本の読み聞かせ・わらべ歌などを組み合わせて実施することも多い。

(2) 読み聞かせ（book reading service, reading aloud）

読み手が本や絵本を子どもたちに読んで聞かせることである。絵本の絵を見せながら読んで聞かせるのが一般的であるが、ただ読んで聞かせることもある。子どもが本に親しむきっかけをつくり、読書の素地や動機づけを行うことが第一の目的であるが、親や教師、図書館員が子どもとコミュニケーションを図ることにも意義があると考えられる。公共図書館や家庭では楽しみのための絵本や物語の読み聞かせが中心であるが、学校の授業などで行われる場合は、長編小説の展開の区切りを押さえたり登場人物の関係を把握したりといった、読解指導が加えられることが多い。

(3) 「ブックトーク」（book talk）

子どもたち、あるいは一般利用者を対象に、特定のテーマに関する一連の本を、エピソード・登場人物・著者・あらすじ紹介・批評・解説を加えながら、一つの流れができるように順序良く紹介するものである。本を全く読まない子どもに読書の楽しみを知らせたり、特定テーマ・スタイルのものしか読まない子どもに、他のテーマに関する物語や辞典類を紹介してより多様な読書に導く、といった効果を期待している。実施に際しては特定のテーマに沿って5～7冊程度の本を順序良く組み合わせ、あらすじや著者紹介などを交えて、本への興味を起こさせる工夫をすることが大切である。学校図書館などでは読書指導の一環として行われる。また日常的に読書相談を受けた際に数冊の本やそれらの内容をかいつまんで紹介したりするサービスも、広義のブックトークと捉える

事ができる。

❸青少年を対象とした図書館サービス（ヤングアダルトサービス，Young Adult Service：YAサービス）　青少年を対象とした図書館サービスは主に中学生・高校生などのティーンエイジャー，すなわち児童と成人の中間にあたる年齢層を対象に行われるものである。一般的にこの年齢層は図書館からもっとも足が遠のく利用者グループといわれるが，その理由としては，たとえば受験勉強・塾通い・部活動などで忙しく図書館に来る時間的余裕がない，同世代の友人たちとの交流に関心が集中している，マンガやネット通信に熱中しその他の読書には興味を示さない，などといった状況が考えられる。また精神および身体の成長期にあたり反抗期も重なるため，周囲の対応が難しい年齢でもある。

青少年を図書館に呼び込むためには，さまざまな工夫が必要とされる。中高生のニーズを把握しYA向きの選書に基づく蔵書構成で，資料面での充実を図ることが重要である[6]。また，この世代は最新の情報メディアを日常的に使いこなしている場合が多いので，中高生向けの図書紹介や行事などの各種情報をホームページ上で積極的に提供していくことも有効である。資料・情報面でのサポート以外にも，ブックトーク・読書会・講演会・音楽会・一日図書館員・展示会・会報の作成と配布・図書館の見学ツアー・コンサート・お茶会などさまざまなイベントを開催し，若者の交流の場としての図書館をアピールすることも重要である。

こうしたさまざまな企画立案には図書館員だけではなく，地域の若者にも積極的に参加してもらう工夫が必要であろう。具体的には高校生ボランティアによる講座の開催や，推薦図書の選定・図書の紹介誌の発行・宿題援助など地域の中学高校と連携した催しの開催などが考えられる。また，YA専用館内掲示板・落書きノート・投書箱・などの設置も有用である。上述したような諸活動を支援するためにも，各図書館にYAのための専用スペースと，専任の担当職員が配置されることが望ましい。

❹一般成人を対象とした図書館サービス　一般成人には性，年齢・職業・趣

6：ヤングアダルト向けの小説・雑誌・資格取得のためのガイドブックや入門書なども有用である。

味・学習歴などを異にするさまざまな人々が含まれており，その情報要求も当然ながら多様である。成人を対象とした図書館サービスには，貸出・閲覧・レファレンスサービスなどの基本的な図書館サービス全体が含まれるが，特に近年活発になってきたものとして，ビジネス支援・行政情報提供，医療関連情報提供，法務関連情報提供，学校教育支援・子育て支援，地域情報提供・地域文化発信などを含む，いわゆる課題解決型サービスが挙げられる。その他にも，余暇活動支援，学習・生活・調査・研究支援，利用指導，IT支援，就職支援などといった多種多様なサービスが行われている。

(1) 課題解決支援サービス[7]（9章も参照）

① ビジネス支援サービス（business information service）……これは公共図書館がビジネスにかかわる情報ニーズを持つ個人や，起業を希望する市民・個人事業者などを支援するためのサービスである。これまではビジネス関連資料を集めたコーナー設置などが多かったが，今後は情報コミュニケーション技術（ICT）を活用し，地域の産業振興担当部署との連携をはじめとして，地域の情報資源を網羅的・有機的に活用することによって，一層有効なサービスの提供が可能となる。

こうしたサービスはアメリカの公共図書館では早くから実施されてきたが，日本では「ビジネス支援」という名称のもとでサービスが組織化され，活発になったのは比較的最近のことである。2000年には「ビジネス支援図書館推進協議会」が設立され，「ビジネスライブラリアン講習会」開催・「ビジネス支援レファレンス・コンクール」をはじめ，さまざまな図書館現場における取組を紹介している[8]。また，大阪府立中之島図書館では2004年4月に「ビジネス支援室」を開設し，これから事業を始めようとする人，営業や企画のためのデータを探している人，キャリアアップしようとする人等に必要な資料・情報を提供することを目的に「ビジネス支援サービス」を開始した。定期的にビジネスセミナ

7：図書館をハブとしたネットワークの在り方に関する研究会．"地域の情報ハブとしての図書館―課題解決型の図書館を目指して（要約）"．文部科学省．http://www.mext.go.jp/a_menu/shougai/tosho/houkoku/05091401/002.htm（参照2011-04-05）．

8：ビジネス支援図書館推進協議会編．"[イベント情報] ビジネス支援図書館推進協議会"．ビジネス支援図書館推進評議会．http://www.business-library.jp/event/index.html,（参照 2011-04-05）．

ーを実施し，メールマガジンの発行やパスファインダー・ポータルサイトの整備等，来館者・非来館者の両方に図書館側から働きかけを行っている[9]。

地域の多様な商業活動を，情報提供・調査支援の面で図書館として援助するためには，施設（ビジネスセミナー等の実施会場），資料・情報（ビジネス関連基本参考資料・情報の充実，洋書を含めたIT等先進的産業分野の蔵書整備）など，さまざまな整備が必要となる。また非商業出版物を含めた資料の収集と提供を行い関連した調査依頼も受けることや，それらのサービスを通じて編集した情報をホームページや出版等で積極的に公開することも重要である。

6-2図　ビジネス支援サービスコーナー
（立川市中央図書館提供）[10]

② 医療関連情報提供サービス……医療サービスが高度化し多様な選択が可能となる中で，セカンドオピニオンなどの医療情報に対する需要は一層高まっている。公共図書館では医療専門書に加え，医療専門データベースや医療機関のウェブ上に公開された資料・情報などを提供し，地域住民の病気に対する基礎的理解を援助するとともに，健康・予防医学・死生観・介護・看護等の関連情報提供を行うことができる。

③ 法務関連情報提供サービス……隣人訴訟・環境問題・カード犯罪・リストラ・相続・損害賠償・著作権侵害等，日常生活において法律の知識が必要となることは多い。手軽に利用できて経済的負担も必要ない地域の公共図書館が，人々の情報源として果たせる役割は大きい。

9：大阪府立中之島図書館編．"ビジネス支援サービスのご紹介"．大阪府立中之島図書館．2007-11-7．http://www.library.pref.osaka.jp/nakato/busi/shokai.html．(参照2011-04-05)．
10：立川市編．"手続き・申請・業務―ビジネス支援サービス｜立川市"．立川市．2010-4-28．http://www.city.tachikawa.lg.jp/cms-sypher/www/service/detail.jsp?id=2132，(参照 2011-04-05)．

(2) IT支援サービス

社会の情報化進展とともに拡大する情報格差の解消に関して，地域の情報拠点として図書館が果たすべき役割と責任は大きい。具体的なサービスとしては，IT講習会開催や情報検索講習会開催などが挙げられる。その際の会場は図書館に限定せず，場合によっては図書館員が講師として外部に出かけてゆき，出張講座・講習会を実施することも高齢者や遠出しにくい主婦などには有効である。

(3) 学習・生活および調査・研究支援サービス

図書館では利用者の日常生活や学習・調査・研究のニーズに対応した資料・情報の提供や，それらの探索方法の指導も行う。また各種講座開催により，学習や発表の機会とともに発表する場所の提供も行う。必要であれば公共図書館を介して，資料・情報以外にもさまざまな支援を地域の大学図書館や研究機関などから得られることが望ましい。

(4) 余暇活動支援サービス

地域住民の教養・娯楽のニーズに応えるというのは，図書館の大きな役割である。図書館はそのための資料・情報を提供することは言うまでもないが，その他にも人々に快適な居場所を提供したり，映画会・講演会・読書会・趣味のサークル会等々の各種集会・行事を開催したりしている。それにより地域の人々の交流の場としても図書館は重要な役割を果たすことができる。

5 高齢者を対象とした図書館サービス　　高齢者の定義に関しては，曖昧かつ主観的な部分もあり判断は必ずしも容易ではない。国連の世界保健機関 World Health Organization（WHO）では65歳以降を高齢者としている。さらに65～74歳を前期高齢者，75歳以上を後期高齢者という分け方もあるが，図書館サービスを考える上ではおおまかに65歳以上を想定するのが妥当であろう。日本は近年特に高齢化が激しいため，今後の図書館サービスを考える上で高齢者サービスをいかに充実させるかは大きな問題である。高齢者の特徴は，加齢に応じて身体的にも精神的にもさまざまな不具合が生じてくることである。図書館サービスに直接関係するものとしては，視力・聴力・知力・身体能力面でのさまざまな機能障害が挙げられる。したがって高齢者への支援サービスは図書館の施設・設備面も含め，後述する障害者全般に対するサービスと重なる面が多い。

(1) 高齢者の視力障害への対応

まず高齢化による視力障害に関して図書館側ができることとしては、「大活字本」「拡大読書機」「録音図書」などの整備などがある。また館内利用のためのメガネや拡大鏡なども適宜用意するとよい。

① 「大活字本」……大活字本とは大きな活字で印刷された図書のことで、大型活字本、拡大図書とも呼ばれている。手書きで制作される拡大写本と大きな活字で印刷・製本される大活字本がある。拡大写本は既に発行された図書を大きな文字に書きなおして作成された本をいう。パソコンを利用したハイテク拡大写本では、基本データを利用して文字の大きさ・字間・行間・縦組み・横組み・段組みなどを変更して一人ひとりに合った拡大写本を作るのが容易である。

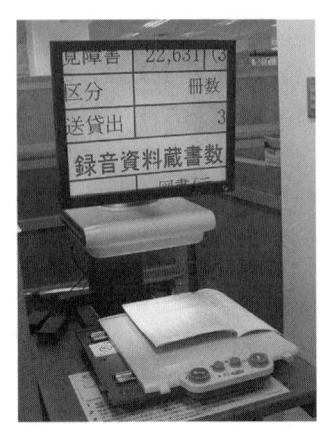

6-3図　拡大読書器
（横浜市中央図書館提供）

② 「拡大読書器」……印刷されたままの大きさの文字や図表では小さくて読むことのできない弱視者や高齢者のために、文字を拡大して見せる機器である。機種により20～50倍に拡大して、テレビや専用モニターに映し出す。図書館に設置する際には他の閲覧者から見えず、画面に光が入らない場所で、高さを調節できる椅子を備えるなどの配慮が必要である[11]。

(2) 高齢者の聴力障害・身体障害・その他への対応

高齢者の聴力障害に関しては、筆記サービスや職員が大きめの声でゆっくりと話すなどの対応面での配慮が重要である。また身体的な機能障害に関しては、たとえば歩行困難者には館内に歩行器や車いすを用意しておく、段差のある場所にはスロープも整備する、館内サインは大きく見やすいものも用意するなどが考えられる。さらには高齢者がくつろげる空間として畳敷きのスペースなどもあれば喜ばれるだろう。

高齢者のさまざまな機能面での不具合は障害者のそれと現象的に重なる面が

11：図書館用語辞典編集委員会編. 最新図書館用語大辞典. 柏書房, 2004, p.40-50.

多いため，図書館現場によっては高齢者サービスと障害者サービスを明確に区別するという認識が薄く，高齢者サービスを障害者サービスの一部として位置づけている場合もあると思われる。しかし今後は高齢者が図書館利用者の大きな部分を占めるようになるため，改めて高齢者のための図書館サービスのあり方を抜本的に考え直す必要がある。具体的には，高齢者向き資料・情報提供の強化，高齢者のための施設整備，情報機器操作法などのIT講習・IT支援，高齢者向き行事・集会開催などが考えられる。

　また高齢者施設などへの団体貸出を含むアウトリーチサービス（outreach service）[12]を充実させ，個人宅はじめ老人ホームなどへ出かけ，貸出や読み聞かせ・ブックトークなどを行い，来館しにくい高齢者にも十分な図書館サービスが行き渡るような工夫も必要である。資料の充実としては，時代小説・生活設計・医療健康・福祉などの図書や，CD・ビデオ・DVDを充実させることが効果的である。また，高齢者にわかりやすく手に取りやすい資料配置とすることも重要である。一方では，既述のように加齢に伴う読書能力・意欲には個人差が大きいので，来館可能な高齢者に対しては大活字本や館内バリアフリー化などの配慮は必要であるが，ほかは基本的に通常の成人サービスと区別しないという配慮も望まれる。いずれにしても今後の高齢者に対する図書館サービスには，これまで以上に介護や老人心理に関する理解が図書館員にも求められることになるだろう。

b．図書館利用に障害を持つ人々へのサービス

　ここでは図書館に来ることは可能であるが，その利用に際してさまざまな困難・障害をかかえる人々を対象に考えてみる。図書館利用に障害のある人々へのサービスの一般的な呼び方としては，障害者サービス（library service for users with difficulties, library service for the handicapped）が使われる場合が多い。ここで重要な点は，図書館サービスにおける「障害者サービス」の「障害」は，「すべての人に図書館サービスを」という公共図書館サービスの根本理念に立った時に，疎外される人々・不利益を被る人が存在している，という文脈で理解しなければならないということである。すなわち「障害」は利用

12：さまざまな理由で図書館を訪れることが困難な人々のために，図書館側が出向いて行う各種サービスの総称。

する人の側にあるのではなく図書館の側にある，という認識・理解である。

　図書館サービスに障害を持つ人々には一般的に，高齢者・視覚障害者・聴覚障害者・肢体不自由者・学習障害者・在住外国人・入院患者・刑務所等矯正施設への入所者などが含まれる。以下にそれぞれの対象者に対する図書館サービスを見ていくが，高齢者に関してはすでに述べたので省略する。

■**1 視覚障害者サービス**（library service for the blind）　これは視覚障害を有する利用者に対して，主として図書館資料や情報を点訳・音訳・文字拡大等の利用可能な形態に変えて提供するサービスである。日本では，従来，視覚障害者サービスは福祉の範疇で捉えられることが多く，公共図書館でのサービスは十分ではなかったが，視覚障害者読書権保障協議会（視読協）[13]の強い運動により1970年に東京都立日比谷図書館でサービスが開始された。一方，点字図書館は今日でも図書館法に基づく図書館ではなく，障害者福祉活動の制度・施設として厚生労働省の所管である。

　視覚障害は視力の面では全盲と弱視，失明時期の面では先天性失明と中途失明に大別される。そのため，視覚障害を有する利用者に対する図書館サービスには個々人の要求に合ったきめ細かい対応を心がけなければならない。具体的なサービス内容としては以下に述べるように，対面朗読サービス，録音資料によるサービス，点字資料によるサービス，弱視者用文字拡大資料によるサービス，視覚障害児へのサービス，来館時のサポートや施設面での配慮などがある。

　朗読サービスには，図書館内に設置された朗読室で視覚障害者と音訳者が対面して，音訳者が図書を朗読したり辞書を引いたりして利用者の目の代わりをする対面朗読サービスと，資料の音読を録音してあるテープなどを貸し出す録音音読サービスとの2種類がある。

　(1)　対面朗読サービス

　対面朗読は，職員またはボランティアなどの音訳者が，利用者の希望する資料を直接音読することによって，視覚障害者の図書館利用を支援するものである。多くの場合，事前に申し込み・予約をしておく必要がある。基本的には図書館の資料を用いるが，利用者が生活上で必要とするさまざまな資料を用いる

13：視読協：日本盲学生会，東京都視力障害者の生活と権利を守る会・都立日比谷図書館朗読者の会等の連合体。1998年解散。

場合もある。朗読に際しては職員はもとより録音ボランティアも一定期間の講習を受けて，発声や朗読速度，漢字の読み方等の朗読に関する基本的な技能を身につける必要がある。

(2) 録音資料によるサービス

これは利用者の求めに応じて自館で資料を録音したり，他館から借り受けて提供するものである。録音資料としては市販のカセットテープやCDなどもあるが，最近では後述するDAISY（デイジーと発音する。デジタル音声情報システムのこと）が主流となっている。録音図書は文字で書かれた図書をカセットテープによるアナログ形式，またはDAISYなどによるデジタル形式で録音した図書である。利用対象者は視覚障害者の他，知的障害者や学習障害者で文字を読むことが困難な人，識字教育を受けられなかった人，日本語文字を読むことの困難な在住外国人，本を持ったり頁をめくったりできないなどの障害を持つ人のほか，一時的に病気やけがでそのような障害に準ずる状態にある人など幅広い。録音図書には市販のもの，各種ボランティアグループが制作しているもの，図書館で制作したものなどがあるが，図書館で制作したものについては，国立国会図書館が作成する『点字図書・録音図書全国総合目録』に情報を載せることにより，図書館間の相互貸借が可能になっている。著作権法改正により図書館における録音図書制作は従来より規制が緩和されたが，利用者登録制などまだ問題は多い。

現在，点字・音声，そしてパソコンで利用するためのデジタルデータでの情報提供などが進められている。特に，点字が読めない人やパソコンを使用していない人にとっては，音声での情報提供が大切である。従来，音声情報はカセットテープに録音して配布するのが一般的であったが，1本のカセットテープに録音できる時間は短く，1冊の本を音声化するには何本ものテープが必要であった。保管場所も大きく取り，何回もカセットデッキにテープを入れ替えなければならないがこれを解消したのがDAISYである。

(3) DAISY（Digital Accessible Information System：デジタル音声情報システム）

DAISYは大きく分けると「音声のみのDAISY」「マルチメディアのDAISY」の二つに分けられる。音声のみのDAISYは，従来録音テープがCDに

なったものである。マルチメディア DAISY は，音声映像と文章をシンクロさせて表示する，アクセシブルな情報システムである。これにより印刷物の情報を読むことが困難な人にも利用されている。マルチメディア DAISY の多くは CD-ROM で製作されており，パソコンがあれば再生プレイヤーをダウンロードして，音声を聞きながら同時に絵と写真を見ることができる。読んでいる箇所がハイライトされるので，どこを読んでいるかがわかるようになっている。また文字の大きさや音声のスピードを変えることができる。DAISY 録音図書の特徴は，目次から読みたい章や節，任意のページに飛ぶことができることである。また最新の圧縮技術で1枚の CD に50時間以上も収録が可能であるので，ほとんどの本が1冊丸ごと1枚の CD に収まる。現在では，全国の点字図書館・公共図書館で提供される録音図書は DAISY がほとんど主流になっている。DAISY は視覚障害者のほかに学習障害・知的障害・精神障害にとっても有効であることが国際的に広く認められてきている。アメリカやスウェーデンの図書館などでは後述するディスレクシア（学習障害者）への録音図書のサービスが行われている[14]。

(4) 点字資料（Braille material）

　点字は突起した点の組み合わせによって音を表す文字であり[15]，視覚障害者は訓練によりこれを指先の触覚を利用して読み取ることができる。一般に，図書館では点字印刷されたものを購入したり，ボランティアの点訳奉仕などによって点字資料を入手する場合が多い。これまで点字器または点字タイプライターが用いられてきたが，近年はキーボードからパーソナルコンピュータに入力して点字プリンターで印刷する方法が普及してきた。しかし，点字資料は表音文字でありページあたりの収録文字数も限られるため，一般の資料に比べて膨大な量となり，書架スペースにゆとりのない多くの公共図書館では所蔵点数は限られてしまうことが多い。また，事故や病気のために成人になってから視覚障害を持つ人は，点字を読むことが困難な場合も多い。

14：公益財団法人日本障害者リハビリテーション協会編．"DAYSY とは"．ENJOY DAISY．http://www.dinf.ne.jp/doc/daisy/about/index.html．(参照 2011-04-07)．
15：現在広く行われている六つの点を組合わせる方式は，フランスのブライユ（L.Braille, 1809-1852）が考案し，1890年に石川倉次（1859-1944）が五十音に翻案したものである。

(5) 弱視者用文字拡大資料

　拡大図書に関してはすでに高齢者の項で触れたが，最近では必要な時に必要な部数を提供するオンデマンド出版が実用化されている。パソコンを用いたハイテク拡大写本も作られるようになり，制作・入手も従来に比べて容易になった。弱視者の見え方は視力や欠損視野の分布などによりそれぞれ違うので，一人ひとりに合わせた拡大写本をつくる必要があるが，そのニーズに応えられる点で発展が期待できる。

(6) 視覚障害児サービス

　児童サービスの一環としても，視覚障害を持つ児童へのサービスは重要である。触る絵本・布の絵本・点訳絵本[16]などを用意して，親子で楽しめるようにする配慮も重要である。

(7) 来館時のサポート，施設・設備面での配慮など

　視覚障害が図書館を利用するに際しては，資料・情報面でのサポート以外にもさまざまな配慮が必要である。最寄駅もしくは最寄バス停から図書館までの送迎援助があるとよいだろう。また，床の点字ブロック，音声で場所を案内する杖，エレベーター内の音声案内なども有用である。さらには各フロアへの複数拡大読書機設置や，コンピュータ画面の文字を大きくして弱視者が読みやすいようにする配慮も重要である。

❷聴覚障害者のための図書館サービス（Library Service for the Hearing-Impaired）　聴覚障害は外見からはわかり難いので，特に配慮が必要である。資料面では字幕付きビデオテープや手話付きビデオテープなどの収集・提供がある。聴覚障害は特に先天性の場合は聞こえが悪いだけでなく，読み書き能力の発達の遅れとともに言語障害を伴うことも多いので，図書館資料としては文章表現の平易なものや漢字に読み仮名を振ってあるものを収集するとよい。利用案内もイラストを多用したり，漢字にはふり仮名をふっておくとよいだろう。コミュニケーションの方法には，筆談や手話，読唇・空書（そらがき）[17]などがあるが，利用者ごとに適宜使い分けや組み合わせが必要である。特にカウンター業務に携わる職員は手話ができることが望ましいが，それ以外にも身ぶり

16：普通の絵本の上に点訳を載せた透明なシートを貼ったもの。
17：文字などを想起する際に，空に書き記す動作のこと。

手ぶりを含めてさまざまなコミュニケーションは可能である。重要なことは，利用者の負担を軽減するための工夫と雰囲気づくりを積極的に行うことである。

　具体的には館内のサイン表示や案内をわかりやすくする，質問用紙を用意する，館内各カウンターに「手話を勉強している職員がいます」「筆談にも応じます」などと表示する，点滅ランプ付き電光掲示板などを利用して，音声だけではなく視覚的にも情報が迅速に伝わるようにする，などの工夫が考えられる。緊急時には誘導点滅ランプも必要である。また，ファクス・電子メール等を利用した予約サービスやレファレンスサービスも有用である。館内使用のための補聴器なども可能な範囲で備えることができればよい。また，地域の聴覚障害者団体やろう学校などと連携して字幕付き映画会を開催したり，講演会やお話し会をはじめ図書館で行う各種行事の際には手話通訳・要約筆記等を併せて準備するなど，図書館からの積極的な努力が一層期待される。

❸肢体不自由者に対する図書館サービス　　肢体不自由者に対する図書館サービスとしては，主に施設設備面での工夫が必要となる。歩行困難な人のためには車椅子を用意しておくことに加えて，館内外の段差をできるだけ少なくすることや，スロープの整備も重要である。また，自動ドア，車椅子用鏡や音声案内付きエレベーター，エスカレーター，障害者専用トイレも整備するとよい。さらには車椅子通行が可能な書架間隔の確保や，利用しやすい資料排架の工夫，閲覧机・記載台・検索機・カウンター等の高さや構造面での配慮も求められる。

　こうした整備改善には，事前に対象となる人々の希望や意見を取り入れることが重要である。そのほかにもさまざまな障害を有する利用者は多いが，一人ひとりに対するきめ細かい図書館サービスを実現するためには，施設設備面だけでは対応できない面が生じてくる。そのため，図書館職員やボランティアの人々の配慮，すなわち人的サービスでそれを補うことが求められている。

❹学習障害者（Learning Disorders，Learning Disabilities：LD）**に対する図書館サービス**

　日本では比較的新しいサービスであるが，一口にLDと言ってもさまざまな症状がある。文字を読んだり認識することに困難を生ずる失読症（ディスレクシア：Dyslexia）と一般的に呼ばれる学習障害に対して，最近では前述の

DAISYを利用して多様な教材・読書資料を提供する図書館サービスが注目されている。

　ディスレクシアとは，知的能力自体に障害はないが読み間違えたり鏡文字を書くなど，文字の読み書きだけに困難がある学習障害であり，「識字障害」と訳されることも多い。これは視覚的に受容した文字を脳内で音に変換して意味を理解するという過程に，何らかの障害が生じていると考えられている。そこで，文字を音に変換して聴覚的に受容できるようにすれば，読めない状態をある程度克服できる可能性があるということで，ディスレクシアに対する録音図書やDAISY資料の有効性が国際的に試験・実証されつつある。2001年にIFLAから『ディスレクシアのための図書館サービスガイドライン』[18]が出版された。

5 外国人に対する図書館サービス（多文化サービス，Multicultural Library Service）　日本において在日外国人が図書館サービスの対象として明確に意識され，各地でサービス実践が進んだのは1980年代後半以降のことである。その契機は1986年のIFLA（国際図書館連盟）東京大会に際して，多文化分科会で諸外国の図書館関係者から，「日本では在日外国人への公的な図書館サービスがほとんど行われていない」と指摘されたことにある。これを受けたかたちで1988年に大阪市立生野図書館で「韓国・朝鮮図書コーナー」，神奈川県厚木市立中央図書館で「国際資料コーナー」が設けられ，1991年には日本図書館協会に「多文化・識字ワーキンググループ」が発足した。日本における多文化社会図書館サービスの広がりの背景としては，在日韓国・朝鮮人をはじめとする定住外国人の権利擁護運動の進展・新規入国外国人の急激な増大・自治体の「国際化」施策などが考えられる。

　サービス内容としては，日本語以外の外国語資料の収集および提供のほか，図書館員の研修，マイノリティ住民の職員採用，外国語でのカウンター対応，外国語の利用案内や館内掲示等の作成，図書館協力などが含まれる。外国語翻訳ボランティアの充実も必要である。資料・情報面では，多言語による図書・

18：Nielsen, Gyda, Skat. et al. "Guidelines for Library Services to Persons with Dyslexia". IFLA Professional Reports, 2001, no. 70. http://archive.ifla.org/VII/s9/nd1/iflapr-70e.pdf，(参照 2011-04-05)．

新聞・雑誌，ビデオ・映画などの視聴覚資料，日本に関する資料・情報，出身者（国）の宗教・生活習慣に関する資料・情報，居住する地域の言葉を学ぶための資料，児童書や料理・旅行案内書等の実用書，辞書・事典類等を揃えることが望ましい。また在住外国人の交流の場，在住外国人と地域住民との交流の場を図書館が提供することでも貢献できる。1991年には「むすびめの会」（図書館と在住外国人をむすぶ会）[19]が発足し，全国規模で活発な研究・運動の活動を展開している。

c．来館に障害をもつ人々へのサービス

　1960年代末以降，アメリカの特に都市部の公共図書館において社会変化への対応として，これまで図書館サービスの及んでいなかった人たちに対して，意識的に働きかけるように努める活動が始まった。日本においてもさまざまな理由で図書館に通うことが困難な人々が存在する。たとえば，遠隔地居住者・入院患者・長期療養者・矯正施設入所者などである。これを拡大すると，「図書館利用に障害のある人たちへのサービス」とほぼ同様の意味で捉えることが可能であり，その際にはアウトリーチという概念が適用されることが多い。

❶アウトリーチサービス（outreach service）　outreachは「手を差し伸べる」という意味の言葉で，通常の方法ではサービスが届かない人たちにもサービスを行き渡らせるため，積極的・能動的に図書館が工夫をこらす活動のことである。アウトリーチはアメリカにおいて1960年代以降，黒人市民権運動等の社会的背景のもとに発達した概念・実践活動である。アメリカではサービスの空白地域を無くしていく活動には extension service, extension work 等の用語が使用される場合が多く，サービス圏域内であるにもかかわらずサービスが及んでいない住民を対象とした活動には outreach の用語が使われる場合が多い[20]。日本では厳密な使い分けはしないで，より広い捉え方でアウトリーチが用いられているといってよいだろう。アウトリーチの対象には，非識字者・民族的少数者・肢体不自由者・入院患者・内部障害者・高齢者・刑務所等矯正施

19：むすびめの会ホームページ担当／メール窓口編．むすびめの会（図書館と在住外国人をむすぶ会）．http://homepage3.nifty.com/musubime/,（参照 2011-05-04）．

20：日本図書館情報学会用語辞典編集委員会編．図書館情報学用語辞典．第3版，丸善，2007，p.2．

設入所者などが含まれる。これらの人々に必要な資料や情報，学習機会の提供などを，既存の活動の枠を超えて追及していくことが求められる。

(1) 内部障害者へのサービス

心臓病，そのほか何らかの内部疾患のために図書館に来ることが困難な人々へのサービスである。宅配や郵送サービスが中心となるが，貸出にとどまらず訪問朗読サービスや読書相談なども提供するのが望ましい。内部障害は外観だけではわかりにくい面があるので，本人からの申し出がしやすいように図書館側からも積極的に働きかけていくことが必要である。

(2) 交通手段をもたない利用者・時間的余裕のない利用者へのサービス

地域のどこに住んでいてもいつでも図書館サービスを受けることができるように，予約資料受け取り窓口としてコンビニエンスストアなどを活用したり，送料利用者負担で宅配サービスを行うと便利である。これらのサービスに際しては，利用者のプライバシーに十分配慮することが重要である。また，図書郵送サービス，地域内返却ポストの設置や増設，団体貸出，移動図書館・分館や分室の設置なども必要である。

(3) 入院患者サービス

入院患者に対しても公共図書館や病院患者図書館[21]などにより，各種図書館サービスが提供される事例が近年増加している。しかし一般的に入院患者への図書館サービスはまだ十分ではなく，病院独自の図書室を設置運営しているところは少ない。公共図書館によるサービスには，資料貸出・対面朗読・読書相談・レファレンスサービス・コピーサービス・児童サービスなどが含まれる。また利用対象としては入院患者だけではなく通院患者も含まれる場合が多い。入院患者サービスで多くみられる例は，病棟廊下・デイルーム・食堂などの比較的人の出入りが多い場所にコーナーを設けて書架を置き，自由に利用できるようにしたものである。貸出に関しては，⒤図書館からの団体貸出を受けて世話人・ボランティアなどが責任をもって管理提供する，ⅱ自由に利用する，ⅲ図書館員が直接貸出を行う，といった方法がある。ⅲの場合は，駐車場などで

21：病院内の図書館（室）としては，①医師・職員に医学・看護学・薬学情報を提供する医学図書館，②入院患者に健康・医療情報・一般娯楽書を提供する患者図書館，①と②を併せ持った病院患者図書館の3形態があるが，いずれも日本ではその数は多くはない。

の移動図書館ステーション方式・院内臨時コーナー開設方式・病棟巡回方式・病室巡回方式，入院児童サービス，患者個人への配達および配本サービスなどがあり，これらが個別あるいは複数組み合わせて実施されている。いずれの場合も実施に際してはあらかじめ病院側と十分に連絡をとり，効果的な運営を図ることが重要である。貸出に際して衛生面を考慮して，資料の消毒などを行う場合もある。

(4) 刑務所図書館（Prison Library）等，矯正施設[22]入所者へのサービス

「ユネスコ公共図書館宣言（1994年改訂）」では矯正施設収容者への図書館サービスが明示されているが，日本では図書館（室）を備えた矯正施設は少ない。しかし，作業所などに図書コーナーを設けて閲覧・貸出を行っている事例は多く見受けられる。公共図書館からの団体貸出を受けることもあるが，その数は多くはない。欧米では刑務所等矯正施設においても地域の公共図書館の協力連携により，病院入院患者に対するのと同様に娯楽・教養のための資料提供や，教育プログラムなどが実施されている例も多い。矯正施設における被拘禁者であってもその知る自由・読む自由は保障されるべきであり，自己変革・教養・娯楽・訴訟準備・社会復帰のためなどのニーズに応じたサービスは必要である。日本でも諸外国の図書館サービス先進例を積極的に学ぶ姿勢が今後ますます必要であろう。

d．そのほかの非来館者（潜在的図書館利用者）向け図書館サービス[23]

前述のアウトリーチサービスは，来館が困難な利用者のもとへ，何らかの方法で図書館側から出向いていくものであった。一方で，図書館は本を無料で貸し出したり，保存したりするところであり自分とは関係のない施設と捉えたり，情報はインターネットですべて入手可能なので図書館は必要ない，と考える人も少なからず存在する。このような人々は現在は図書館を利用していないが，将来的には図書館利用者になる可能性のある「潜在的図書館利用者」と捉えることができる。こうした人々や高齢者・障害者等のいわゆる情報弱者に対して，「図書館は自分たちの日常生活に役に立つ機関である」ということを認知させ

22：刑務所等矯正施設には刑務所・拘置所・少年院・教護院などがある。
23：7章「図書館サービスとコミュニケーション」，9章「図書館サービスの協力と連携」も参照。

るために積極的にPRすることが必要である。そのためには，以下のようなさまざまな方法が考えられる。

　①チラシ・ポスター・広報誌の配布は図書館・公民館・学校などの他に，ショッピングセンターなど不特定多数の人の目に触れやすい場所を選ぶ。

　②裁判員制度・法律情報は裁判所，日常生活のトラブルは市役所・消費者センター，というようにサービス内容に合わせてチラシ類の配布先を設定する。

　③利用案内を英語版・中国語版・韓国語版など地域住民のニーズに合わせて発行する。

　④ボランティア団体や各種団体と連携して利用案内・広報誌等の配布先拡大を図る。

　⑤ホームページやインターネットを利用して利用促進の多様化と速報化を図る。

　⑥メールマガジンやSDI（選択的情報提供）を活用して広報活動をすすめる。

　⑦ホームページ上でレファレンス・予約・出前講座の受付などを行う。

　⑧インターンシップ・職場見学などで幼稚園児・小中高校生に図書館の仕事・業務を体験してもらい，図書館に対する理解を深めることを通して，将来の図書館サポーター育成につなげる。

　⑨図書館利用ガイダンス・図書館利用講座・情報リテラシー講座などの開催により，図書館を十分に活用できるように地域住民・自治体職員を育成する。

　⑩学校・会社・病院・職員研修所・各種サークル等での図書館ガイダンスや各種講座を開催する。

　⑪学校関係者・民間ボランティアグループなどに向けた図書館ツアーを開催し，図書館広報への協力を依頼する。

　⑫情報・交流拠点としての図書館の機能と役割を積極的に拡大する。

　⑬マスメディア関係者や，タウン誌やミニコミ誌関係者にも図書館に対する関心を深めてもらうために，効果的に情報提供を行う。

　これらの地道な努力の結果が，口コミなどを通して結果的に潜在的利用者を利用者に変えることにつながるといえよう。

（2）団体を対象とするサービス[24]

a．団体貸出

　これまでは個人を単位として見てきたが，団体を単位とした図書館サービスも行われている。団体貸出（loan to groups）は図書館が地域や職場の団体やグループなどに，図書館資料をまとめて貸し出しすること，またはその方法をいう。具体的には団地・町会などの地域団体，会社・組合などの職能団体，地域文庫・読書会・同好会・サークルなどの団体，各種事業所，保育園・学校，さらには病院，高齢者施設，刑務所などが対象となる。一般的にはこれら団体単位の貸出冊数は一度に30冊～50冊，貸出期間は3か月程度であるが，図書館や団体によってはもっと大量に長期間貸し出す場合もあり，貸出冊数も300～1000冊，期間も3か月～1年と多様である。運搬は図書館で行うというところも増えてきている。

b．保育園や幼稚園に対するサービス

　保育園や幼稚園へのサービスとしては，図書館員が園の集会・行事でのストーリーテリングや保護者向けの講演を依頼されたり，定期的に訪問して読み聞かせ・ストーリーテリングなどを行ったりしている。

c．学校図書館へのサービス

　学校図書館への支援としては，調べ学習などの教育活動に役立つ図書館資料の団体貸出，出張お話し会・ブックトーク・図書館利用案内などの実施，児童・生徒や園児対象の図書館見学会実施，保護者対象の読み聞かせ・調べ学習・児童文学関連講座の実施，司書教諭等学校図書館関係者への情報提供・研修プログラム・交流会の企画実施，学校図書館への定期的な専門職員派遣，学校図書館ボランティアの育成などが行われている。公共図書館が中心となって地域の学校図書館ネットワークを構築したり，学校図書館支援センター[25]を図書館教育委員会に設置する場合もある。

d．相互協力の相手図書館を対象とした図書館サービス

　図書館間相互貸借・協力レファレンス・分担収集および分担保存など，各種

24：9章「図書館サービスの連携・協力」も参照。
25：公共図書館や教育委員会連携のもと，多くの自治体で設置されている。

図書館ネットワークを基盤としたさまざまなサービスが実施されている。詳細は9章などでも述べているので，ここでは省略する。

e．類縁機関（博物館，文書館その他など）**へのサービス**

　類縁機関とは性格や役割が近い関係にある組織・施設をいう。図書館類縁機関は，ⅰ一定量の資料・情報を所有している，ⅱ調査・研究・学習等をサポートする，ⅲ専門分野の資料・情報を提供する，ⅳ公開可能である，ⅴ専門職員がいる，ⅵ貸出や複写サービスを行う，といった共通点を有している。さらには，その不特定多数の利用者に対して蓄積・検索型の情報サービスを提供することに類縁性がある。

　一般的なものとしては，博物館・文書館のほかに，特殊専門図書館としての企業資料室・情報センター・研究機関資料室・フィルムライブラリー・フォトライブラリーなどがある[26]。これらの機関は自前の資料・情報だけで十分なサービス展開をし，利用者の要求を満たすことは困難な場合も多いため，必要に応じて相互に援助・協力をすることが必要になる。日常的に情報交換を行い，相互の協力連携体制を確立しておくことが重要である。これら類縁機関を対象とした図書館サービスについても，9章「図書館サービスの連携・協力」で詳述されている。

26：これら類縁機関を調べる資料としては『専門情報機関総覧』（専門図書館協議会），『全国試験研究機関名鑑』（丸善）などがある。

7章　図書館サービスとコミュニケーション

　本章では，図書館サービスの提供において必要となる利用者に対する接遇・コミュニケーション，図書館員相互のコミュニケーション，およびコミュニケーションの一環としての広報活動等を中心に取り上げる。その前提としてまず，図書館サービスそのものが有するコミュニケーション機能について見ておきたい。というのも，利用者との接遇・コミュニケーションや広報活動等は，こうした図書館サービスのコミュニケーション機能を発揮するために必要な行為・活動といえるからである。

1. コミュニケーションシステムとしての図書館サービスの意義

　図書館は，貸出やレファレンスサービスを通して利用者に必要な情報資料を提供するシステムであり，また，集会・行事活動等を通して人々が集い情報交換する場でもあることから，社会における重要なコミュニケーションシステムとして存在している。ここでは貸出やレファレンスサービス等を通して発揮される図書館サービスのもつコミュニケーションシステムとしての機能について見ていきたい。

　バトラー（Pierce Butler, 1884-1953）は，"図書は人類の記憶を保存する社会的メカニズムであり，図書館はその図書を生きている人間の意識に還元するための社会的装置である"と指摘している[1]。またシェラ（Jesse Hauk Shera, 1903-1982）は，"コミュニケーションシステムの一部としての図書館の伝統的な役割は文化的遺産の保存と伝達である"と述べている[2]。このバトラーとシェラの指摘から，図書館は独自のコミュニケーション機能を有することがわかる。

1：バトラー，ピアス. 図書館学序説. 藤野幸雄訳，日本図書館協会，1978, p.23.
2：Shera, J.H. Introduction to Library Science. Libraries Unlimited, 1976, p.49.

すなわち，図書館のコミュニケーション機能を特徴づけるものは，図書や雑誌を中心とする出版物というメディアである。

図書や雑誌という出版物は，人類の知的，文化的所産であり，過去の知的，文化的成果を記録したものである。図書や雑誌というメディアによって，過去の人間から現在生きている人間，さらには未来に生きる人間に対して情報の伝達が可能となり，通時的・歴史的なコミュニケーションが成立することになる。古代ギリシアの哲学者の著作を今，私たちが手にし，読めるのも，図書という社会的メカニズムが成立していたからにほかならない。人間は死とともに，その人間が記憶している知識も消えてしまうが，人間の記憶が図書に記録されることにより，その人間の知識は死後も保存される。

しかしながら，ここで注意すべきことは，図書は出版されただけでは，人類の記憶装置として永続的に機能することはできない，という点である。図書を系統的に収集，組織，蓄積し，いつでも利用可能な仕組みが社会のなかに制度として構築されていなければ，それまでの人類の記憶が今生きている人間，さらには次世代の人間に伝えられることはない。そのような社会的仕組み・制度が図書館であり，図書館が社会に存在することにより，図書というメディアを介して人類のそれまでの知的成果が現在と未来に継承され，過去の人々と今生きている人々および未来の人々との間に，通時的・歴史的コミュニケーションが成立するのである。現代社会において，図書館はまさに社会的，文化的活動において不可欠な知識基盤を提供する存在といえる。

このように，図書館は図書を中心とする資料の蓄積と提供を通して実現される通時的・歴史的コミュニケーション機能を有しているが，この機能を十分に発揮し，利用者に必要な図書館サービスを提供するためには，利用者に対する接遇・コミュニケーションをはじめ，図書館員相互のコミュニケーション，図書館相互のコミュニケーションなど，種々のコミュニケーションが不可欠である。

以下，図書館サービスのもつコミュニケーション機能を発揮するために，図書館において必要となる種々のコミュニケーションについて見ていきたい。

2. 利用者に対する接遇・コミュニケーション

　ここでは図書館員と利用者との接遇・コミュニケーションを取り上げる。図書館員と利用者との接遇・コミュニケーションは，特に貸出サービスやレファレンスサービス等の直接サービスの提供の際に必要となる。
　以下，この貸出サービスとレファレンスサービスにおける接遇・コミュニケーションの問題を取り上げる。

（1）貸出サービスにおける接遇・コミュニケーション

　貸出サービスでは，利用者は貸出を希望する資料を図書館員に提示し貸出の意思を図書館員に伝達することになり，この時点から図書館員と利用者との間でコミュニケーションが開始される。利用者から資料を提示された図書館員は，その利用者は貸出サービスを利用する意思があることを知り，所定の貸出のための手続きを行い，資料を利用者の手に渡すことで，利用者とのコミュニケーションを終了させる。利用者の多くがこの貸出サービスを利用するだけに，貸出を担当する図書館員の接遇や態度などが利用者に与える印象は図書館サービス全体の評価に直結するといってよい。図書館員は自らの態度や振る舞いなどの非言語コミュニケーションにも注意を払うなど，利用者への接遇には十分配慮する必要がある。最近，自動貸出機が普及しつつあるが，操作しやすさに十分に配慮したマン・マシン・インタフェースを備えた機器の導入が求められる。
　さて，貸出カウンターにいる図書館員は，利用者が貸し出しを受けた資料を知りうる立場にいる。「図書館の自由に関する宣言」において指摘されているように，読書事実はすぐれて利用者の内面，プライバシーにかかわることであり，図書館員は利用者の貸出記録について守秘義務があることを十分に認識しなければならない。
　貸出サービスを提供するカウンターは，通常，多くの利用者が行き交うオープンな場所に配置されている。そのため，ある利用者が貸出を受けた資料を，他の利用者が目にするような状況が起こりうる。このことは，利用者の重要なプライバシーにかかわる事項が図書館において十分に考慮されていないことを

示唆するものといえる。貸出カウンターが現在のようにオープンな環境に設置されていることは，利用者が貸出手続を行う場所を容易に知り，貸出手続を円滑に進められるという点で，多くの利点がある。しかしながら，利用者のプライバシーの保護という観点からみると，現行のオープンなカウンターには問題が多いといわざるをえない。ある利用者が貸出手続を受けた資料をほかの利用者が目にすることがないように，カウンターの形状や配置を工夫するなど，注意が必要といえよう。

（2）レファレンスサービスにおける接遇・コミュニケーション

　レファレンスサービスにおける直接サービスにあたる質問回答サービスは，利用者の質問の提示から図書館員による回答の提供にいたるプロセスをたどるが，そこでは図書館員と利用者との間の密接なコミュニケーションが生起している。

　レファレンスサービスにおける利用者からの質問受付の方法には，レファレンスカウンターにおいて図書館員が利用者の質問を受理するという対面方式に加えて，図書館のホームページ上に質問受付のページを開設し，随時，質問を受け付けるバーチャルレファレンス方式がある。アメリカでは，インターネットを利用して，チャットで質問を受け付け，レファレンスインタビューを行い，回答を提供するという一連のレファレンスプロセスをとる図書館も登場している。レファレンスサービスに生起するコミュニケーションといえば，対面方式のように同じ場所での同時双方向の情報交換を想定しがちであるが，電子メールレファレンスのように，来館することなく非同期のコミュニケーションが可能な方式や，チャットレファレンスのように，来館することなく同期的コミュニケーションが可能な方式など，今日のレファレンスサービスにおいては，多様なコミュニケーション方式が採用されている。

　さて，図書館員は利用者からの質問に対して常に直ちに回答を提供するわけではない。利用者の情報要求を明確にし，より適切な回答を提供するための手がかりを得るために，図書館員は利用者にインタビューを行うことがある。図書館員が利用者に行うこのようなインタビューをレファレンスインタビューという。このレファレンスインタビューをとおして展開されるコミュニケーショ

■ 援助を求めて図書館員に近づいたとき，あなたが目にしたものを最も的確に示しているものをチェックしてください。
　　　図書館員は
　　　　＿＿＿＿支援できる体制にあった
　　　　＿＿＿＿レファレンスデスクで他の利用者に対応していた
　　　　＿＿＿＿レファレンスデスクから離れていた
　　　　＿＿＿＿電話中または他のスタッフと話をしていた
　　　　＿＿＿＿レファレンスデスクで他の業務にあたっていた
　　　　（どんな業務か）＿＿＿＿＿＿＿＿＿＿＿＿＿＿＿＿＿＿＿

■ 図書館員に近づいたとき，図書館員がなんらかの活動にあたっていた場合，その図書館員はあなたの存在に気づきましたか。
　　　　＿＿＿＿はい　　＿＿＿＿いいえ　　＿＿＿＿どちらともいえない

■ あなたが最初に尋ねた質問を記入してください。

■ 図書館員の最初の対応（あなたの質問に対応した図書館員が最初に語った言葉）を記入してください。

■ 図書館員が用いたインタビュー技術，様式，戦略はレファレンスインタビューの成功・不成功に大きく関係します。そこで，図書館員とのやり取りを踏まえて，次の特徴について評価してください。

図書館員に関する評価項目	評価のレベル				
	最低				最高
図書館員に受入態勢があった	1	2	3	4	5
質問に関心を示した	1	2	3	4	5
丁寧に応対した	1	2	3	4	5
簡単に決め付けるようなことはなかった	1	2	3	4	5
自信が見られた	1	2	3	4	5
やり取り全体を通じて快く感じた	1	2	3	4	5

■ やり取りの最後に，図書館員は確認のための質問，例えば，あなたが求めていたものが得られたかどうかを確認したいと考えているような問いかけをしましたか。
　　　　＿＿＿＿はい　　＿＿＿＿いいえ
　　　　図書館員は何といいましたか。＿＿＿＿＿＿＿＿＿＿＿＿＿＿＿＿

■ 今回のやり取りを踏まえ，同じ図書館員に再度，質問をしたいと思いましたか。
　　　　＿＿＿＿はい　　＿＿＿＿いいえ　　＿＿＿＿どちらともいえない

7-1図　レファレンスインタビュー評価のための指標

(Whitlatch, J.B. Evaluating reference services : a practical guide. ALA, 2000, p. 59-60.)

2. 利用者に対する接遇・コミュニケーション | 123

行　動	評　価		具体的な内容
	はい	いいえ	
近づきやすさ			
笑顔			
アイコンタクト			
親しみやすい挨拶をしたか			
利用者と同じレベルに立っているか			
快適さ			
アイコンタクトを保っている			
ゆとりある体勢を示している			
相槌など，適宜コメントを行う			
援助しようという姿勢の口調で話している			
関心			
アイコンタクトを保っている			
利用者とともに動くなど，機動性がある			
利用者に十分に注意を向けている			
やり取り			
開質問をしている			
把握しようとしている			
わかりやすく言い換えている			
明確にしようとしている			
情報を与えようとしている			
確認をしようとしている			
まとめようとしている			
基本的な質問を使用している			
手元にある資料以外にもあたっている			
出典を引用している			
評価			
回答は質問に完全に応えるものとなっているかどうかを尋ねている			
インタビューを適切に終了している			

7-2図　レファレンス行動のチェックリスト

(Whitlatch, J.B. Evaluating reference services : a practical guide. ALA, 2000, p. 54-55.)

ンの成否がレファレンスサービスの成否を決定するといっても過言ではない。レファレンスインタビューについては，7-1図および7-2図に示したように，図書館員による利用者に対する接遇や態度・受け答えなどが，重要な評価指標となっている[3,4]。カウンターに近づいてくる利用者の存在に図書館員が気づかない場合には，利用者からのサービス評価を大きく低下させることになる。よって，カウンターにいる図書館員は利用者の動きに十分な注意を払い，カウンターに近づく利用者を常に受け入れる態勢で臨むことが肝要である。

　利用者へのインタビューについては，丁寧な応対と利用者から見て快い対応が重要である。インタビューを通して利用者が図書館員から受ける印象は，サービスの評価に大きな影響を与える。よって，カウンターを訪れた利用者に対しては，図書館員は援助の姿勢を十分に示し，丁寧な応対を心がけるなど，利用者が要求を気持ちよく提示できる雰囲気をつくりだすことが重要といえる。

3．図書館と利用者とのコミュニケーション

　ここでは，図書館と利用者とのコミュニケーションについて取り上げる。図書館は来館した利用者に対して，図書館の利用に必要となる案内情報をさまざまな手段を通して提供している。その手段の一つがパンフレットやリーフレットの形態で作成された利用案内である。利用案内は，貸出・閲覧・複写・レファレンスサービスをはじめとする図書館サービスに関する説明や，所蔵資料の配置・サービスカウンターの位置等に関する情報を提供する手段である。現在では，多くの図書館がホームページ上に利用案内に関する情報を提供しており，図書館のホームページは非来館者と図書館とのコミュニケーション手段として重要なツールとなっている。

(1) 地域住民への広報活動

　図書館の広報活動は，図書館と潜在的・顕在的利用者とのコミュニケーショ

3：Whitlatch, J. B. Evaluating reference services : a practical guide. ALA. 2000 p.59-60.
4：前掲注3，p.54-55.

ンを成立させる重要な手段である。広報活動は，図書館の集会・行事に関する情報や，移動図書館の巡回日程，新規購入図書の紹介などについて，広く地域住民に情報を発信するサービスとして位置づけることができる。広報手段としては，図書館のホームページによる情報発信，図書館が広報誌を作成し公民館や生涯学習センターなどの社会教育施設を通して住民に配布する方法，さらには，市の広報誌に図書館に関する記事を掲載することなどが挙げられる。

　広報活動は，来館することのない利用者に対する図書館サービスの案内という点で重要な取り組みである。現在，利用者は来館することなく種々の図書館サービスの提供を受けることが可能である。先に紹介した電子メールレファレンスやチャットレファレンスのように，利用者は自宅や職場など図書館外からレファレンス質問を提示し，回答の提供を受けることが可能である。また，図書館がホームページ上で提供するOPACは来館することなく蔵書の検索を可能にし，ホームページからの予約・リクエストサービスを提供する図書館や，文献複写サービスをホームページから依頼できる図書館も出てきている。広報活動は，図書館が提供するこうした各種のサービスを地域住民に紹介し，図書館利用を促進するうえで有効な取り組みとなる。

　また，広報活動は，図書館サービスの存在や機能を十分に理解していない地域住民や，情報資料への具体的な要求がないために図書館サービスの利用にいたらない人々に図書館利用を促すうえでも有効である。すなわち，図書館を利用したことがない人々に対しては，多様な広報手段を使って図書館サービスを通じて充足可能な要求があることを知ってもらうことが重要である。たとえば，病院で治療を受けるほどではないが，健康に不安をかかえている人が健康医療関係の情報を入手したいと考えている。しかし，その人は，図書館には健康医療に関する情報源が豊富に所蔵され，レファレンスサービスによって個別の要求に対して情報資料の探索や入手への支援が受けられることを知らないために，図書館利用を選択できないでいるとしよう。このようなとき，その人が広報活動を通して図書館サービスの存在を知ったならば，情報入手の手段として図書館利用を選択し，レファレンスサービスによる支援を受ける機会を得ることができるのである。

　こうした広報活動と同時に，図書館の運営について地域住民に情報を提供し，

地域住民から意見を聴取する試みも重要である。2008（平成20）年6月11日の図書館法改正により，図書館には地域住民に運営の状況に関する情報の提供が求められることになった。すなわち，図書館法第7条の4において，"図書館は，当該図書館の図書館奉仕に関する地域住民その他の関係者の理解を深めるとともに，これらの者との連携及び協力の推進に資するため，当該図書館の運営の状況に関する情報を積極的に提供するよう努めなければならない"と規定されている。このなかの「運営の状況に関する情報」とは，同法第7条の3によって規定されている運営の状況に関する評価の結果を指すことになる。この第7条の3では，図書館が自館の運営の状況を評価することを規定しているが，評価にあたっては，利用者へのアンケート調査やインタビュー調査などを実施し，利用者が図書館サービスについてどのように評価しているかを明らかにすることが重要となる。

このように，図書館には，地域住民との間で積極的なコミュニケーションを図り，地域住民とともに図書館サービスの改善に努めていくことが求められている。

（2）サインシステム

図書館と利用者とのコミュニケーション，特に来館する利用者とのコミュニケーション手段として重要なのが，最寄り駅から図書館までの経路を記した案内板・地図や案内標識と，館内のサインシステムである。公共図書館は公共施設として，歩道等に設置されている地図や案内板に明記されている場合が多いものの，地図や案内板は必ずしも見やすいものではない。図書館の所在地を示す地図については，図書館のホームページや，図書館を設置している地方自治体の施設案内資料やホームページ等において見やすく，わかりやすいものを掲載しておくことが重要である。

館内サインシステムについては，図書館建築の段階で十分に検討されるべき事項であるが，利用者のサービス利用の動線を考え，必要な図書館サービスポイントに到達できるように配慮すべきである。サイン計画にあたっては，利用者の図書館利用行動の標準的なモデルをもとに考案する必要がある。館内での利用者は，OPACによって必要な資料を検索し請求記号を確認したうえで書

架に向う場合と，直接，開架に向かう場合がある。利用者がいずれの行動を選択するにせよ，資料探索を支援するためには，開架にある資料の全体を俯瞰できるようなサインを設置する必要がある。利用者は求める主題の資料が開架のどの列にあるかがわかるように，開架資料の全体を一望できるようなサインが求められる。「日本十進分類法（NDC）」を採用している図書館であれば，0類から9類に分類されている資料の位置を，開架資料全体のなかで概観できるようにする工夫が必要といえる。さらに，書架の連ごとに，NDCによる分類記号が表す主題をわかりやすく表示する工夫も必要である。

次に資料を利用するための閲覧席への案内，貸出サービスを利用するための貸出カウンターへの案内，さらには，資料探索を個別に支援するレファレンスカウンターへの案内などについて，サインを通して提供することも重要である。

a．子どものためのサインシステム

子どもに対するサインについても十分な配慮が必要である。児童サービスコーナーのサインについては，当然ながら，子どもの目線や子どもでも理解可能な語彙に配慮してサインの内容や表示を設けることが重要である。NDCを採用している場合は，NDCの分類項目を子どもでもわかるような表現に置き換える必要があろう。さらに，児童サービスコーナー以外の共有エリアについても子どもを考慮したサインが求められる。図書館に入り，共有エリアを通って児童サービスコーナーに行くまでの動線を，子どもの目線とわかりやすい表現を用いたサインで示すことが肝要である。また，洗面所などの共有スペースの位置についても，子どもに配慮した案内が求められる。

このように，子どもに対するサインは，児童サービスコーナーに限定されるものではなく，図書館全体にわたって配慮することが必要である。

b．視覚障害者のためのサインシステム（6章も参照）

視覚に障害をもつ利用者に対しては，点字ブロックを使用した動線の案内，点字によるサイン，音声ガイダンス機器の導入など，種々のコミュニケーション手段を講じる必要がある。また直接的サインではないが，視覚障害者や弱視者のためにデジタル録音図書を作成するシステムである6章で詳述したDAISYは，視覚障害者の資料利用の範囲を飛躍的に拡大する可能性が期待される。

c. 多文化サービスのためのサインシステム

　地域の外国人に向けた図書館サービスとして，外国人の母国語の資料の収集と提供を行う多文化サービスがある。図書館と外国人利用者とのコミュニケーションを成立させるためには，こうした外国語の資料の提供と同時に，外国人への図書館サービスの案内を母国語で行えるスタッフの配置も求められる。特に中国人や韓国・朝鮮人が多く居住する地域では，中国語，韓国語（朝鮮語）に通じたスタッフを，ボランティアを含めて採用する取り組みが望ましい。

4．図書館員間のコミュニケーション

　ここでは図書館員間のコミュニケーションを取り上げるが，図書館相互協力における図書館員間のコミュニケーションについては次節で扱う。

　図書館員間のコミュニケーションは，いうまでもなく図書館サービスの円滑な提供においてきわめて重要である。近年，図書館の経営は図書館業務の外部委託が急速に進んでいる。財政難のもとで公共サービスの維持・発展を図ることを目的に民間活力を導入した公共の施設の管理運営制度である指定管理制度やPFI制度を導入し，管理運営の一部または全般を民間企業やNPO法人などに委託する図書館も登場している（詳細は9章参照）。こうした外部委託制度を導入している図書館においては，設置母体である地方公共団体側の職員と委託された企業や法人の職員との間で，図書館サービスの使命・方針等について，十分な意思疎通を図る必要がある。業務委託の場合，スタッフの雇用形態が多様であるとともに，安定的な雇用が必ずしも保証されているわけではなく，比較的短期の契約であることが多い。そのため，業務の継続性やスキル・知識の継承に支障が出ることが懸念される。業務委託された側の管理者は，安定的な雇用を図るとともに，スタッフが習得したスキル・知識をスタッフ間で共有する仕組みをつくり，サービスの質を保証するように留意しなければならない。

5．図書館間のコミュニケーションと図書館員間のコミュニケーション

　ここでは図書館間のコミュニケーション，および異なる図書館の職員間のコミュニケーションについて取り上げる。

　情報資料が増大し，利用者の情報要求が多様化する今日の状況に対応するには，複数の図書館間の連携協力とサービスの実務を担う図書館員相互の緊密な連絡調整を踏まえた図書館間相互貸借（ILL）サービスがきわめて重要である。図書館間相互貸借サービスの円滑な実施にあたっては，相互貸借に関する協定を締結し，文献複写依頼書式を統一するなど，図書館間のコミュニケーションと，複数の図書館の職員同士のコミュニケーションが求められる。

　ランガナータンは，図書館学第5法則「図書館は成長する有機体である」について論じるなかで，図書館ネットワークの重要性を指摘している[5,6]。すなわち，ランガナータンは図書館を生命体にたとえ，個々の図書館は単細胞にあたり，地域の図書館ネットワークを多細胞にあたるものとして捉えている。生命体としての図書館がその機能を維持，発揮するには，まず，単細胞を結合した地域の図書館ネットワークが相互に連結され，生命体における器官にあたる図書館ネットワークを形成する必要があるとしている。さらに，複数の器官が結びつくことにより生命体として存在できるように，相互に接続された地域の図書館ネットワークを全国的なネットワークとして編成し，さらに各国の図書館ネットワークを相互に接続して国際的な図書館ネットワークを形成していくことが求められるとしている。

　このように，ランガナータンは，各図書館を出発点として，国際的な図書館ネットワークへと発達・成長させることにより，情報資料の増大と多様化する利用者の情報要求に対応できる図書館サービスを実現することの重要性を指摘，図書館間のコミュニケーションの形成と発達の意義を強調している。

5：Ranganathan, S. R. Reference Service. Ess Ess Publications, 2006, p.58–59.
6：齋藤泰則．利用者志向のレファレンスサービス：その原理と方法．勉誠出版，2009，p.39–40．

図書館間のコミュニケーションの典型といえるものがレファレンス協同である。レファレンス協同については，5章でも取り上げているが，ここでは，図書館間のコミュニケーション上の特徴に焦点をあてながら解説することにする。

　レファレンス協同とは，利用者からのレファレンス質問に対して複数の図書館が協同してその処理にあたる取り組みである。その協同のあり方には，レフェラル（referral），チェイニング（chaining），ゲートウェイ（gateway）の3方式がある[7]。レフェラルとは，利用者から質問を受け付けた図書館Aがその質問に最適な回答の提供が可能な図書館または専門機関Cの案内・紹介を図書館Bから受けるものである。これに対して，チェイニング方式の協同は，図書館Aから質問の処理を依頼された図書館Bが最適な回答が可能な図書館Cにその質問を送付し，図書館Bが図書館Cに回答を依頼するものである。ゲートウェイ方式の協同は，図書館Aが受け付けた質問に対して最適な回答の提供が可能な図書館Cに対して質問を送付・伝送する際にフォーマット変換が必要となる場合，図書館Bがその変換を担い，仲介するというものである。

　一方，個々の図書館のレファレンス事例を活用するレファレンス事例データベース型協同モデルがある[8]。このモデルは，参加館がこれまでに処理したレファレンス事例を蓄積し共有することにより，各参加館におけるレファレンス質問の処理の際にレファレンス事例を活用しようというものである。

　レファレンス協同の実際として，わが国では国立国会図書館（以下，NDL）のレファレンス協同[9]があり，アメリカではQuestionPoint[10]が挙げられる。NDLのレファレンス協同は，上記のレファレレンス事例データベース型協同モデルに依拠したものであり，参加館が過去に処理したレファレンス事例をレファレンス協同データベースに登録し，参加館で共有するという方式を採用している。このデータベースは，各図書館がレファレンス質問の処理にあたり，検索戦略を構築する際の手がかりとして，参加館のみに提供されているのでは

7：前掲注6，p.133-138.
8：前掲注6，p.140-142.
9：国立国会図書館編. 国立国会図書館レファレンス協同データベース. http://crd.ndl.go.jp/jp/public/，（参照 2011-08-16）.
10：Online Computer Library Center. QuestionPoint : 24/7 reference services., http://questionpoint.org/，（参照 2011-08-16）.

なく，登録されているレファレンス事例は広く一般にも公開されている。そこで，利用者は，特定の図書館を訪れ図書館員にレファレンス質問を提示することなく，レファレンスデータベースに類似の情報要求とその処理が登録されていないかどうかを調べ，該当する事例があれば，このデータベースを活用して，自らの情報要求の充足が可能となる。（5章，6章も参照）

　こうした利用者によるレファレンス事例を活用する方式は，レファレンスサービスにおける図書館員と利用者とのコミュニケーションの一種として捉えることができる。すなわち，対面でのレファレンスサービスや電子メールレファレンスによるサービスは，レファレンスサービスを担当している図書館員と利用者との現在進行形のコミュニケーション過程として捉えることができる。それに対して，利用者によるレファレンス事例の活用は，過去に自分と類似の情報要求を抱えた利用者が図書館員に提示した質問への回答を活用することを意味する。このことは，レファレンス事例を活用する利用者は，自らを過去の利用者と置き換えることによって，間接的ながら，レファレンス質問を処理した過去の図書館員との間でコミュニケーションを展開したものとして捉えることができる。

　一方，図書館員によるレファレンス事例の活用は，過去に利用者の質問を受け付けた図書館員の処理の成果の活用を意味する。対面でのレファレンスサービスにおいては，質問を受け付けた図書館員が，その処理にあたり他の図書館員に支援を求める場合に，自分では処理できない質問内容を伝達するためにその図書館員との適切なコミュニケーションが必要となる。レファレンス事例を活用する場合も，その事例を処理し登録した図書館員から支援を得ることに変わりなく，間接的ながら，その図書館員に支援を求めるためのコミュニケーションを行っていると捉えることができる。

6．図書館と親機関とのコミュニケーション

　ここでは図書館と親機関とのコミュニケーションを取り上げる。
　自治体が設置する公共図書館はその多くが教育委員会に属し，その場合に人事や予算などの権限は通常，教育委員会が有している。そこで，図書館は，予

算策定や人事計画の策定にあたっては，図書館サービスの必要性や意義，新たな予算確保が必要なサービス計画が地域住民に与える公益性について，教育委員会に説明することが重要である。同時に，これまでのサービスの成果・実績等について具体的なデータを提示して図書館の運営政策決定者である教育委員会の理解を得るなど，常日頃から，親機関である教育委員会に対して広報活動を展開し，良好なコミュニケーションを維持していく必要がある。こうした親機関に対する各種の説明は親機関への広報活動の一環でもあり，多くの場合に館長が主導して説明，説得にあたることが求められるため，館長のリーダーシップ，コミュニケーションの能力が特に重要となる。

7．図書館と関係諸機関とのコミュニケーション

ここでは，関係諸機関と図書館とのコミュニケーションについて取り上げる。

図書館には，学校支援や博物館，公民館等との連携など，関係諸機関とのコミュニケーションが求められている。今日の公共図書館には，地域住民のさまざまな課題解決を支援するサービスの提供が期待されている。公共図書館が取り組むべき課題解決支援サービスとしては，ビジネス支援，行政情報提供，医療関連情報提供，法務情報提供，学校教育支援・子育て支援，地域情報提供・地域文化発信などが挙げられる[11]。こうした課題解決を支援する図書館サービスを提供するにあたっては，関係諸機関との連携・協力体制を構築し，緊密なコミュニケーションが不可欠である。ビジネス支援サービスにおいては行政機関やNPO法人，商工会議所等との業務・組織間連携が求められる。医療関連情報提供サービスにおいては地域医療機関や病院専門図書館等との連携が，また学校教育支援・子育て支援サービスにおいては地域の諸学校や学校図書館さらに社会教育施設等との連携が，それぞれ求められる。特に，学校教育支援・子育て支援については，図書館法第3条において，学校教育を援助し，及び家庭教育の向上に資することが明記されており，法律上も，重要な図書館サービ

11：図書館をハブとしたネットワークの在り方に関する研究会．"地域の情報ハブとしての図書館—課題解決型の図書館を目指して—"．文部科学省．2005-1-28．http://www.mext.go.jp/a_menu/shougai/tosho/houkoku/05091401.htm，（参照2011-08-15）．

スの役割として位置づけられている。

　博物館（Museum），文書館（Archive）と図書館（Library）とのMLA連携も重要である。博物館，文書館は，図書館とともに，文化資源を保有し，次世代に伝達・継承するという点で，共通の使命を担っている。図書館資料，博物館資料，文書館資料はデジタルアーカイブ技術によりその物理的形態の違いが解消されようとしている今日，文化的資源の保有と継承という共通の使命を達成するために，密接な連携を図っていくことが求められている。

　近年，わが国においてはMLA連携に関する関心が高まっており，MLA連携の事例研究[12]や音楽分野のMLA連携の動向[13]が紹介されている。

12：日本図書館情報学会研究委員会編．図書館・博物館・文書館の連携．勉誠出版，2010，186p．
13：松下鈞．"IAMLのR-Projectsに学ぶMLA連携"．明治大学図書館情報学研究会紀要．2011．no.2，p.10–21．

8章　図書館サービスと著作権

1．今日的な著作権の意義と概要

（1）著作権の理念

　図書館サービスは，著作物に立脚して展開されることが多い。そのため，著作権の概要と意義の理解は重要な位置を占める。近年，情報通信技術の進展により，著作権を巡る動向には大きな動きがみられる。中でもインターネットとデジタル資料を中心とする複製技術の進歩は著作権に関わる図書館サービスに大きな影響を与えている。

　著作権とは，「著作権法」第1条により，"著作物並びに実演，レコード，放送及び有線放送に関し著作者の権利及びこれに隣接する権利を定め，これらの文化的所産の公正な利用に留意しつつ，著作者等の権利の保護を図り，もって文化の発展に寄与することを目的とする"と定められている。著作物とは思想または感情を創作的に表現したものであって，文芸・学術・美術または音楽の範囲に属するものをいう。これらは図書・小説・論文・記事・詩歌・俳句といった資料以外にも，絵画・音楽・地図・写真・動画・ゲームソフト・コンピュータプログラムなどの表現形式によって，自らの思想感情を創作的に表現したものに認められる。また翻訳・編曲・翻案した二次的著作物・辞書・百科事典等の編集著作物・データベース著作物もその対象となる。ただし，アイデアだけにとどまり公開されていないものは著作権法の対象とはならない。これら著作物の利用に関わる権利を著作権という。

　著作権概念の歴史は古代ローマの時代に遡るとされる。著作者は著作物に関わる権利を一定期間与えられ，期間終了後その権利を失う，という解釈が一般化したのは19世紀以降である。

著作権の保護については，「文学的及び美術的著作物の保護に関するベルヌ条約」（Berne Convention for the Protection of Literary and Artistic Works），「万国著作権条約」（Universal Copyright Convention），「著作権に関する世界知的所有権機関条約」（WIPO著作権条約：World Intellectual Property Organization Copyright Treaty），「知的所有権の貿易関連の側面に関する協定」（TRIPS協定：Agreement on Trade-Related Aspects of Intellectual Property Rights）などの条約が，保護の最低要件などを定めており，これらの条約の締約国が条約上の要件を満たす形で，国内の著作権保護法令を定めている。

　日本では著作権に関しては「無方式主義」が採られている。これは著作者による明示的な主張・宣言がなくとも，著作物の公表と同時に自動的に著作権が発生するものである。これは1886年成立のベルヌ条約に基づくものである。ベルヌ条約締結国では，著作者は著作権を保持するために「登録」や「申告」は不要とされている。日本は1899年にこのベルヌ条約に加盟している。日本においては，著作権と図書館サービスは多くの場合，これらを踏まえた内容になる。

　なお日本においては，「著作権法」第51条の定めにより，著作権の存続期間は，著作権の創作の時に始まり，著者の死後50年で消滅する。ただし，映画の著作物の著作権は，「著作権法」第54条により公表後70年まで保護される。著作権存続期間については国ごとに異なり，多くの議論もあり，流動的なものとなっている。

（2）著作権法

　著作権は「産業財産権（工業所有権）」と並んで，知的財産権（知的所有権）の２本の柱を構成している。産業財産権は特許権，実用新案権，意匠権，商標権を代表とする知財四権が代表とされる。知的財産権は無形であり，思索による成果の表現や技術などの功績と権益を保証するために与えられる財産権である。

　日本において現行の「著作権法」は1970（昭和45）年に定められ，その後頻繁な改訂がなされている。2011（平成23）年４月時点では８章124条と附則で構成されている。これは権利概念の変化と複製技術・情報通信技術の普及拡大に伴い，著作権をめぐるさまざまな要件が変化しつつあることによる。近年はイン

8-1表 著作者の権利と著作隣接権

著作権者の権利		著作隣接権	
著作者人格権		**実演家の権利**	
公表権	未公表の著作物の公表を決定する権利	録音権・録画権	実演を録音,録画する権利
氏名表示権	著作者名の表示を決定する権利	放送権・有線放送権	実演を放送,有線放送する権利
同一性保持権	著作物の内容,題号を改変されない権利	送信可能化権	ホームページへの登録などにより,公衆に自動的に送信できるようにする権利
著作権(財産権)		商業用レコードの二次使用	商業用レコードの放送,有線放送に対し,使用料を受け取る権利
複製権	複写,印刷,写真,録音,録画などにより複製する権利		
上演権,演奏権	公に上演,演奏する権利	譲渡権	実演の録音,録画物を公衆に譲渡する権利
上映権	公に上映する権利。すべての著作物をディスプレイ画面等に映写する権利を含む	貸与権等	商業用レコードを貸与または報酬を請求する権利(期限後)
公衆送信権等	公に送信する権利。インターネット,ファクシミリ送信等	**レコード製作者の権利**	
		複製権	レコードを複製する権利
口述権	朗読,録音物等により言語著作物を口頭で公に伝える権利	送信可能化権	実演家の場合と同じ
展示権	美術の著作物,未発表の写真の著作物の公の展示	商業用レコードの二次使用	実演家の場合と同じ
頒布権	映画の著作物の公衆への販売,貸与	譲渡権	実演家の場合と同じ
譲渡権	映画著作物を除く著作物の原作品,複製物の公衆への譲渡	貸与権等	実演家の場合と同じ
貸与権	映画著作物を除く著作物の公衆への貸与	**放送事業者の権利**	
		複製権	放送を録音,録画,写真等により複製する権利
翻訳権・翻案権等	著作物の翻訳,編曲,変形,脚色,映画化,翻案等の権利	再放送権・有線放送権	放送を受信して,これを再放送,有線放送する権利
二次的著作物の利用に関する権利	翻訳,翻案等の二次的著作物を利用する権利	テレビ放送の伝達権	放送を受信して,拡大する特別の装置で公に伝達する権利

ターネットとその付随技術の進展そして国内外での著作物への権利意識の高まりが大きな影響を与えている。著作権に付随して，著作者がその著作物に有する人格的利益の保護を目的とした，著作者人格権と著作隣接権がある。

著作者人格権については，第18条-20条において，公表権・氏名表示権・同一性保持権が定められている。著作隣接権は第89条に定められているもので，実演家・レコード製作者・放送事業者・有線放送事業者に与えられる権利である。

（3）図書館サービスと著作権

図書館が扱う資料・情報資源には著作権法の保護対象とされる「著作物」が多く存在する。図書館ではこの著作物概念を適切に理解してサービスを展開しなくてはならない。これは利用者からの質問に答えるにあたっても，大切なことである。

「著作物」とは「著作権法」第10条により，以下のように例示されている。

（著作物の例示）
第10条　この法律にいう著作物を例示すると，おおむね次のとおりである。
1　小説，脚本，論文，講演その他の言語の著作物
2　音楽の著作物
3　舞踊又は無言劇の著作物
4　絵画，版画，彫刻その他の美術の著作物
5　建築の著作物
6　地図又は学術的な性質を有する図面，図表，模型その他の図形の著作物
7　映画の著作物
8　写真の著作物
9　プログラムの著作物

また，第12条では編集物として以下のものが示されている。
第12条　編集物（データベースに該当するものを除く。以下同じ。）でその素材の選択又は配列によって創作性を有するものは，著作物として保護する。

著作権法には著作権の制限において，図書館サービスに関わる条文がある。すなわち，「著作権法」第31条に基づき，図書館は利用者の求めに応じてコピーを行なうことができるが著作権法ではこれに関して以下のように定めている。

（図書館等における複製）

第31条 国立国会図書館及び図書，記録その他の資料を公衆の利用に供することを目的とする図書館その他の施設で政令で定めるもの（以下この項において「図書館等」という。）においては，次に掲げる場合には，その営利を目的としない事業として，図書館等の図書，記録その他の資料（以下この条において「図書館資料」という。）を用いて著作物を複製することができる。

1　図書館等の利用者の求めに応じ，その調査研究の用に供するために，公表された著作物の一部分（発行後相当期間を経過した定期刊行物に掲載された個々の著作物にあっては，その全部）の複製物を一人につき一部提供する場合

2　図書館資料の保存のため必要がある場合

3　他の図書館等の求めに応じ，絶版その他これに準ずる理由により一般に入手することが困難な図書館資料の複製物を提供する場合

②　前項各号に掲げる場合のほか，国立国会図書館においては，図書館資料の原本を公衆の利用に供することによるその滅失，損傷又は汚損を避けるため，当該原本に代えて公衆の利用に供するための電磁的記録（電子的方式，磁気的方式その他人の知覚によっては認識することができない方式で作られる記録であって，電子計算機による情報処理の用に供されるものをいう。第33条の2第4項において同じ。）を作成する場合には，必要と認められる限度において，当該図書館資料に係る著作物を記録媒体に記録することができる。

　このうち，「発行後相当期間」とは，定期刊行物の場合は次号が発行される迄の間，と理解されている。また第31条の後段部分はデジタル技術の進展により書き加えられたものである。詳細は本章3節で述べる。

2．図書館サービスにおける著作権

（1）コピー（複写）サービス

　コピーサービスは利用者の求めに応じて，図書館資料を複写機等の機器を用いてコピーし，提供するサービスである。多くの場合有料サービスであり，複写物は利用者の私有物となる。コピーサービスは複写機器の発展と低廉化により，1970年代後半から普及し，今では図書館サービスの一つとして定着したといえる。「著作権法」第31条では対象とする図書館を"国立国会図書館及び図

書，記録その他の資料を公衆の利用に供することを目的とする図書館その他の施設で政令で定めるもの"としている。このため著作権法の対象は公共図書館と大学図書館を対象とするもの，とされる。

そのため学校図書館については第31条の対象とはならない。しかし第35条の"教育を担任する者及び授業を受ける者は，その授業の過程における使用に供することを目的とする場合には，必要と認められる限度において，公表された著作物を複製することができる"を援用することは可能と考えられている。

コピーサービスに関連してはこれまで，いくつか問題となった議論がある。

たとえば，「写り込み問題」である。「著作権法」第31条第1号では，図書館等の利用者の求めに応じ"公表された著作物の一部分"のみの複製が無許諾で認められている。この「一部分」とは，著作物の二分の一以下，とされる。また"事典の一項目，短い詩，俳句の一句，短歌の一首"のような独立した著作物の場合は分量が少ないために，コピーを行うと一緒に対象とする著作物以外の部分が複製されてしまうという問題点がある。これを「写り込み」問題と呼ぶ。この問題に関しては同一紙面（原則として1ページを単位とする）上の複製された複製対象以外の部分（写り込み）については，権利者の理解を得て，遮蔽等の手段により複製の範囲から除外することを要しないものとする，とされている。

（2）上映会および障害者サービスに伴う著作権問題

公共図書館において行われる映画等の上映会には，「著作権法」第26条（頒布権）と第38条（営利を目的としない上演等）が該当する。

（頒布権）
第26条 著作者は，その映画の著作物をその複製物により頒布する権利を専有する。
2 著作者は，映画の著作物において複製されているその著作物を当該映画の著作物の複製物により頒布する権利を専有する。

（営利を目的としない上演等）
第38条 公表された著作物は，営利を目的とせず，かつ，聴衆又は観衆から料金（いずれの名義をもってするかを問わず，著作物の提供又は提示につき受ける対価をいう。以下この条において同じ。）を受けない場合には，公に上演し，演奏し，上映し，又は口述することができる。ただし，当該上演，演奏，上映又は口

述について実演家又は口述を行う者に対し報酬が支払われる場合は，この限りでない。
2　放送される著作物は，営利を目的とせず，かつ，聴衆又は観衆から料金を受けない場合には，有線放送し，又は専ら当該放送に係る放送対象地域において受信されることを目的として自動公衆送信（送信可能化のうち，公衆の用に供されている電気通信回線に接続している自動公衆送信装置に情報を入力することによるものを含む。）を行うことができる。
3　放送され，又は有線放送される著作物（放送される著作物が自動公衆送信される場合の当該著作物を含む。）は，営利を目的とせず，かつ，聴衆又は観衆から料金を受けない場合には，受信装置を用いて公に伝達することができる。通常の家庭用受信装置を用いてする場合も，同様とする。
4　公表された著作物（映画の著作物を除く。）は，営利を目的とせず，かつ，その複製物の貸与を受ける者から料金を受けない場合には，その複製物（映画の著作物において複製されている著作物にあっては，当該映画の著作物の複製物を除く。）の貸与により公衆に提供することができる。

図書館での映画鑑賞会実施に際しては，上記のように営利を目的とせず，料金を取らない限りにおいて許可されている。このことについては，十分に配慮しなくてはならない。

（3）公貸権（公共貸与権または公共貸出権）

公貸権（Public Lending Right）とは，貸出対象となる資料の著作権者の経済的利益を保障するために，貸出の回数に応じて一定金額を著作権者に支払うものである。デンマークを始めとし，イギリス，カナダ等で実施されており，日本においても導入を検討する動きがある。しかしその実施にあたっては，どのように一定金額を算定徴収・計算・管理・配分するかについて，その実現可能性を疑問視する声もある。また公貸権は一般国民の情報へのアクセスを阻害するものである，という見解もある。

ただし，映画フィルム等に関しては，「著作権法」第38条第5項に下記の定めがある。

第38条
5　映画フィルムその他の視聴覚資料を公衆の利用に供することを目的とする視聴覚教育施設その他の施設（営利を目的として設置されているものを除く。）で政

令で定めるもの及び聴覚障害者等の福祉に関する事業を行う者で前条の政令で定めるもの（同条第二号に係るものに限り，営利を目的として当該事業を行うものを除く。）は，公表された映画の著作物を，その複製物の貸与を受ける者から料金を受けない場合には，その複製物の貸与により頒布することができる。この場合において，当該頒布を行う者は，当該映画の著作物又は当該映画の著作物において複製されている著作物につき第26条に規定する権利を有する者（第28条の規定により第26条に規定する権利と同一の権利を有する者を含む。）に相当な額の補償金を支払わなければならない。

この「著作権法」第38条第5項によれば，公貸権が映画フィルム等には課されている，とも考えられる。

いずれにしても，著作者の権利を尊重し，図書館サービスの向上を通じて文化の発展を期するものである，というのが著作権法の基本となる考え方である。

（4）図書館協力における著作権の扱い

今日，単一の図書館で全ての資料を収集することは不可能である。そのため図書館間相互貸借サービス（Interlibrary Loan：ILL）は重要なサービスと位置づけられている。

自館で求められた資料を所蔵していない場合，他館から必要部分のコピーを取り寄せて利用者に提供することもある。これは図書館協力における現物貸借を補うサービスとなる。

「図書館法」第3条（図書館奉仕）では相互貸借について以下のように定められている。

> **第3条** 図書館は，図書館奉仕のため，土地の事情及び一般公衆の希望に沿い，更に学校教育を援助し，及び家庭教育の向上に資することとなるように留意し，おおむね次に掲げる事項の実施に努めなければならない。
> （中略）
> 4　他の図書館，国立国会図書館，地方公共団体の議会に附置する図書室及び学校に附属する図書館又は図書室と緊密に連絡し，協力し，図書館資料の相互貸借を行うこと。

図書館間相互貸借は，一般に公共図書館においては現物貸借が多く，大学図書館では論文の複写提供が多い。国立情報学研究所（National Institute of Informatics：NII，2000年までは学術情報センター（NAtional Center for Science Information Systems：NACSIS））と大学図書館を中心に1985年から進められたNACSIS-CAT及びNACSIS-ILLは，加盟する大学図書館の現物貸借／コピーサービスを円滑に進めるために設置運営されている。2000年には120万件を越える図書館相互貸借を実施した[1]。

情報通信技術の進展と利用の拡大に伴い，図書館サービスは多様化し，効率的なサービスを求められる場面が多くなってきているが，その実施にあたっては法令に基づく必要がある。特に複製と公衆送信にかかわる点については，たとえば以下の例をはじめとして多くの問題が生じている。

①現物貸借で借受けた資料をコピーできるか？

②利用者からファクシミリによる資料の送信を依頼された場合はどうするか？

③資料をスキャナで読み取り，メールに添付して，図書館ウェブサイトに掲載する。

上記の事例はすべて著作権者の許諾を得ない限りは行えないものである。

電子ジャーナル・電子書籍・DB等，電子情報源にかかわるサービスは多く存在しているが，その範囲については，契約により定められる。図書館界においては，それらに関しては以下のものが公表されている。

○国公私立大学図書館協力委員会『大学図書館における文献複写に関する実務要項』2003（平成15）年1月30日。

http://wwwsoc.nii.ac.jp/anul/j/documents/coop/yoko.pdf

○国公私立大学図書館協力委員会『大学図書館間協力における資料複製に関するガイドライン』2005（平成17）年7月15日。

http://wwwsoc.nii.ac.jp/anul/j/documents/coop/ill_fax_guideline_050715.pdf

○日本図書館協会・国公私立大学図書館協力委員会・全国公共図書館協議会『図書館間協力における現物貸借で借り受けた図書の複製に関するガイドライン』2006（平成18）年1月1日。

1：国立情報学研究所編．"目録所在情報サービス"．国立情報学研究所．2011-03，http://www.nii.ac.jp/CAT-ILL/archive/stats/ill/reqnum.html，(参照 2011-08-17)．

http://www.jla.or.jp/fukusya/taisyaku.pdf
○日本図書館協会・国公私立大学図書館協力委員会・全国公共図書館協議会『複製物の写り込みに関するガイドライン』2006(平成18)年1月1日。
　http://www.jla.or.jp/fukusya/uturikomi.pdf
○国公私立大学図書館協力委員会・大学図書館著作権検討委員会『大学図書館における著作権問題Q&A（第7版）』2009(平成21)年3月27日。
　これらは図書館関係団体と著作権者等との協議により，順次，改訂作業が行われている。

3．インターネットを活用した図書館サービスと著作権

（1）基本的な考え方：公衆送信権，送信可能化権（アップロード権）

　今日の情報通信環境においては，著作物をスキャンして，そのファイルをインターネットのメール添付等で送ることが容易にできる。しかしこれを著作権者以外が行なうことは公衆送信権（rights of transmission）に抵触する行為となる。
　公衆送信権（「著作権法」第23条）は有線無線を問わず，公衆送信行為を著作権者以外に対して規制するものである。公衆送信行為とは，「著作権法」第2条1項7号により"公衆によって直接受信されることを目的として無線通信又は有線電気通信の送信を行うこと"と定義されている。これはインターネットの普及により複雑化することとなった。
　公衆送信は，ラジオあるいはテレビのように公衆に向けて一斉に送信する場合と，リクエストを受けて自動的に送信する場合の二種類に分けられる。一般的には，前者のうち，無線によるものを放送，有線によるものを有線放送と呼び，後者（インターネットなどを通じてデジタル化された著作物を利用者からの求めに応じて自動的に送信する）を自動公衆送信（有線・無線にかかわらず）と呼ぶ。一般には，電波を介するテレビは放送，これに対し，ケーブルテレビは有線放送に該当する。
　また，スキャンしたファイルをウェブサイトに置いて閲覧させる行為も，自

動公衆送信に該当する。自動公衆送信には送信を可能とする行為（送信可能化）も含まれる。ウェブサイトに他人の著作物をアップロードして公衆に閲覧可能とする行為も，著作者の公衆送信権を侵害することとなる。したがって，著作権処理を施していない著作物を図書館がウェブサイトに登載し，インターネットを通じて利用に供することはできない。

なお，プログラムの著作物以外の著作物を同一構内において送信する行為は公衆送信行為には含まれない。したがって，図書館内放送は公衆送信権の侵害にあたらないとされる。

いずれにしても，著作物をインターネット上で提供したり，あるいは利用したりする際にはその権利関係を正しく理解して行動することが必要になる。

（2）電子書籍と著作権

電子書籍（electronic book）とは，一般に電子機器デバイスで読むことができる出版物を意味する。電子ブック・ebook・デジタル書籍といった呼び方をする場合もある。専用の電子機器を用いる場合，PCを利用する場合，インターネットを利用するものとそうでないもの，というように多様な様式が存在する。電子書籍は通常，コンテンツを意味することが多いが，再生用機器と再生ソフトウェアにも重要な意味合いがある。しかし現時点では，図書館界に普及する形での進展は実験的なものにとどまっている。また関連する法規や，著作権関連についても未整備な状況である。

情報技術の進歩と図書館利用者の意識の変化は大きい。電子書籍自体の考え方は1980年代からさまざまな試みがなされてきた。しかしその多くは，電子辞書を除けば，一過性のものとなっている。近年では「携帯コミック」がそのシェアを伸ばし，電子書籍市場の過半を占める状況になっている。

著者の死後50年で著作権が消滅するのに伴い，著作権の消滅した作品と，著者自身により「自由に読んでもらってかまわない」とされたものをインターネット上で公開する「青空文庫」が出現した。2010年末の時点で，約9,700点が公開されている。

2010年は「電子書籍元年」と呼ばれ，著者・出版社・関係業界で多くの動きがあった。KindleやiPadといった情報機器は社会的な話題にもなった。図書

館界においても実験的な試みが為されているが，少なくとも現時点では，図書館向けの大がかりなサービスは存在していない。図書館においてどのような形で電子書籍が提供され，それに利用者がどのような形で利用を行うかは，権利者・団体・出版社との権利関係手続きについて十分に考慮し，「望ましい図書館サービスの在り方」の観点から検討すべきである。

（3）デジタルアーカイブと著作権

　デジタルアーカイブ（digital archive）とは，文化資源をデジタル化し，保存・利用することを意味する。近年，図書館・博物館・美術館・公文書館ではウェブサイトを作成し，そこからインターネットを介してデジタル化した資料を提供することが盛んになっている。

　文化資源をデジタル化するに際しては，単に一次資料をデジタル化することにとどまらず，それらを検索できるようにするための，標準的なメタデータを付与することが必要となる。これらの作業により，サーチエンジンでのヒットを容易にし，資料の利用促進を図ることができる。また原資料へのアクセス数を減らすことにより，その破損を恐れることなく，貴重な資料をデジタル化された形で提供できる。原資料を保護するために制限がある複写についても，デジタル化された資料を提供することにより，コンピュータを用いたプリントアウトが容易になる。こうした方法で，利用による原資料の傷みを少なくすることが可能となる。

　図書館界においては，1990年代半ばから「電子図書館」（electronic library）として，貴重資料等のデジタルアーカイブ化が進展した。当初はデジタル化にかかる経費が高額であるにもかかわらず，その質は低く，検索の標準化がなされないことによる障壁も問題になっていた。しかし，情報通信技術の進展と標準化により，これらにかかるコストは低廉化しつつある。インターネットと強力なサーチエンジンの普及，それにネットワークを加え，いつでもどこからでも資料へアクセスできるようになるのは図書館サービスとして望ましいことである。また，多くの利用者に同時に資料を提供でき，学校や自治体との連携により生涯学習への活用も可能となる。さらに，複数の資料を部分的に切り出して合成することや，メタデータ・解説・音声画像等を加えることにより，原資

料をより高度に活用した形での情報提供ができるようになる。精密なメタデータを付して，適切な管理を行えば，デジタルアーカイブは個々の図書館にとって有力なコンテンツとなる。

一方，新たな問題も派生する。デジタル化にかかる経費だけでなく，機器更新にかかるエミュレーション（作成したデジタル資料を読むことのできる機器を維持する），過去のデータフォーマットを現在形に維持するマイグレーション（新しい情報機器で読むことができるようにするために，デジタルデータを新しい形へ変換する）の問題がある。これらデジタルデータの変換や物理的な保存と維持管理に関わるコストは大きく，持続的な運営のためには重要な課題となっている。

インターネットによる公開に際しては，古文書においても著作者人格権や個人情報にかかわる点への留意が必要である。過去の資料とはいえ，実在する人物にかかわる情報をみだりにインターネット上で公開することは許されない。

2009年以降，急速に進みつつある国立国会図書館や国立公文書館でのデジタルアーカイブ構築は，一般からの情報アクセスを容易にしつつある。これらへのアクセスをどうナビゲートし，普及させるかは図書館にとっての大きなチャンスでもある。たとえば，各公共図書館が地域情報やその地域からの出身者に関わるデジタル化した資料を体系的に探し出したりできるようウェブサイト上で処理を施すこと等が考えられる。

（4）電子ジャーナルと著作権

電子ジャーナル（electronic journal）は「雑誌」を電子化する試みとして，1980年代から実験が重ねられてきた。今日ではインターネット上で利用可能な学術雑誌を電子ジャーナルと呼ぶことが一般化した。元来，学術雑誌はその専門分野の研究者と学生，研究員らの専門家集団が執筆し，かつ利用するものであった。学術の世界において，学術雑誌に査読論文を執筆し，読み，利用することは重要である。したがって，図書館界では大学や研究機関の図書館が電子ジャーナルの購読対象となる。その閉じた世界が，世界的な科学研究競争の激化と情報通信技術の進展に伴い急速な進歩を遂げた。1990年代から海外の商業出版社や学会は電子ジャーナル機能の高度化，新しいビジネスモデルの改善に

取り組んできた。

　海外では Elsevier 社，Springer 社，Wiley-Blackwell 社等の寡占化した大規模商業出版社や American Chemical Society，Institute of American Physics 等の大手学会がその出版物を電子ジャーナルとして展開している。電子ジャーナルの総数は Ulrich（Ulrich's Periodicals Directory, Bowker, 年刊）によると約30,000となっている。これに伴い，価格の継続的な上昇にもかかわらず，研究者の利用は急速に進展した。

　電子ジャーナルの契約は，ビッグディール[2]など，従来の印刷（冊子）体とは異なる契約様態をとることが多い。複数の図書館がコンソーシアム（連合体）を組んで，価格と契約交渉に取り組むことも一般に行われる。電子ジャーナルの契約においては，著作権にかかわる問題もある。大手商業出版社の電子ジャーナルでは著作権等の権利を出版社に委譲する契約が結ばれていることが多い。このため，著作権にかかわる問題は，出版社と交渉することになる。2000年以降，コンソーシアムによるビッグディール契約が進み，多くの大学では電子ジャーナル提供数が増大した。しかし，価格上昇には歯止めがかかっていない。これに対応した動きが次項で述べるオープンアクセスの動きである。

4．オープンアクセス

　2000年以降，学術情報流通のオープンアクセス化が進んでいる。学術情報流通は先述のとおり，研究者コミュニティの閉じた世界である。一方，研究資金の多くは元来，税金に基づくものである。それが一部の出版社に独占され，一般国民の手の届かないことに批判が高じ，その対応としてオープンアクセスが語られるようになったのである。

（1）オープンアクセスの理念

　オープンアクセス（OA：Open Access）について定義し，OA 運動に大きく影響を与えたものに Budapest Open Access Initiative（BOAI）がある。こ

2：その出版社の刊行する学術雑誌を一括購入する契約方式。割安になるが購読し続ける義務が生じる。

こではOAとは「インターネットを介した」「（学術論文への）自由で制約のないアクセス」であり，その実現により「研究を加速し」「教育の質を高め」「富める者と貧しい者が学問を共有し」「人類共通の知的対話と知識探究の場の基礎を築く」ことができるとされた。そしてOAの実現手段として，著者によるセルフアーカイブ（Self Archiving：SA）とオープンアクセス雑誌（OA雑誌）の二つの道を示している。これが現在の機関リポジトリ（Institutional Repository：IR）とOA雑誌普及の背景となっている。

（2）オープンアクセス雑誌

BOAIの定義によるオープンアクセス理念のもとに，今日では多くの，「オープンアクセス雑誌」が存在する。オープンアクセスとは，「インターネット上で誰もが無料で無条件に読むことのできる雑誌」である。その運営にあたっては，著者が論文投稿料の形で負担したり，財団が援助をしたり，国が税金でまかなう形などさまざまなものがある。

（3）機関リポジトリ

オープンアクセスの一つの手段である機関リポジトリ（IR）には多くの定義がある。それらの共通点をまとめると，機関リポジトリとは，学術機関が構成員の生産したコンテンツを収集・管理し，インターネットを用い外部に発信するシステム，あるいはサービスである。IRは学術雑誌価格の高騰や大学の情報発信機能の強化の要求も背景に，主に大学図書館の取り組みで普及してきた。

日本のIRは2003年に千葉大学で設置されたのを嚆矢とし，2005年以降は国立情報学研究所（NII）の支援事業の影響も受けその数を増やしてきた。NIIが提供するIRDBコンテンツ分析システムによれば，2010年11月時点で日本には163のIRがある。これは一年で30の増加を示しており，世界第三位の数値である。登録コンテンツ数は全体で103万件を超え，本文があるものも73万件を上回っている。

オープンアクセス資料は，インターネットを通じて広く世界から利用できる。一般市民の関心を引く医療福祉分野の論文も多く登載されている。これらの資

料はサーチエンジンや，NII が提供する情報検索システムである CiNii（http://ci.nii.ac.jp/），JAIRO（http://jairo.nii.ac.jp/）により，容易に検索利用ができる。公共図書館がそのサービスにこれらオープンアクセス資料をどのように取り込み，利用者に提供するかは今後重要な課題となる。

（4）クリエイティブコモンズ

著作権は，本来，著作者の権利を守るものであるが，一方で，利用者の権利を制限するものでもある。これに対して，自由に出版物を利用してもらおうという運動が，クリエイティブコモンズ（Creative Commons：CC）である。

CC は著作権者に自身の作品の使用条件を簡便なマークで意思表示する手段を提供し，著作物の円滑な流通と再使用を促進するプロジェクトである。またそれを推進する非営利団体の名称である[3]。

CC ライセンスには「表示」「改変禁止」「非営利」などがあり，インターネット時代のための著作権ルールの普及を目指し，著作者が自ら「この条件を守れば私の作品を自由に使ってよい」という意思表示をするためのツールである。CC ライセンスを利用することで，著作者は著作権を保持したまま作品を自由に流通させることができ，利用者はライセンス条件の範囲内で再配布や再利用することができる。

著作をクリエイティブコモンズのライセンスのもとで提供するというのは，著作者が著作権を放棄することを意味するわけではなく，権利のうちいくつかを，ある条件下で，作品を受け取る人に対して与えるという意味である。図書館サービスとして CC ライセンスを活用する場合は，このことを十分に理解した上で展開しなくてはならない。たとえば，CC ライセンスに基づく医療論文を図書館のウェブサイトを通じて提供することが可能である。

（5）EYE マーク

目の不自由など通常の大きさの活字では印刷媒体を読めない障害者のため，出版の段階で録音図書や拡大写本を作成してもよいことを著作者があらかじめ

---

[3]：日本図書館情報学会用語辞典編集委員会編．図書館情報学用語辞典．第 3 版，丸善，2007，p.56．

記しておくものである。

（6）自由利用マーク

自由利用マークは著作者が自分の著作物を他人に自由に使ってもらってよいと考える場合に，その意思を表示するためのマークである。どのような利用ができるかに関しては三種類のマークがある。

8-1図　EYEマーク

8-2図　自由利用マーク

5．図書館サービスと著作権の今後

著作権は毎年のように改訂されており国際的な動きも激しいものがある。それは情報通信技術の新規開発と普及に迅速かつ適切に対応するためと，経済的国際競争の観点から国際的な条約に定められた保護水準に適合させるためでも

ある。また国の方策としての「知的財産戦略」推進や，著作物など知的財産重視により，知的財産と著作権法のあり方について制度見直しが進められている側面もある。権利者と情報利用者双方の立場の違いにより，著作権と図書館サービスに関わる議論の方向性は大きく異なる。これらを理解した上で，一般市民の情報要求に応える図書館サービスが望まれる。

9章　図書館サービスの協力と連携

1．図書館サービスにおける協力・連携の意義

　国語辞典的には，「協力」は"力を合わせて事にあたること"とされ，「連携」は"互いに連絡をとり協力して物事を行うこと"とされる。いずれも複数の主体が共同で事業を行うことを意味し，この二語は類義語として"△△と○○の協力と連携"というように，組み合わせて使用される場合も少なくない。

　ただし本章では，図書館と共同する主体が図書館である場合と，図書館以外の諸機関・団体である場合とで，基本的な考え方や意義が異なることを明確にするために，あえて図書館同士の関係については「図書館協力」という用語を使用し，諸機関・団体との関係については「連携」として解説する[1]。

（1）図書館法等の文書にみる協力・連携

　今日では図書館間及び諸機関との協力や連携は，これを「行うべきもの」という考え方にある。まずはこのことを，図書館法をはじめとする各種文書の文言によって確認する。

　「図書館法」（1950（昭和25）年公布・施行）においては，第3条の図書館サービスに関する条文として，以下のように示されている。

　　　4　他の図書館，国立国会図書館，地方公共団体の議会に附置する図書室及び学校に附属する図書館又は図書室と緊密に連携し，協力し，図書館資料の相互貸借を行うこと。
　　　9　学校，博物館，公民館，研究所等と緊密に連絡し，協力すること。

　また，第8条には，

　　　都道府県の教育委員会は，当該都道府県内の図書館奉仕を促進するために，市

1：このような用語上の区別は，あくまで便宜的なものである。

(特別区を含む。以下同じ。)町村の教育委員会に対し，総合目録の作製，貸出文庫の巡回，図書館資料の相互貸借等に関して協力を求めることができる。

とある。さらに，2008(平成20)年に追加された第7条の4（運営の状況に関する情報の提供）には，

> 図書館は，当該図書館の図書館奉仕に関する地域住民その他の関係者の理解を深めるとともに，これらの者との連携及び協力の推進に資するため，当該図書館の運営の状況に関する情報を積極的に提供するよう努めなければならない。

とあることにも注目する必要がある。

日本図書館協会による「公立図書館の任務と目標」(1989年確定公表，2004年改訂)においては，次のような文言で表されている。

50　図書館は，住民の要求する資料を必ず提供するために，各市町村の図書館が相互に協力しあうことが必要である。

51　相互協力は，資料の相互貸借，複写，レファレンス業務などサービス面で協力するほかに，資料の分担収集，保存及び索引の作成なども共同で行うものである。ときには職員研修，採用試験などにも及ぼすことができる。

52　図書館はまた，同じ地域内の他館種の図書館や類縁機関，専門機関と連携して，住民の資料要求に応えるよう努める。

2001(平成13)年に告示された「公立図書館の設置及び運営上の望ましい基準」(文部科学省告示第132号)では，「1 総則(5)他の図書館及びその他関係機関との連携・協力」として，

> 公立図書館は，資料及び情報の充実に努めるとともに，それぞれの状況に応じ，高度化・多様化する住民の要求に対応するため，資料や情報の相互利用等の協力活動の積極的な実施に努めるものとする。その際，公立図書館相互の連携（複数の市町村による共同事業を含む。）のみならず，学校図書館，大学図書館等の館種の異なる図書館や公民館，博物館等の社会教育施設，官公署，民間の調査研究施設等との連携にも努めるものとする。

とされている。

2006(平成18)年の「これからの図書館像—地域を支える情報拠点をめざして—（報告）」（これからの図書館の在り方検討協力者会議）でも，"2. これからの図書館サービスに求められる新たな視点"として，"(7) 他の図書館や関係機関との連携・協力"を挙げ，図書館間，行政部局，各種団体・機関，学校との連携・協力の具体的な可能性や意義が明記されている。

国際的な観点からの理念が表されている「ユネスコ公共図書館宣言（1994年）」においても，"図書館の全国的な調整及び協力を確実にするため，合意された基準に基づく全国的な図書館ネットワークが，法令及び政策によって規定され，かつ推進されなければならない。公共図書館ネットワークは，学校図書館や大学図書館だけでなく，国立図書館，地域の図書館，学術研究図書館及び専門図書館とも関連して計画されなければならない"と言及されている。

(2) 協力・連携の今日的な意義

では今日の図書館サービスにおいて，協力・連携はどのような意義をもつのであろうか。

図書館協力が必要となる今日的な背景としては，資料・情報の量的増大と，資料・情報に対する人々の要求の量的増大や質的な多様化・高度化という，二つの状況を挙げることができる。情報社会と言われて久しい現在は，以前にも増しておびただしい量の資料や情報が生産され続けている。一方で，人々の興味や関心・価値観が多様化したことにより，図書館に寄せられる資料や情報についての要求は，より多様な分野や形態，より専門的な，もしくは複雑な内容となっている。もはやいずれの規模の図書館も，利用者の要求に十分対応しうる資料や情報を単独で収集・蓄積しておくことは不可能，という認識を有している。こうした状況において，十分なサービスの提供，及び，サービスの向上を図る方策の一つとして，複数の図書館による協力体制の意義が広く認められるところとなっている。さらには，コンピュータによる通信技術の発達，特にWeb OPAC の定着により，他館の所蔵資料の確認が容易になったことも，図書館間の協力活動を促進し，その意義を高める大きな要因となっている。

各種機関・団体との連携については，かねてより図書館が実施しているレファレラルサービスにその側面を捉えることができる。自館では対応出来ない部分について，類縁機関や専門機関を案内または紹介（もしくは，情報を照会）することによって，図書館は利用者の多様で専門的・複雑な要求に対応してきた。ただし今日では，たとえば「利用対象別サービス」や「課題解決支援サービス」などの既存の図書館サービスの効果をより一層高めることができる，もしくは図書館が地域社会に根ざした新たなサービスを創り出すことができるとい

うような，図書館サービス自身に変革をもたらす要素としての新たな意義も見出されている。この点については，本章3節「各種機関との「連携」による図書館サービスの展開」で具体的に解説する。

　もちろん，協力や連携の背景としては，資料費や人員の削減傾向に見られる昨今の図書館における厳しい財政状況も挙げることができる。資源の限られた状況下でも，サービスを維持するために相互に補完しあうという考え方も確かに認めることはできる。しかしながら，協力・連携の本来的な目的は，より豊かな図書館サービスの提供にあるということは，十分に理解しておきたい。

2．図書館協力による図書館サービスの展開

（1）基本的な考え方

　「図書館協力」は，2館以上の図書館が共通の目標に向けて活動を共にすることを表す用語として使用されるが，コンピュータネットワークを基盤とする活動が現れて以降は，「図書館ネットワーク」という用語も同義語として使用されている。ここでいう2館以上の図書館とは，設置者が異なる図書館であり，異なる自治体の公共図書館間や，公共図書館と大学図書館，公共図書館と学校図書館などの館種の異なる図書館間の関係を指している。したがって，同一自治体内の本館と分館との関係については「図書館協力」とはいわない。

　協力活動は，図書館のすべての機能（資料や情報の収集，組織，提供，保存）にわたり，その向上を目的として行われている。具体的には，協同収集（もしくは「分担収集」），共同目録作業（もしくは「分担目録作業」），相互貸借，相互利用，協力レファレンス，分担保存・協同（共同）保存等の諸活動が挙げられる。また，複数の図書館が共同で職員研修を実施することなども，協力活動に含まれる。

　このような協力活動は，各図書館が有する資源（資料・情報，職員，施設・設備，サービス）を図書館間の共有物として捉え，かつ，図書館のさまざまな機能を複数の図書館で積極的に分担して果たしていくことで，すべての図書館のサービスの向上や経費節減を実現するという，「資源共有（resource shar-

9-1表　図書館の機能と協力活動との対応

図書館の機能	協力活動
収集	協同（分担）収集
組織	共同（分担）目録作業
提供	図書館相互貸借 図書館相互利用 協力レファレンス
保存	分担保存・協同保存

ing）の理念」に基づいている。すなわち，「資源共有」という価値観を図書館が共有することで，図書館協力は成立している。また，図書館協力は「自律した主体同士が質の高い図書館サービスを共に供給する関係」として捉える必要がある。いたずらに他の図書館の資源に依存するのではなく，まずは自館での提供可能性を追求するべきであるのは言うまでもない。

　以下では特に，提供機能に該当する「資料・情報提供サービス」における，公共図書館間及び，公共図書館と他館種間の協力体制について概観する。さらに，主として大学図書館間の協力体制である「書誌ユーティリティ」と「図書館コンソーシアム」について解説する[2]。

（2）公共図書館間の協力体制

a．協力貸出と相互貸借：県立図書館を中心とする県内市町村立図書館間の協力

　市町村を包括する広域の地方公共団体である都道府県が設置する都道府県立図書館（以下，県立図書館）は，その県内の市町村立図書館に対する援助や連絡調整等の役割を果たすものとされる。わが国では1960年代半ばより，このような市町村立図書館と県立図書館との機能分化の考え方がとられて今日に至っている。

　したがって資料・情報提供サービスについては，県立図書館は市町村立図書館の資料・情報提供サービスをバックアップする機能と役割を担うことになる。すなわち市町村立図書館では，利用者が求める資料を所蔵していない場合には，県立図書館から借り受けることによって対応する。また，利用者からのレファレンス質問で調査不可能なものを，県立図書館の担当者に照会して回答を得る

2：その他の協力活動（協同収集・保存，共同目録作業，職員研修など）については，「図書館情報資源概論」や「情報資源組織論」等の教科書に詳述されている。

こともある。県立図書館が市町村立図書館の依頼に応えて資料を貸出す体制を，「協力貸出」といい，レファレンスサービスに関する支援を「協力レファレンス」という。

　このような県立図書館の市町村立図書館に対する機能は，県立図書館が大規模な蔵書冊数を有すること，および，十分な資料購入費等が確保されている状況を前提としている。しかしながら，近年の財政状況の悪化（資料購入費の削減等）により，この前提が揺らいでいる実態があることは注目しておきたい。協力貸出の冊数が，県立図書館の資料費の削減と連動して減少傾向にあり，後述する市町村立図書館間の相互貸借冊数が協力貸出冊数を上回る状況にあるという報告もある。資料・情報提供サービスにおける県立図書館と市町村立図書館の協力関係については，特に県立図書館の存在意義に立ち返った議論が必要とされている。

　県内市町村立図書館間の相互貸借（図書館間の資料の貸借）は，県立図書館が，たとえば県内図書館の所蔵情報を一括して検索できる総合目録や横断検索システム（市町村立図書館が公開するWeb OPACを横断的に検索するシステム）の整備や，県内図書館を巡回して資料を搬送する協力車の運行などの仲介機能を果たす体制のもとで実施されている。ただし，所蔵資料の多い一部の図書館に負担が集中するという課題もあり，図書館間での協議による解決が必要である。

　さらに，愛知・三重・岐阜・石川・富山・福井の各県立図書館は，県立図書館の協力車を県域を越えて巡回させることにより，東海北陸ブロックという範囲での相互貸借を行っている。すなわち，各県の住民は，県内図書館の所蔵資料に加えて，他県の県立及び市町村立図書館の所蔵資料を自身の最寄りの図書館から無料で借り出すことができる状況にある。このような協力体制の広域化は，資料提供サービスの充実を図るための一つの取組みとして注目される。

ｂ．広域利用：近隣自治体間での公共図書館間の協力

　地理的に近隣の自治体（市町村）間で協定を締結することにより，住民が簡便な手続きで複数の市町村立図書館サービスを利用できる「相互利用」もしくは「広域利用」と呼ばれる協力体制もある。このような協力は，交通網の発達による人々の生活圏域の広がりや，国や県の施策における広域行政の推進を背

東海・北陸図書館ネットワーク

岐阜県下及び愛知県・三重県・富山県・石川県・福井県の各県内の主な図書館が所有する資料を利用することができます。

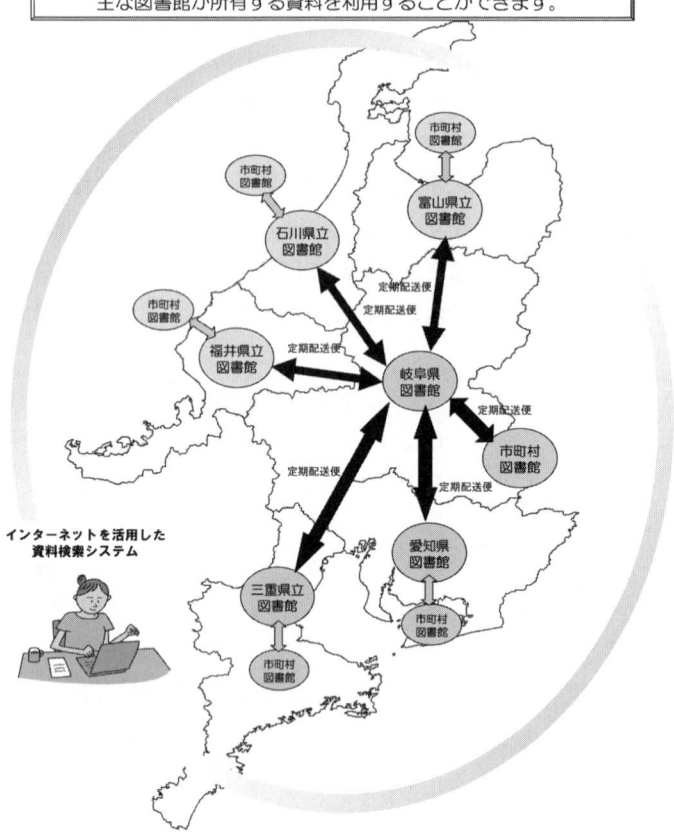

9-1図　東海・北陸図書館ネットワーク概念図[3]

3：岐阜県立図書館編．"岐阜県と東海・北陸地区のネットワーク図"．岐阜県立図書館，http://www.library.pref.gifu.lg.jp/outreach/sougonetwork.pdf，(参照 2011-12-22)．

景として，その必要性が求められ，また有効性が認められて全国的に普及している[4]。

たとえば東京都内では，2008年に私鉄沿線の7市による相互利用協定が締結され，各市の住民は通勤・通学の途中や，外出時のついでにといった機会に，貸出サービスを受けられる図書館の数が一気に増加した。また，岩手県の久慈市・二戸市・軽米町・青森県の八戸市の3市1町では，県域を超えた相互利用を可能としている。

相互利用については，"住民の図書館選択を豊かにする措置だ[5]"という意義が認められる一方で，充実したサービスを実施している自治体の図書館に利用者が集中するため，一部の図書館に過度の負担が生じるという，相互貸借と同様の問題点が指摘される。最終的には地域住民や利用者の声を勘案しながら，自治体間で十分に話し合って解決すべき課題である。

近年の新たな取組みの一つに，図書館間の相互展示がある。たとえば，高知県立図書館と愛知県図書館では，2010年に「交換観光展示」を共同で主催した。これは，高知県立図書館を会場として愛知県の観光展示を行い，逆に愛知県立図書館では高知県の観光展示を行うという，双方の県の観光PRを目的とした事業である。鳥取県立図書館も同様の事業を，大阪府立図書館や徳島県立図書館等と実施している。これらは情報提供サービス，もしくは図書館からの情報発信の取組みにおける図書館間協力として捉えることができる。協力相手は地理的な条件ではなく事業の目的，すなわちPR効果を主眼として選択されている。

4：ただし，いわゆる「平成の大合併」による自治体数の大幅な減少により，国による広域行政圏施策は2009年度から廃止された。「今後の広域連携については，地域の実情に応じて関係市町村の自主的な協議により取り組みが行われることが適当である」という見解が示されている。(「従来の広域行政圏に係る今後の取扱いについて」総務省自治行政局市町村課長から各都道府県広域行政圏担当部長及び各政令指定都市広域行政圏担当局長あて通知（2008年12月））。

5：新出．公共図書館―図書館協力とネットワーク．県立図書館を中心に．図書館界．2010, vol.61, no.5, p.334-345.

(3) 公共図書館と他館種間の協力体制

a. 学校図書館との協力

　学校は，公共図書館と同一の自治体によって設置・運営されている教育機関であり，連携対象としての親和性が高い機関の一つである。「学校図書館法」第3条の"学校には，学校図書館を設けなければならない"という条文により，各学校には必ず学校図書館が設置されている。また，同法第4条では"5. 他の学校の学校図書館，図書館，博物館，公民館等と緊密に連絡し，及び協力すること"と，図書館協力について規定している。

　各教科の「調べ学習」や「総合的な学習の時間」，そして「読書活動の推進」のために，学校図書館における所蔵資料の絶対的な不足という現状を踏まえて，公共図書館の資料を学校図書館へ貸出す協力体制の事例は少なくない。コンピュータネットワークを通じて，学校から公共図書館の資料検索や予約ができる環境が整えられているところもある。

　文部科学省は「学校図書館資源共有型モデル事業（2001～2003年度）」や「学校図書館資源共有ネットワーク推進事業（2004～2006年度）」等の施策によって，各地域における公共図書館と学校図書館，および，学校図書館間の協力体制の取り組みを支援してきた。市川市（千葉県）では，市内全ての小中学校の学校図書館司書と，市立図書館の司書，市教育センターの担当者らが登録しているメーリングリストによって，各学校の授業等で必要とする資料の情報（テーマ，教科・学年や単元名，貸出期間の希望，授業担当者，実践したい授業内容など）を伝達し合う体制を取っている。各図書館の担当者は，メーリングリストの情報に基づいて，自館の所蔵資料から役に立ちそうなものを選び出し，それらは各学校を巡回している民間配送業者によって配送される。市教育センター内には「学校図書館支援センター」が設置され，こうした協力事業の円滑な遂行を支えている[6]。

　浜松市立図書館（静岡県）は2010年5月に，学校図書館支援の拠点として

6：市川市教育センター．"市川市教育センター──学校図書館支援センター事業─"．市川市教育センター．http://www.ichikawa-school.ed.jp/network/index.html，（参照 2011-05-11）．

「浜松市学校図書館支援センター」を中央図書館事務室内に設置した。スタッフは図書館指導主事と職員が兼務し、資料の貸出の他、学校図書館補助員や司書教諭を対象とした講習会・連絡会の開催や、図書館職員と司書教諭で構成する検討委員会での図書選定に関する検討などを実施している[7]。

b．大学図書館との協力

近年，大学全体の地域開放が進むなかで，大学所在地の自治体住民を資料提供サービスの対象とする大学図書館は相当数に及んでいる。このような状況に伴い，大学図書館と公共図書館とで，相互貸借や住民の図書館利用についての協定を締結する事例が増加している。県内公共図書館の横断検索システムに参入する大学図書館も少なくない。大学図書館と公共図書館の協力体制としては，個別の図書館間の協定以外にも，県内の公共図書館が加盟している組織（協会・協議会など）と個別の大学との協定や，一部の大学・公共図書館間で締結された協定に後から他の図書館が参入するなど，いくつかのパターンがみられる。

両者の協力関係は，1990年代初頭あたりから見られるようになった。たとえば最近では福井県立図書館が，2007年に福井大学附属図書館と，さらに翌年には県内の大学・短期大学・高等専門学校等7校と，相互協力に関する協定を締結した。「福井県内図書館総合目録（横断検索）」システムにより，約547万冊の所蔵資料がまとめて検索できるほか，県立図書館の配送システムを利用した相互貸借を実施している[8]。また，2009年4月には，新潟市立中央図書館と新潟県立図書館・新潟大学附属図書館の3館が，「連携・協力に関する覚書」を締結し，図書館間の資料の搬送車輌（配本便）の運行を開始している。

7：浜松市立図書館による学校図書館支援の内容については，下記URLを参照のこと。浜松市立図書館．"学校図書館支援（学校の先生方へ）"．浜松市立図書館．http://www.city.hamamatsu.shizuoka.jp/lifeindex/study/library/jidou/2school.htm,（参照2012-2-8）．

8：日本図書館協会図書館年鑑編集委員会編．"ブロック別図書館概況（北陸）"．図書館年鑑．日本図書館協会，2009，p.41．
福井県立図書館．"福井大学附属図書館と福井県立図書館との相互協力に関する協定の締結について"．福井県立図書館．http://www.library.pref.fukui.jp/guide/kyouryoku_kyoutei_1.html,（参照2011-05-11）．

c．国立国会図書館との協力

　国立国会図書館では，国内図書館への資料の貸出（図書館間貸出サービス）や複写物の提供，レファレンスの受付・回答などを行うほかに，国内図書館との協力関係のもとで，「総合目録ネットワーク事業」と「レファレンス協同データベース事業」を実施している。前者の事業は，公共図書館間の県域を越える全国的な相互貸借の支援を主な目的として，県立と政令指定都市立図書館及び国立国会図書館の和図書に関する総合目録データベースを構築するものである。1998年4月に開始され，2010年3月末現在で参加図書館は1,110館（うちデータ提供館は65館），書誌データは41,952,123件である[9]。後者は，各図書館のレファレンスサービスや一般利用者の調査研究活動の支援を目的として，公共図書館・大学図書館・専門図書館等におけるレファレンス事例（レファレンスサービスの記録），特定のテーマに関する探索方法の説明，参加館が所蔵する特殊コレクションの情報などを蓄積したデータベースを構築し，インターネットを通じて提供するものである。2005年度から正式に事業化されて以来，2010年7月現在で500館あまりの図書館が参加している[10]。

　こうした協力事業は，国内図書館のサービスの向上とともに図書館間の協力関係を促進するものであり，より一層の充実や新たな取組みが期待される。

d．館種を越えた図書館協力のために

　館種を越えた図書館間の協力により，各図書館は利用者に提供可能な資料や情報の範囲を格段に広げることができる。ただし，第一義的に果たさなければならない機能や，優先されるべき利用者群は館種ごとに異なり，さらに，財政状況やサービスに対する考え方の違いなども少なからず存在する。

　円滑な協力関係を構築するために，『これからの図書館像』では，都道府県立図書館が協力関係の中心となることを求めている。また文部科学省に対しては，"館種を越えた図書館の連携協力が広がっていることを踏まえて，公立図書館，学校図書館，大学図書館の担当部局間で連絡調整を行い，館種を越えた連携協力を促進するとともに，館種を越えた総合的な図書館政策の立案に努め

9：2004年12月から一般に公開されている。http://www.ndl.go.jp/jp/library/backlist_network.html#gaiyou.（参照2011-05-11）．
10：2002年12月から一般に公開されている。

ることが望まれる。"としている[11]。

(4) 書誌ユーティリティ

書誌ユーティリティ (bibliographic utility) とは，複数の図書館がコンピュータネットワークを活用して，共同で目録作業（オンライン共同（分担）目録作業）を行うことによる総合目録データベースの構築と，さらに，このデータベースを活用した相互貸借を行う機能等を果たす事業体である。各図書館は，書誌ユーティリティを媒介とした協力体制にあると捉えることができる。わが国では，国立情報学研究所が書誌ユーティリティとしての事業を行っている。参加館は国内の大学図書館や試験・研究機関が中心であり，全国規模の総合目録データベース（図書/雑誌）を構築するためのシステム（NACSIS-CAT）と，相互貸借における依頼・受付等の業務を行うためのシステム（NACSIS-ILL）を利用した協力業務が行われている。公共図書館の場合には，県立と指定都市立図書館の参加が可能である。

(5) 図書館コンソーシアム

近年，特に大学図書館間においては，コンソーシアムという形での協力関係が見られる。コンソーシアム (consortium) は一般に，「協会・組合・共同体」と訳され，複数の個人や団体等が共通の目的を達成するために結成する事業体のことをいう。「図書館コンソーシアム」(library consortium) とは，複数の図書館間の公的な連合組織であり，相互利用や相互貸借，電子ジャーナルの共同契約等の様々な協力活動を行っている。特に電子ジャーナルの契約に関しては，出版社に対する強い交渉力を得るために，図書館コンソーシアムが機能する場合が多い。

わが国の図書館コンソーシアムとしては，国立大学図書館協会 (JANUL)，公私立大学図書館コンソーシアム (PULC)，山手線沿線私立大学図書館コン

11：これからの図書館の在り方検討協力者会議．"これからの図書館像―地域を支える情報拠点をめざして―（報告）". 文部科学省. 2006-3. http://warp.da.ndl.go.jp/info:ndljp/pid/286184/www.mext.go.jp/b_menu/houdou/18/04/06032701.htm, (参照 2011-08-15).

ソーシアム，横浜市内大学図書館コンソーシアムなどがある。2000年3月に協定が締結された「山手線沿線私立大学図書館コンソーシアム」(東京都)では，所蔵情報の提供，利用証による加盟図書館の入館利用，図書の貸出，複写物の安価提供，相互利用経費の相殺，新聞雑誌の分担収集，収書情報の交換，保存資料情報の交換，職員の合同研修・研修職員の受入，オンラインジャーナルや外部データベースの共同利用の推進などの，多岐にわたる協力活動の実施を掲げている。ほかにも，大学間のコンソーシアムの活動の一部として大学図書館の相互利用を実施している「多摩アカデミックコンソーシアム(TAC)」や，日本医学図書館協会(JMLA)と日本薬学図書館協議会(JPLA)が，医学・薬学分野の電子ジャーナルに関する協力活動を目的として設立した「JMLA／JPLA電子ジャーナル・コンソーシアム」などがある。

3．各種機関との「連携」による図書館サービスの展開

(1) 基本的な考え方

たとえば「産学連携」とは，企業(産)が高度な専門知識を持つ大学等(学)と連携して，新製品の開発や新規事業の創出を図ることを意味している。産学連携にはさまざまな形態や内容があるが，異なる目的や機能をもつ主体間が「連携」という手段を取ることにより，それぞれの機能を相互に補完し高め合うことができるという点で，その意義が認められている。また，「アパレルメーカーと製薬会社とのコラボレーションによる新製品の開発」や「著名な書道家と音楽家のコラボレーションによる作品」という際の「コラボレーション」は，異業種間の共同作業やその成果物を意味するが，そこには「意外な組み合わせ」，もしくは「付加価値の創出」というニュアンスが込められている場合が少なくない。

図書館サービスにおける各種機関との「連携」は，これらの意味を包含している。すなわち，図書館と図書館以外の各種機関・団体の共同関係により，双方にとって有意義であり，かつ，その相乗効果によって図書館単独では成し得ないようなサービスを創出し提供することをいう。図書館と連携対象の主体と

は対等の関係にあり，円満で相互に良い結果が得られる状態，いわゆる「Win-Winの関係」にあることが求められる。

　図書館ではあらゆる主題の資料を収集・蓄積しており，このことを踏まえれば，多様な分野の機関との連携が可能であるといえる。地域のさまざまな活動に対して，常に「図書館として，どのように関われるか」を追求し明らかにしていく姿勢が，図書館サービスの可能性を広げることになる。先方から話が持ち込まれて対応するという受身の姿勢ではなく，自ら積極的に提案していくような能動的な取り組みも期待される。

　そのためにはまず，図書館が有する資産（資料やその検索システム，司書などの職員の専門知識・技術，施設，立地条件など）を認識することが必要である。「これからの図書館像」では，"他との連携に際しては，まず，図書館が持つ資産を洗い出し，十分認識することが必要である。図書館が持つ資産には，あらゆる主題・分野にわたる資料，資料や情報の検索システム，司書を含む職員，閲覧席や集会室などのスペース，立地条件，土・日曜や夜間等にわたる開館日・時間，地域における認知度，幼児から高齢者までの全ての人々への公開など，これまで蓄積・拡大してきた様々な資産がある。これらは，連携先にとっても貴重な資産と成り得るものである。"とある[12]。

　併せて，地域にどのような機関・団体が存在し，どのような活動を展開しているのか，潜在的・顕在的にどのような要望があるのか等を確認する。そのうえで，図書館の資産がそれぞれの活動にとってどのような形で有効に機能するのか，図書館にとってのメリットは何かを検討することになる。図書館の有する資産価値やそれらの対外的な有効性については，図書館内部の検討のみならず，図書館外部の人々に，それぞれの立場から評価してもらうことも有効である。一方で，日常的に広く「図書館の資産」をアピールすることや，諸機関との交流を蓄積することが，新たなサービスの創出につながることも意識しておかなければならない。協力・連携をしやすい相手や，取り組みやすい事業を見出し，そこから徐々に拡大していくことも効果的であろう[13]。

　以下では，まず「利用対象別サービス」「課題解決支援サービス」といった

12：前掲注11.
13：薬袋秀樹. 社会教育施設における連携・協力. 社会教育, 2008, vol.63, no.2, p.22-26.

既存の図書館サービスにおいて想定される各種機関との連携について概観する。続いて，こうしたサービスの枠組みとは別に，連携の効果が期待される学校，社会教育施設や住民団体等の地域内の諸機関・団体との連携について解説する。

（2）「利用対象別サービス」「課題解決支援サービス」における諸機関との連携

先に，協力や連携は取り組みやすい相手や事業から始め，そこから徐々に広げることが効果的であると述べた。その意味で，すでに図書館で実施している各種の「利用対象別サービス」「課題解決支援サービス」を起点として，サービスに関連する機関との連携を想定することは，実現への一つの方向性である。

「利用対象別サービス」における連携対象としては，当該サービスの対象者にかかわる活動をしている地域の諸機関が考えられる。たとえば，児童サービスやヤングアダルトサービスでは，幼稚園・保育園，子育て支援を活動内容とするNPO，フリースクール，児童相談所などが連携対象となりうる（学校との連携については後述する）。ブックスタートでは，すでに保健所や健康にかかわる行政部局などとの連携が見られる。また，高齢者サービスや障害者サービスでは，高齢者施設・特別支援学校・当事者団体や支援団体等との連携が，多文化サービスでは，多文化共生関連団体などとの連携が考えられる。これらの諸機関に図書館サービスを提供するというような，従来のアウトリーチの発想にとどまらず，図書館が有する資産（資料・情報や職員の専門知識等）と，各機関の有する資産（専門的知識や技術，実績等）を活かした連携事業の実現可能性を追求することが必要である。

「課題解決支援サービス」では，当該課題（テーマ）にかかわる諸機関が連携対象として想定できる。ビジネス支援サービスではすでに，行政内部の産業・労働関連部局，中小企業支援センター等の創業支援機関や商工会議所，ハローワーク等との連携が見られる。たとえば，新宿区（東京都）では中小企業診断協会との「ビジネス情報支援相談会」を，宇都宮市（栃木県）では市の産業支援機関（通称：宇都宮ベンチャーズ）との「ビジネス支援講座」をそれぞれ開催している。静岡市立御幸町図書館（静岡県）では，同じビル内に併設されている「静岡市産学交流センター」との有機的な連携体制がとられている。

産学交流センターでは，中小企業診断士やプロジェクトマネージャー（金融分野の専門家）等の専門家による，経営相談・企業相談事業を行っており，相談員（専門家）の判断により利用者が図書館に案内されることも，そして，その逆のケース（図書館から産学交流センターへ）もあるという。さらに図書館では，産学交流センターの主要な事業であるビジネス支援講座のＰＲを意図して，講座のテーマに関連した資料・情報のパスファインダー（情報源リスト）を作成し配布している。両施設の担当者は定期的に打ち合わせを行っており，相互理解を図っているという[14]。このほか，佐賀県立図書館，県商工会連合会，日本政策金融公庫の３者による，地域経済の活性化と中小企業の経営促進を目的とした「業務連携・協力に関する覚書」の締結も，この種の連携の事例の一つである。

医療・健康サービスについては，正確で新しい情報や資料を提供するために，専門知識のある医療関連団体等との連携が不可欠であるとされる。鳥取県立図書館では医師会，看護協会，行政部門の福祉健康部健康対策課・医務薬事課，県立中央病院，鳥取大学附属図書館，及び，患者会の代表者等の外部委員を擁する「県民のための健康情報サービス委員会」を設置している。外部委員の任務は，資料選定の支援や専門機関との連携のサポート，図書館職員研修の支援などであり，年２～３回の委員会の開催やメーリングリストによる連携体制がとられている。また，県の保健所や農政事務所等とタイアップした「朝食キャンペーン」や「生活習慣病」等のテーマでのパネルや関連図書の展示は，集客力という図書館の資産を有効に活かした連携といえよう[15]。

行政支援サービスでは，横浜市（神奈川県）の「庁内情報拠点化事業」における，行政部門の業務や事業に関連したブックリストの作成・配布が注目される。行政部署から依頼を受けて作成する場合もあれば，図書館が関連部署から

14：竹内比呂也ほか. 図書館はまちの真ん中：静岡市立御幸町図書館の挑戦. 勁草書房, 2007, p.53-66.
15：松田啓代. 県民のための健康情報サービス：鳥取県立図書館の取り組み. AVCCライブラリーレポート2007 地域を支える公共図書館：図書館による課題解決支援サービスの動向. 2007, p.76-83.

の助言を得て作成する場合もあるという[16]。このような図書館と各部署とのギブ＆テイクの連携関係は，行政組織内部の図書館機能についての認知度を高めるという間接的な効果も期待できる。

　2010(平成22)年1月より，文部科学省の呼びかけに応じた一部の図書館（平成23年1月1日現在で41館）では，「図書館海援隊プロジェクト」と称して，派遣切りなどで職を失った人たちの再就職に役立つ図書の紹介や，相談会の開催などの情報提供サービスを開始した。このプロジェクトは，課題解決支援サービスの一環として，より本格的に貧困・困窮者に対する支援活動を実施することを意図しており，ハローワークなどの関連部局との密接な連携関係が不可欠であるとされる。たとえば，東近江市立図書館（滋賀県）の市内6図書館では，以下のような情報提供サービスを実施している。

○就職支援に関するもの（面接，履歴書の書き方，再就職のポイント等）
○資格取得関連（職業紹介本，資格関連テキスト等）
○労働関連法規や制度（労働基準法，権利条項等）
○保障制度関連情報（生活保護，その他助成金等）こころの問題（自殺予防，セルフカウンセリング，相談窓口紹介）
○利用者用インターネットＰＣで，「ハローワークインターネットサービス」を提供
○厚生労働省の各種支援事業の紹介
○上記を含む就職・生活資金・住宅支援等の支援施策のリンク集を館内パソコンで提供
○法テラスの各種カテゴリー別パンフレット，ハローワークからの就職支援サービスチラシ，厚生労働省の支援事業パンフレットの提供

16：安良岡信夫．庁内LANにも利用案内：横浜市中央図書館の行政支援サービス．AVCCライブラリーレポート2007地域を支える公共図書館：図書館による課題解決支援サービスの動向，2007，p.50-55．
　　たとえば，新任係長向けのブックリストは，行政運営調整局人材開発課からの依頼を受けて作成したものであり，発達障害者支援法施行に時期をあわせて作成したブックリスト「発達障害を知る本」では，教育委員会の特別支援教育課から指導や助言を得ている。教育委員会事務局中央図書館調査資料課編，"横浜市立図書館　発達障害を知る本"．横浜市立図書館．2005-10-12，http://www.city.yokohama.lg.jp/kyoiku/library/chosa/theme/hattatu.html．，(参照 2011-05-11)．

なお，プロジェクトの対象分野は年々拡大傾向にあり，医療・健康，福祉，法務等の情報提供サービスを，医療機関・保健福祉センター・法テラス等の関係部局との連携のもとに実施するなど，今後も多彩な機関との連携の可能性がある[17]。

（3）学校との連携

「図書館法」第3条には"……図書館奉仕のため，土地の事情及び一般公衆の希望に沿い，更に学校教育を援助し得るように留意し……"と，学校と図書館との関係が明記されている。

学校との連携という場合には，前述した学校図書館との「図書館協力」の枠組みを超えて，「地域の教育力を高める」という観点から，学校での活動全般と図書館との関係を考えることになる。すなわち，各教科の授業のみならず，修学旅行や文化祭等の学校行事，進路指導，委員会活動や部活動などにおける両者の関係も想定される。また，司書教諭や学校司書との関係にとどまらず，学校長以下の各教員との関係において，具体的な取り組みが進められることになる。もちろん実際には，「学校図書館との図書館協力」と「学校との連携」という区分を意識する必要はないが，コラボレーションを含意とする「連携」の発想を持つことで，両者の関係は，より多彩で豊かなものとなるはずである。この考え方は，かつて文部科学省が政策として提起した「学社融合」の考え方に通底する。平成8（1996）年の生涯学習審議会答申において学社融合は以下のように定義されている。

> この学社融合は，学校教育と社会教育がそれぞれの役割分担を前提とした上で，そこから一歩進んで，学習の場や活動など両者の要素を部分的に重ね合わせながら，一体となって子供たちの教育に取り組んでいこうという考え方であり，学社連携の最も進んだ形態と見ることもできる。このような学社融合の理念を実現するためには，例えば，学校が地域の青少年教育施設や図書館・博物館などの社会教育・文化・スポーツ施設を効果的に利用することができるよう，それぞれの施設が，学校との連携・協力を図りつつ，学校教育の中で活用しやすいプログラムや教材を開発

17：生涯学習政策局社会教育課編．"「図書館・公民館海援隊」プロジェクト"．文部科学省．http://www.mext.go.jp/a_menu/shougai/kaientai/1288450.htm，（参照 2011-05-11）．

9章 図書館サービスの協力と連携

日本司法支援センター 法テラス プレスリリース

2010年5月11日

「図書館海援隊プロジェクト」(*)との連携開始！

公立図書館による「課題解決支援」をバックアップ

法テラスでは、地域の住民にもっとも身近な公共施設である図書館において、法的トラブル解決に役立つ情報を得られるよう、図書館との連携を強化したいと考えています。
そのためには、まず「法テラス」を知っていただくことが最重要課題です。
第一歩として、全国の図書館にポスターを掲出し、利用者及び図書館員へ法テラスの周知を図ります。

■全国4,000以上ある以下の施設内へのポスターの掲出
・全国の都道府県・市町村教育委員会（計1,847ヶ所）
・公立図書館　（計3,178ヶ所）
　※公立図書館は教育委員会の社会教育施設です。

■ホームページの相互リンク
・法テラス・ホームページにおいて、公立図書館のホームページURLを掲載します。
・公立図書館のホームページにおいても法テラス・ホームページのURLを掲載していただきます。

(*) 従来より一部の公立図書館では、来館者に対する情報提供・相談業務を発展させ、地域が抱える様々な課題に対する解決支援のサービスを実施しています。本年1月には、これらサービスに関する知見の豊富な有志の図書館が「図書館海援隊」を結成し、ハローワーク等関係部局と連携しながら、より本格的・継続的な支援を開始しました。

ポスター

業務開始から3年半を経過した法テラスは、平成21年度の情報提供件数がコールセンター・地方事務所あわせて60万件を超える水準にまでなりましたが、皆さまからの問い合わせが年々増加するのを見るにつけ、情報を必要とする方の目に届く広報活動の重要性を一層感じています。
全国3,000以上ある公立図書館と連携することで、問題の解決を求め情報を探しに図書館を訪れる市民に対し、解決に役立つ情報を提供していくことができるのではと考えています。
地域によっては既に地域の公立図書館との連携により、図書館利用者・図書館員への情報提供を行っていますが、より多くの地域でこの取組みを進めてまいりたいと思います。

（総務課長　谷戸　輝雄）

埼玉県ふじみ野市立
上福岡図書館
「図書館員への業務説明会」

神奈川県川崎市立麻生図書館
「法情報コーナー」

9-2図　法テラスによるプレスリリース[18]

18：法テラス．"「図書館海援隊プロジェクト」との連携開始"．法テラス．2010-05-11，http://www.houterasu.or.jp/content/220511press.pdf，（参照2011-05-11）．

し，施設の特色を活かした事業を積極的に展開していくことが重要である。これによって，学校だけでは成し得なかった，より豊かな子供たちの教育が可能になるものと考えられる。

現状では，学習活動の一環として実施される施設見学や職業体験学習・調べ学習等において，図書館が児童・生徒を受け入れたり，授業時間に教室で司書等の図書館職員が，図書館利用案内やストーリーテリング・ブックトークなどを行っている。教員と図書館職員が共同で，ブックリストの作成や教材開発をすることなども考えられよう。

浦河町立図書館（北海道）では，毎年4月に行われる新任教員の任命式や交流会，校長や教頭会の懇親会などに図書館職員が出席しているという。このような学校との公式・非公式の関係構築や情報交換は，効果的な学校との連携活動の基盤として不可欠な要素である[19]。

（4）公民館，博物館，文書館等との連携

公民館と博物館は，図書館とともに社会教育法が定める社会教育施設である。

同法第20条によれば，公民館は住民の教養の向上，健康の増進，情操の純化を図り，生活文化の振興，社会福祉の増進に寄与することを目的とする施設である。また博物館は，「博物館法」第2条により"歴史，芸術，民族，産業，自然科学等に関する資料を収集，保管，展示し，一般公衆の利用に供し，その教養，調査研究，レクリエーション等に資するための事業を行う機関"とされる。博物館が収集・保管する資料を博物館資料といい，実物・標本・模写・模型・文献等が挙げられる。図書館とこれらの施設は，共に自治体における生涯学習の基盤として機能しており，また，同一敷地内の複合・併設施設であることも少なくないため，こうした共通点や利点を活かしたさまざまな連携事業を想定することができる。一部の県立図書館では，県立博物館・県立近代美術館と連携した特別展示やセミナーの開催，図録コーナーの設置などの取組みが見られる。

最近では，知識・記録・文化資源を扱うという共通性のもとに，博物館・図

19：小野寺信子．"学校との連携―浦河町立図書館の場合"．北の図書館．2005．http://homepage2.nifty.com/kitanotosyokan/newpage63.html，（参照 2011-05-11）．

書館・文書館の連携が話題となっている。これらの機関の連携は三者の英語（MuseumとLibraryとArchives）の頭文字を取ってMLAと称されることが多い。

　文書館とは，公文書館法で"歴史資料として重要な公文書等を保存し，閲覧に供するとともに，これに関連する調査研究を行うことを目的とする施設"と定める公文書館に相当する施設である。図書館は主に刊行された資料を扱い，博物館は主に実物や標本などの非文書資料を扱う施設であるのに対して，文書館が対象とするのは公文書（国または地方公共団体の機関，あるいは公務員がその職務上作成した文書）である。このような対象とする資料の違いに基づけば，これらの機関の連携は，人々の資料・情報へのアクセスの向上はもとより，各機関についての社会的認識を高める効果も期待できる。

　2008年に国際図書館連盟は，「公共図書館，文書館，博物館館—共同と協力の動向」というタイトルの報告書を発表し，欧米諸国で実施されている共同展示・プログラムの開催，施設の共同利用，デジタルアーカイブの共同構築などの具体的な事例を紹介している。日本でもすでに関係者間の議論は始まっており，図書館は地域レベルのMLAの担い手として，その実現に向けた取組みが期待されている[20]。

（5）地域の住民ボランティア団体等との連携

　地域で活動しているさまざまな団体との連携は，図書館サービスの向上に加えて，地域社会と図書館との関わりを深め，地域に根ざした図書館づくりを進める上で，意義のある取り組みである。

　福祉，教育・文化，まちづくり，環境，防犯などのさまざまな分野で活動する住民ボランティア団体との連携に関しては，行政と住民とのパートナーシップ（行政活動への住民参加）という観点から，その意義を捉える必要がある。その意味で，両者の関係は「対等」で「相互に良い結果を得る状態」であるべきという「連携」の基本的な考え方を，ここで改めて思い返したい。図書館利

20：Yarrow, Alexandra. et al. Public Libraries, Archives and Museums: Trends in Collaboration and Cooperation. IFLA Professional Reports. 2008, no. 108, http://www.ifla.org/VII/s8/pub/Profrep108.pdf，（参照 2011-05-11）．

用者のプライバシー保護に関する対応や，提供するサービスに関する責任の所在をはじめ，図書館職員の人員不足を補うために，住民のボランティア活動（労働）に期待するという考え方の是非を含めて，図書館の方針をあらかじめ明確に定めておく必要がある。その上で，具体的なサービス内容については，連携対象となるボランティア団体との協議に委ねられる。お互いに尊重し信頼関係をつくりながら十分に議論を尽くすことで，実質的な連携の成果を生み出すことになる。また連携関係が一定期間継続するような場合には，定期的な協議の場を設定するとともに，必要に応じて随時話し合う態勢を整えておくことも必要である。

　図書館サービスにおける住民ボランティア団体との関係については，「図書館法」（第3条8号）に"社会教育における学習の機会を利用して行った学習の成果を活用して行う教育活動その他の活動の機会を提供し，及びその提供を奨励すること"とあること，すなわち，社会教育・生涯学習の観点からの意義を踏まえる必要もある。社会教育施設としての図書館は，地域住民の学習の場であるとともに，学んだ成果を活かす活動の場としても機能することが求められている。

　現在，住民によるボランティア活動はさまざまな分野で活発に行われている。図書館を活動の場として，読み聞かせや録音図書の制作，破損図書の修理，書架整理などをその活動内容としている団体もあれば，自然や環境を守るための活動や，防犯や災害に対する活動，スポーツや芸術に関する活動など，その活動内容と図書館とのかかわりが希薄な団体もある。前者については，図書館サービスをより豊かなものにするという発想で，後者については，新たな図書館サービスを生み出す可能性があるのではないかという発想で，連携のあり方や可能性を追求していくことが望ましい。

　「図書館フレンズいまり」は，伊万里市民図書館（佐賀県）を守り育てることを目的とする地域住民による団体であり，「協力と提言」を旗印に図書館のパートナーとして活動を展開している。運営資金は会員から徴収する年会費であり，経済的にも自立している。主な活動は，俳句まつりやかるた会，講演会や学習会等のイベントの企画，書庫の整理，図書館視察者への対応などである。また，読み聞かせや点字翻訳・対面朗読などの，図書館サービスに関わるさま

ざまなボランティア団体のコーディネータとしての役割や，活動費の助成等も行っている[21]。

　地域社会と図書館とのかかわりという観点からは，千代田区立千代田図書館（東京都）と区内の古書店連盟との連携は，特徴的な取組みである。千代田図書館では，大規模な古書店街を擁するという地域の特色を活かし，古書の展示コーナー（出張古書店コーナー）を設置している。ここには連盟に加盟する区内の古書店が順番にその商品の一部を展示するほか，展示期間中には書店主が展示本を解説するイベントが開催される。図書館が展示本の販売を仲介することもある[22]。市内の図書館と学校を所管する川崎市教育委員会（神奈川県）は，平成21～22年度に市内のJリーグチームと連携し，選手による絵本や紙芝居の読み聞かせ会，選手が選んだ推薦図書を掲載したリーフレットの配布，選手をモデルとした読書啓発ポスターの掲示などの読書推進活動を実施した[23]。これらの事例は，幅広い活動分野の団体が図書館の連携対象として想定できることを表している。地域の諸団体の動向については，常に目を向けておく必要がある。

21：図書館フレンズいまり編．図書館フレンズいまり．http://www.library.city.imari.saga.jp/sonota/friends/friends.htm，（参照 2011-05-11）．
22：千代田区立千代田図書館イベント展示情報．千代田区立図書館．"イベント展示情報・としょかんのこしょてん"．千代田区立図書館．2011-07-05，http://www.library.chiyoda.tokyo.jp/guidance/rarebookonlibrary48.html，（参照 2011-05-11）．柳与志夫．千代田図書館とは何か：新しい公共空間の形成．ポット出版，2010，p.37-38．
23：川崎市イメージアップ認定事業．川崎市市民・こども局シティセールス・広報室編．"川崎フロンターレと本を読もう！"．川崎市，http://www.city.kawasaki.jp/25/25city_sales/home/city_sales/09nintei/01/frontale.html，（参照 2011-05-11）．

10章　図書館サービスの課題と展望

これまでさまざまな観点から図書館サービスの諸相を観てきた。社会の急激な変化に対応して図書館サービスも当然のことながら，利用者の多様な資料・情報要求に的確に応えるために変化していかなければならない。

本終章では改めて，図書館サービスの今後の課題と展望について考えてみる。

1. 地域に根差した図書館サービス

今日私たちは少子高齢化や国際化，地方分権の進展などさまざまな課題に直面している。個人の日常生活においても情報技術の促進により，多角的な視野からさまざまな知識や情報が必要とされている。こうした状況に的確に対応しながら充実した生活を実践するためには，個人が必要とする知識や情報を的確に入手し，学習できるための環境整備が必要となってくる。地域住民が積極的に学ぶ事を通して，日常生活や社会生活において直面するさまざまな課題を解決する能力を身につけることは極めて重要である。そのためには地域の図書館を中心とした各種専門機関の連携強化が図られ，地域住民の学習活動を積極的に支援するような体制が必要である。同時に，図書館が提供できる多様なサービスについて広く人々に広報し，地域のすべての人々がサービスを享受できるような社会システムを構築することも不可欠となる。地域の情報拠点としての図書館が人々のニーズに答え，サービスを提供することを通してその役割を担うためには，たとえば仕事に役立つ新たな知識や制度，就職や転職のための資格やスキルアップ，裁判員制度などの新制度に対する知識，健康や医療に関する情報，知識の習得などについて，適切な選択肢を提供することが必要である。

そのための具体策としては，たとえば以下のようなものが考えられる。

①地域行政資料提供および行政支援サービスの充実のために，地方行政団体が作成する資料は一定の基準を設けて網羅的に図書館が収集するといった協力

体制を構築する．行政資料コーナー設置とともにそれらの効率的な保存・提供のためにデジタル化を実施する．

②地域住民活動支援サービスのために，町会等の地域団体・町おこし等の特定目的をもつ各種団体と連携協力し，関連情報を収集・提供，さらにはそれら団体の活動を情報発信する支援を行う．また団体間の交流促進支援のために交流会等のイベント開催会場として図書館を提供する．地域情報の充実のために，各種団体との連携による展示会・シンポジウム等の振興事業開催，情報交換の場の設定，講演会・講座・朗読会等の開催・関連出版物の編集発行・ウェブサイトやメールマガジン等による情報発信を行う．

③利用者による図書館業務への参加促進および図書館業務への理解関心を高めるため，ボランティアグループや図書館友の会などの組織化を強化する．

2．図書館の文化活動促進・場としての図書館

生涯学習社会・高度情報化社会など社会の変化に対応するためには，さまざまな利用者層のライフステージに合わせたきめ細かいサービスを行い，市民の要望に応えていく必要がある．特に読書離れが深刻といわれる中高生や，団塊世代・高齢者に対しては図書館が積極的に働きかけを行い，人々の文化活動や交流の場として利用されるようなサービスを推進することが重要である．その意味では，「場としての図書館」の意義がこれまで以上に重要になっているといってよいだろう．すなわち従来型の資料閲覧の場としての図書館と，新しい情報環境に合わせた学習空間提供の場，としての図書館とのバランスをどのように保っていくかが重要となる．それは最終的には，「利用者からみた使いやすい図書館とはどのようなものか」，という問題に集約されるといってよいだろう．

具体的策としては，たとえば以下のようなものが考えられる．

①施設設備の維持管理・快適さとゆとり・バリアフリー化を追求し，時代のニーズに合わせて改修改善を進める．

②施設設備の改善に際しては，色彩イメージを用いたゾーニング，調査研究・講演会・ワークショップ等に利用できる研修室設置，デジタル情報利用・

パソコン利用のための設備充実，幼児・児童・YA・高齢者のためのコーナー設置，資料利用・交流のためのサロンコーナー，くつろぎのためのカフェの設置などを推進する。

③利用者と著者・出版関係者・文化人等の懇談会・読書会・意見交換会をはじめ，図書館を会場とする資料展示，行事，集会などの各種イベント・交流会の開催・共催を行う。編集・修復・整理などの知識および技術習得のためのワークショップを企画実施する。利用者を対象とする情報リテラシー・メディアリテラシー育成のためのセミナーを開催する。

④可能な限り，利用者の希望に沿った開館時間の弾力化を図る。また自動貸出機の導入その他の利用条件拡充増進を図る。

このように「利用者からみた使いやすい図書館」のための工夫は色々考えられるが，一方では早急に対応を迫られる深刻な問題も種々発生してきている。ここでは，近年日本の図書館現場で増加している利用者マナーに関連した問題に触れてみたい。アメリカでは1970年代中頃から，さまざまな問題をもたらす図書館利用者を一括して「問題利用者」（problem patrons）と呼ぶようになったといわれている[1]。具体的には従来から問題となっていた資料の盗難・切り取りなどの破損行為に加えて，性的変質行為・性犯罪，暴言・暴力行為，盗難・器物損壊などの犯罪行為，泥酔・悪臭・大声や凝視などの迷惑行為を行う者，さらには図書館を本来の目的で利用しない者を含めてこのように呼ばれている。

こうした問題利用者への対策としては日ごろから予防策を講じるとともに，各図書館が対処方針書を作成し，トラブルが発生したときに図書館員がどのように対応すべきかを明確にしておくことが必要である。対処方針書では，どういうことが禁止行為にあたるのかを一つひとつ具体的に規定する必要がある。そこに盛り込まれているような，容認できない行為を放置しておくことは，利用者・図書館員双方に悪影響を及ぼすことになる。このため職員の権利として，混乱を起こした利用者の排除，警察への通報・連絡，重大な規則違反者に対する利用禁止措置なども書き込んでおく必要がある。対処方針書の内容はすべての図書館員に周知徹底させておくことが重要であり，特に直接サービスに携わ

1：ベス・マクニール，デニス・ジョンソン編　中野捷三訳. 図書館の問題利用者　前向きに対応するためのハンドブック. 日本図書館協会, 2004, p.219.

る図書館職員に対しては定期的な研修を行うことが望ましい。

　問題利用者に対しては，丁寧にしかも毅然として近づいていくことが大事である。その意味では，これは図書館員と利用者のコミュニケーションにもかかわる重要な問題である。一方では，この対処方針書の内容を公示することにより，利用者の理解とマナー向上を図ると同時に，一定程度の問題行動抑止の効果を期待することもできよう。また図書館管理者にとっては，利用者に対するより快適な雰囲気の提供，職員に対する図書館サービスに専念できる環境の保障という意味で，危機管理と併せた，図書館管理運営にかかわる重要な問題といえよう。

3．図書館活動の広報

　図書館が地域住民のためにさまざまなサービスを展開しているにもかかわらず，そのことが人々に十分理解伝わっていないという状況がしばしば見られる。今後は利用対象に応じて，どのようなことに関心や興味を持つのかを検討し，媒体や手法・重点的に広報する内容などに関して，一層工夫することが必要である。また地方紙やテレビなど報道機関を通じた広報を積極的に活用することも大切である。日頃からイベントや話題性のある出来事について報道関係者に案内するとともに，解り易く簡潔な広報資料を作成して配布することが必要である。放送事業者・地域の各企業・NPO 等と協力し，地上デジタル放送を利用した地域情報の発信も有効である。

　社会の変化に対応して図書館を改革するには，まず図書館職員一人ひとりが意識改革を行い，自身がもっている図書館および図書館員の古いイメージを払しょくすることが最も重要である。それに加え，図書館が住民の学習や地域課題の解決に貢献できる力をもっていることをアピールする能力を身につけることが必要である。図書館職員はこれまでどちらかというと「利用者からの要求を待つ」という姿勢が強かったが，今後はそうした受身の姿勢を根本的に改め，新たな利用者を開拓するために図書館側からあらゆる機会を利用して，積極的に働きかけを行うことが重要である。その意味でもこれからの図書館員にとっては，さまざまな個性を有する地域住民・団体・企業・各種機関と連携・協力

を図るためのコミュニケーション能力を身につけることが必須の要素となってくる。

4．図書館情報専門職員の能力開発・教育養成

　今後ますます多様化・高度化・専門化する利用者のニーズに応えるためには図書館情報専門職としての司書の能力が極めて重要な要素となることは言うまでもない。日本における図書館専門職としての司書の社会的評価はこれまでのところ，他の専門職に比べて低いものであることは否めない。しかし近年は図書館法改正により，その教育養成の中心基盤を従来の講習から大学における正規科目履修に移行したことに明らかなように，司書資格要件をより強化しようとする機運が高まっている。また「日本図書館協会認定司書」制度[2]や，日本図書館情報学会が推進している「図書館情報学検定試験」[3]など，現場で働く図書館専門職や，大学で図書館情報学を学ぶ学生の知識技能をより高めるための，具体的な動きもみられるようになった。これにより図書館専門職に必要な知識技能とはどのようなものか，という点に関してその枠組みをより明確なものにしようとする動きが進んでいる。

　「日本図書館協会認定司書」は，日本図書館協会が司書職制度の普及と拡大をめざす活動の一環として，「図書館法」に基づく図書館（公立図書館及び私立図書館）の勤務者を主たる対象に認定を行うものである。2010年に正式にスタートしたこの制度は公共図書館に10年以上勤務する司書を対象にしている。司書の専門性の向上に不可欠な，図書館での実務経験や実践的知識・技能を継続的に修得した者を協会が評価し，図書館経営の中核を担いうる司書として公的に認定し，あわせて司書全体の研鑽努力を奨励するとともに，司書職のキャリア形成や社会的認知の向上に資することをねらいとしている。

　「図書館情報学検定試験」は，①情報専門職教育は大学院レベルの図書館情

2：日本図書館協会編．"認定司書事業委員会"．日本図書館協会．2010-11-30，http://www.jla.or.jp/nintei/index.html，（参照 2011-05-29）．

3：日本図書館情報学会編．"図書館情報学検定試験概要"．図書館情報学検定試験，http://wwwsoc.nii.ac.jp/jslis/kentei/ab.html，（参照 2011-05-29）．

報学の専門教育であるべきこと，⑪図書館情報学カリキュラムのコア領域を明らかにし，司書課程においては当面このコア領域を学ぶものとすること，⑫司書に求められる専門的知識の一定の水準を維持するために検定試験を実施する，などの考えに基づいて発足したものである。日本図書館情報学会は2007年度から準備試験を実施しており，2010年度からは公開制となった。受験者には採点結果が返却され，試験問題解説もウェブ上でアクセス可能となっている。

これらの取り組みにより，十分な知識・技能そして意欲をもった図書館司書が増え続け，そのような司書の継続的かつ安定的な雇用が確保され，わが国の図書館全体の振興につながることが期待されるが，前途はまだまだ険しいと言わねばならない。

"今後の図書館および図書館司書は，インターネットの普及など技術の進展による情報入手手段の多様化に対応し，付加価値の高いサービスを構築・提供していかなければ生き残ることができない"，という声がよく聞かれる。文部科学省生涯学習政策局が設置した「これからの図書館の在り方検討協力者会議」[4]は，今後の公共図書館が向かうべき方向性として，地域の読書拠点になるだけでなく，地域の課題解決に必要な資料と情報を提供する役割を持つ施設であることを明確にし，司書も意識改革を図ることが必要であると訴えている。そのためには司書の養成課程や研修において，地域社会の課題やそれに対する行政施策や手法，地域の情報要求の内容・図書館サービスの内容と可能性を学び，情報技術や経営能力を身につけ，さらにコスト意識や将来ビジョンを持つことなどが必要である。今後は図書館職員の研修・リカレント教育にも一層力をいれ，研修では体系的な研修プログラムの作成，論文・レポート執筆，ワークショップ形式の導入，その実績を評価・認定する制度のさらなる検討が必要である。

リカレント教育では社会人大学院での学習も奨励されるべきである。現在，国レベルでは「新任図書館長研修」や「図書館司書専門講座」といった研修を実施しているが，これらへの積極的な参加も望まれる。一方では自己研修用の

4：文部科学省編．"これからの図書館の在り方検討協力者会議"．文部科学省，http://www.mext.go.jp/b_menu/shingi/chousa/shougai/019/index.htm，（参照2011-05-30）．

テキスト，ビデオ教材の整備，e-ラーニングを含む遠隔研修の充実も重要な課題である。大学の司書養成課程では実践的かつ専門的な知識能力を身につけるとともに，地域社会の課題やニーズを把握する能力・情報技術・図書館経営能力など，改革の進んだ図書館で必要となる能力を身につけるための教育を行うことが重要である。図書館司書を目指す人々の中には旧来の図書館のイメージに魅かれている人や，主に貸出・リクエストといったサービスを思い描いている人も少なくないと思われるが，いま最も必要とされているのは新しい図書館および図書館サービスに対する展望をもち，現状を積極的に改革できる力を持った人材である。

司書資格については，従来の科目で資格を取得した司書の再教育を行うことと併せて，一定期間ごとになんらかの教育・研修を行って資格を更新する制度の検討も必要であろう。また，在職中の就学・進学・留学機会など各種の研修機会を保障することも重要である。

さらに今後は医療，法律などに関する情報提供サービスのために，各分野の情報について高度な教育を受けた司書を養成する必要がある。アメリカでは，法律分野における修士・博士の学位を持つ図書館職員など専門性の高い職員の養成を組織的に行っている。日本でもそうした方向性を模索することが望ましいが，それには時間を要するだろう。さしあたっては少なくとも現職の図書館司書のスキルアップを図ることが必須である。また企業関係者・法曹関係者・医療関係者等の専門家と協力して，サービスを実施することも重要である。

最後に重要な課題として挙げなければならないのは，専門的な業務に司書が継続的に従事できる体制の構築と維持である。日本においては単に専門職養成の基盤が脆弱であるというだけではなく，図書館現場における専門職勤務の安定性と継続性が担保されないという，極めて大きな問題が存在している。館界総力を挙げて前進・改善に立ち向かわなければならない。

5．世界とつながる図書館サービス

現代社会は，さまざまな面でグローバル化が進んでいるのは周知のとおりである。知の拠点・情報センターと言われる図書館は当然のことながら，ほかの

社会機関に先んじて世界の情報を人々に提供するものでなければならない。それは図書館資料・情報はいうに及ばず，地域住民に対するサービスの面でも展開されねばならない。近年は多文化サービスとして，在住外国人利用者とのコミュニケーションが盛んになりつつあるが，そうした中で図書館を中心として，地域住民全体がかかわることのできる国際交流事業が展開されることが望ましい。

　また，図書館職員の研修や能力開発の一環として，外国留学や海外研修などの機会は極めて有益である。諸外国，特にアメリカをはじめとする図書館サービス先進国の実際に直接触れることは，図書館専門職として現状改革のための発想・構想をはぐくむ上で，大きな飛躍のきっかけを与えてくれる可能性が高い。地域住民の生活を全ての面で支える社会機関として文字通り，人々の生活に無くてはならぬ存在となっているそれらの国々の図書館サービスの実態に触れることは，今後の日本における図書館サービスを考える上で大いに参考となる。情報が知識となるためには，それが一人ひとりの人間の生きた経験と結びつくことが大切である。要するに，日本の図書館サービスも世界の図書館サービス先進国のサービス標準に合致するサービスであることが求められる。その意味でもこれからの図書館サービスを担う人々には，自分の目で実際に諸外国の図書館サービスに触れ，さまざまな国々の図書館職員との交流を得ると共に，職員の教育・研修の水準も国際標準へ向上することが望まれる。それにより改めて日本の図書館サービスを客観的に見直す機会も得られることになる。

6．社会と技術の変化に対応する図書館サービスの再構築

　図書館は時代とともに姿を変え，図書を保存する施設から図書を利用する施設となり，コンピュータの導入によって利用者が直接来館しなくても資料・情報を利用できる電子図書館も出現した。図書館資料の内容も図書から雑誌，各種 AV 資料，さらには電子メディアへと多様化した。2011年1月，大阪府堺市立図書館は非来館者サービス拡充の具体策として電子書籍の貸出提供サービス

を開始した[5]。これにより利用者は堺市立図書館のホームページから，図書館所蔵の電子書籍1,147タイトルの貸出を受けることができるようになった。

一方，札幌市では，電子書籍や電子出版の普及に伴い，2011年秋から「電子図書館実証実験事業」として，札幌市中央図書館で一般市民参加型での実験を開始した。実験内容は，ⅰ約300冊程度の電子書籍にアクセス可能な図書館の電子図書館サイトを市民が自宅からどのように利用するか，ⅱ図書館と連携した出版社の電子書籍の電子図書館サイトへの搭載，ⅲ非営利出版物等の地域資料の収集と電子化，ⅳ電子図書館を利活用した「学び」と「調べ」の支援からなっている[6]。

この他にも，東京都立中央図書館，大阪市立図書館，佐賀県武雄市図書館，山口県萩市立図書館等，全国各地の図書館が新しい出版流通分野での変化に対応すべく体制を整え始めている。

こうした状況の中で，改めて「図書館とは何か」という問いを私たちはつきつけられている。その問いに答えようとするとき，これまでの既成の定義だけでは十分に答えられない状況が生まれてきている。従来図書館の必要要件とされてきた建物・書庫・蔵書・閲覧室などが，今後は必ずしも必要ではなくなるかもしれない。しかし，図書館が図書館であるかぎり，そこには人間的な側面，すなわち「図書館員による，利用者への直接間接のサービス」が変わりなく存在するという点は押さえておかねばならないだろう。

「高度情報通信ネットワーク社会形成基本法」[7]，第3条では"高度情報通信ネットワーク社会の形成は，すべての国民がインターネットその他の高度情報通信ネットワークを容易にかつ主体的に利用する機会を有し，その利用の機会を通じて個々の能力を創造的かつ最大限に発揮することが可能となり，もって情報通信技術の恵沢をあまねく享受できる社会が実現されることを旨として行われなければならない"と謳われている。この一翼を担うのが地域の情報拠点としての図書館にほかならない。

5：堺市立図書館編．"新サービス開始"．堺市立図書館，http://www.lib-sakai.jp/topics/renewal2011.htm，（参照 2011-4-25）．

6：http://www.city.sapporo.jp/toshokan/info/documents/kr.pdf，(参照2012-03-19)．

7：「IT基本法」とも呼ばれる。2000(平成12)年11月29日成立。

これからの図書館における情報提供にはインターネットに代表される電子情報を活用することは不可欠であるが，同時に電子化されていない紙媒体の資料を複合的に提供することも必要である。その意味では，情報提供の高度化・迅速化に対応できるよう設備を充実させ，電子情報・印刷情報ともに有効活用できるハイブリッド図書館[8]を目指すことになるだろう。また，選択的情報提供サービス等の付加的サービス拡充が今後は一層求められる。そのような中で，公共図書館の機能や存在意義をどのように捉えるか，が大きな鍵となるだろう。その際の重要なポイントとして，図書館は単なる建物ではないということ，また，図書館サービスは有機的に連携された図書館組織によって生み出される働きである，という視点は重要である。

　また，従来日本の図書館で十分実践されていたとは言い難い，図書館サービスの評価に関しても今後は改善促進が期待される。近年では，図書館サービス評価は地方公共団体が行う政策評価の一環として位置づけられるようになってきており，図書館サービスの必要性・有効性・公立性等の観点から評価を行い，住民に対して公表していくことが求められている。評価に際しては，これまでの貸出冊数を中心とした評価の在り方を見直し，多様なサービスに対応した評価の在り方を考える必要がある。評価指標としては，どれだけの資料やサービス等を提供したかというアウトプット（貸出冊数や利用者数など）だけでなく，サービスを提供した結果として地域や住民に対して実際どのような成果がもたらされたかというアウトカム（利用者の満足度など）を表す指標が必要である。さらには設置者・住民・図書館と連携協力する諸機関，の三者の視点からの評価も必要である。言うまでもないが，評価は実施するだけでなく，その結果を確実に業務の改善にむすびつけていくことが肝要である。

　2006（平成18）年に文部科学省が発表した『これからの図書館像―地域を支える情報拠点を目指して』[9]では，"日本においては1960年代後半に始まった貸出

8：ハイブリッド図書館とは紙や電子などの媒体の違いや入手条件を克服し，利用者に迅速・的確にサービスできる図書館である．

9：これからの図書館の在り方検討協力者会議．"これからの図書館像―地域を支える情報拠点をめざして―（報告）"．文部科学省．2006-3．http://warp.da.ndl.go.jp/info:ndljp/pid/286184/www.mext.go.jp/b_menu/houdou/18/04/06032701.htm，（参照 2011-08-16）

重視の図書館サービスにより図書館の数と規模，所蔵資料の蓄積と職員数の増加，図書館利用の飛躍的な増大等がもたらされた。しかし，図書館法で掲げられている調査研究への支援やレファレンスサービス，時事情報の提供等は未だ十分とはいえない。これからの図書館は従来のサービスに加えて，これらを始めとするサービスや情報提供を行うことによって，地域の課題解決や地域の振興を図る必要がある"として，社会教育施設としての図書館の新たな役割を次のように示している。ここで改めて確認しておこう。

1. 図書館活動の意義の理解促進
2. レファレンスサービスの充実と利用促進
3. 課題解決支援機能の充実
4. 学校との連携・協力
5. 紙媒体と電子媒体の組み合わせによるハイブリッド図書館の整備
6. 多様な資料の提供
7. 児童・青少年サービスの充実
8. 他の図書館や関係機関との連携・協力
9. 著作権制度の理解と配慮

本章を閉じるにあたって，これからの図書館サービスを考える際の重要な視点として，「バリアフリーからユニバーサルデザインへ」という発想の展開を図ることの重要性を指摘しておきたい。バリアフリーは障害者や高齢者を主な対象としているが，図書館サービスは高齢であることや障害の有無にかかわらず全ての人が快適に利用できることを目的とするものであり，それはユニバーサルデザインの考えと重なるものである。また，図書館サービスは個々別々のものとして存在するのではなく，すべてのサービスが有機的に結びついて一つの統合されたものとして運営されなければならないということも忘れてはならない。そのためには個々の図書館サービス担当者は，館内はもとより，館外の各種機関・団体と密接に連携・協力を保つことが必須のこととなる。それによって初めて，利用者一人ひとりに満足してもらえる図書館サービス提供が可能となるのである。

以下は，アメリカ図書館協会が1995年12月に発表した「図書館の理念　アメ

リカ社会に役立つ図書館の12箇条」である[10]。
1. 図書館は市民に知る機会を提供します。
2. 図書館は社会の壁を打ち破ります。
3. 図書館は社会的不公平を改めるための地ならしをします。
4. 図書館は個人の価値を尊重します。
5. 図書館は創造性を育てます。
6. 図書館は子どもたちの心を開きます。
7. 図書館は大きな見返りを提供します。
8. 図書館はコミュニティを作ります。
9. 図書館は家族のきずなを強めます。
10. 図書館は一人ひとりを刺激します。
11. 図書館は心の安息の場を提供します。
12. 図書館は過去を保存します。

　図書館の置かれている環境・状況は日本とは異なる面も多いが，人々の日常生活に必須の社会機関として存在している図書館の姿とそこで提供される図書館サービスの理念から，私たちが学ぶべきものは少なくない。
　図書館サービスの可能性は，私たちが考えているよりもはるかに大きいものだということを改めて確認したい。

10：竹内悊編・訳. 図書館のめざすもの. 日本図書館協会, 1999, p.7.

参考文献
(より進んだ勉強のために)

ウイリアム F. バーゾール；根本彰ほか訳. 電子図書館の神話. 勁草書房, 1996.
大串夏身. 図書館の活動と経営. 青弓社, 2008.
大串夏身. 課題解決型サービスの創造と展開. 青弓社, 2008.
大串夏身. これからの図書館 増補版：21世紀・知恵創造の基盤組織. 青弓社, 2011.
近江哲史. 図書館でこんにちは：本に出会い, 人に出会える楽しい場所へ. 日外アソシエーツ, 2007.
オーラルヒストリー研究会.「中小都市における公共図書館の運営」の成立とその時代. 日本図書館協会, 1998.
齋藤泰則. 利用者志向のレファレンスサービス：その原理と方法. 勉誠出版, 2009.
汐崎順子. 児童サービスの歴史：戦後日本の公立図書館における児童サービスの発展. 創元社, 2007.
塩見昇, 川崎良孝編著. 知る自由の保障と図書館. 京都大学図書館情報学研究会, 2006.
塩見昇, 山口源治郎編著. 新図書館法と現代の図書館. 日本図書館協会, 2009.
新保史生. 情報管理と法：情報の利用と保護のバランス ネットワーク時代の図書館情報学. 勉誠出版, 2010.
菅谷明子. 未来をつくる図書館. 岩波書店, 2003.
竹内比呂也ほか. 図書館はまちの真ん中：静岡市立御幸町図書館の挑戦（図書館の現場6）. 勁草書房, 2007.
田村俊作, 小川俊彦. 公共図書館の論点整理. 勁草書房, 2008.
千野信浩. 図書館を使い倒す！. 新潮社, 2005.
辻由美. 図書館であそぼう. 講談社, 1999.
常世田良. 浦安図書館にできること：図書館アイデンティティ. 勁草書房, 2003.
長澤雅男. レファレンスサービス. 丸善, 1995.
長澤雅男, 石黒祐子. 問題解決のためのレファレンスサービス 新版. 日本図書館協会, 2007.
日本図書館協会図書館制作特別委員会編. 公立図書館の任務と目標：解説 改訂版. 日本図書館協会, 2004.
日本図書館協会著作権委員会編. 図書館サービスと著作権. 図書館員選書10 日本図書館協会, 2007.
日本図書館協会. 日本の図書館. 日本図書館協会, 年刊.
日本図書館協会図書館年鑑編集委員会編. 図書館年鑑. 日本図書館協会, 年刊.
日本図書館情報学会研究委員会編. 図書館の経営評価：パフォーマンス指標による新たな図書館評価の可能性. 勉誠出版, 2003.

日本図書館情報学会研究委員会編．図書情報専門職のあり方とその養成．勉誠出版，2006．
日本図書館情報学会用語辞典編集委員会編．図書館情報学用語辞典　第3版．丸善，2007．
日本図書館情報学会研究委員会編．図書館・博物館・文書館の連携．勉誠出版，2010．
根本彰．情報基盤としての図書館．勁草書房，2002．
根本彰．続・情報基盤としての図書館．勁草書房，2004．
根本彰．理想の図書館とは何か　知の公共性をめぐって．ミネルヴァ書房，2011．
ベス・マクニール，デニス・ジョンソン編；中野捷三訳．図書館の問題利用者　前向きに対応するためのハンドブック．日本図書館協会，2004．
マイケル K. バックランド；高山正也，桂啓壯訳．図書館サービスの再構築：電子メディア時代へ向けての提言．勁草書房，1994．
マイケル K. バックランド；高山正也訳．図書館・情報サービスの理論．勁草書房，1990．
前川恒雄．移動図書館ひまわり号．筑摩書房，1988．
まちの図書館で調べる編集委員会編．まちの図書館でしらべる．柏書房，2002．
三浦逸雄監修．図書館情報学の地平：50のキーワード．日本図書館協会，2005．
三田・図書館情報学会．図書館・情報学研究入門．勁草書房，2005．
柳与志夫．千代田図書館とは何か：新しい公共空間の形成．ポット出版，2010．
山内薫．本と人をつなぐ図書館員：障害のある人，赤ちゃんから高齢者まで．読書工房，2008．
山内祐平編．学びの空間が大学を変える．ボイックス，2010．
吉田右子．デンマークのにぎやかな公共図書館：平等・共有・セルフヘルプを実現する場所．新評論，2010．
渡辺靖．アメリカン・センター：アメリカの国際文化戦略．岩波書店，2008．

[資料1]

図書館法

（昭和25.4.30　法律第118号）
（改正　平成23.8.30　法律第105号）

第1章　総則

（この法律の目的）

第1条　この法律は，社会教育法（昭和24年法律第207号）の精神に基き，図書館の設置及び運営に関して必要な事項を定め，その健全な発達を図り，もって国民の教育と文化の発展に寄与することを目的とする。

（定義）

第2条　この法律において「図書館」とは，図書，記録その他必要な資料を収集し，整理し，保存して，一般公衆の利用に供し，その教養，調査研究，レクリエーション等に資することを目的とする施設で，地方公共団体，日本赤十字社又は一般社団法人若しくは一般財団法人が設置するもの（学校に附属する図書館又は図書室を除く。）をいう。

② 前項の図書館のうち，地方公共団体の設置する図書館を公立図書館といい，日本赤十字社又は一般社団法人若しくは一般財団法人の設置する図書館を私立図書館という。

（図書館奉仕）

第3条　図書館は，図書館奉仕のため，土地の事情及び一般公衆の希望に沿い，更に学校教育を援助し，及び家庭教育の向上に資することとなるように留意し，おおむね次に掲げる事項の実施に努めなければならない。

1　郷土資料，地方行政資料，美術品，レコード及びフィルムの収集にも十分留意して，図書，記録，視聴覚教育の資料その他必要な資料（電磁的記録（電子的方式，磁気的方式その他人の知覚によっては認識することができない方式で作られた記録をいう。）を含む。以下「図書館資料」という。）を収集し，一般公衆の利用に供すること。

2　図書館資料の分類排列を適切にし，及びその目録を整備すること。

3　図書館の職員が図書館資料について十分な知識を持ち，その利用のための相談に応ずるようにすること。

4　他の図書館，国立国会図書館，地方公共団体の議会に附置する図書室及び学校に附属する図書館又は図書室と緊密に連絡し，協力し，図書館資料の相互貸借を行うこと。

5　分館，閲覧所，配本所等を設置し，及び自動車文庫，貸出文庫の巡回を行うこと。

6　読書会，研究会，鑑賞会，映写会，資料展示会等を主催し，及びこれらの開催を奨励すること。

7　時事に関する情報及び参考資料を紹介し，及び提供すること。

8　社会教育における学習の機会を利用して行った学習の成果を活用して行う教育活動その他の活動の機会を提供し，及びその提供を奨励すること。

9　学校，博物館，公民館，研究所等と緊密に連絡し，協力すること。

（司書及び司書補）

第4条　図書館に置かれる専門的職員を司書及び司書補と称する。

② 司書は，図書館の専門的事務に従事する。

③ 司書補は，司書の職務を助ける。

（司書及び司書補の資格）

第5条　次の各号のいずれかに該当する者は，司書となる資格を有する。

1　大学を卒業した者で大学において文部科学省令で定める図書館に関する科目を履修したもの

2　大学又は高等専門学校を卒業した者で次条の規定による司書の講習を修了した

もの
3 次に掲げる職にあった期間が通算して3年以上になる者で次条の規定による司書の講習を修了したもの
　イ　司書補の職
　ロ　国立国会図書館又は大学若しくは高等専門学校の附属図書館における職で司書補の職に相当するもの
　ハ　ロに掲げるもののほか，官公署，学校又は社会教育施設における職で社会教育主事，学芸員その他の司書補の職と同等以上の職として文部科学大臣が指定するもの
② 次の各号のいずれかに該当する者は，司書補となる資格を有する。
1 司書の資格を有する者
2 学校教育法（昭和22年法律第26号）第90条第1項の規定により大学に入学することのできる者で次条の規定による司書補の講習を修了したもの

（司書及び司書補の講習）
第6条　司書及び司書補の講習は，大学が，文部科学大臣の委嘱を受けて行う。
② 司書及び司書補の講習に関し，履修すべき科目，単位その他必要な事項は，文部科学省令で定める。ただし，その履修すべき単位数は，15単位を下ることができない。

（司書及び司書補の研修）
第7条　文部科学大臣及び都道府県の教育委員会は，司書及び司書補に対し，その資質の向上のために必要な研修を行うよう努めるものとする。

（設置及び運営上望ましい基準）
第7条の2　文部科学大臣は，図書館の健全な発達を図るために，図書館の設置及び運営上望ましい基準を定め，これを公表するものとする。

（運営の状況に関する評価等）
第7条の3　図書館は，当該図書館の運営の状況について評価を行うとともに，その結果に基づき図書館の運営の改善を図るため必要な措置を講ずるよう努めなければならない。

（運営の状況に関する情報の提供）
第7条の4　図書館は，当該図書館の図書館奉仕に関する地域住民その他の関係者の理解を深めるとともに，これらの者との連携及び協力の推進に資するため，当該図書館の運営の状況に関する情報を積極的に提供するよう努めなければならない。

（協力の依頼）
第8条　都道府県の教育委員会は，当該都道府県内の図書館奉仕を促進するために，市（特別区を含む。以下同じ。）町村の教育委員会に対し，総合目録の作製，貸出文庫の巡回，図書館資料の相互貸借等に関して協力を求めることができる。

（公の出版物の収集）
第9条　政府は，都道府県の設定する図書館に対し，官報その他一般公衆に対する広報の用に供せられる独立行政法人国立印刷局の刊行物を2部提供するものとする。
② 国及び地方公共団体の機関は，公立図書館の求めに応じ，これに対して，それぞれの発行する刊行物その他の資料を無償で提供することができる。

第2章　公立図書館

（設　置）
第10条　公立図書館の設置に関する事項は，当該図書館を設置する地方公共団体の条例で定めなければならない。
第11条　削除（昭42法120）
第12条　削除（昭60法90）

（職　員）
第13条　公立図書館に館長並びに当該図書館を設置する地方公共団体の教育委員会が必要と認める専門的職員，事務職員及び技術職員を置く。
② 館長は，館務を掌理し，所属職員を監督して，図書館奉仕の機能の達成に努めなければならない。

（図書館協議会）

第14条　公立図書館に図書館協議会を置くことができる。
② 図書館協議会は，図書館の運営に関し館長の諮問に応ずるとともに，図書館の行う図書館奉仕につき，館長に対して意見を述べる機関とする。
第15条　図書館協議会の委員は，当該図書館を設置する地方公共団体の教育委員会が任命する。
第16条　図書館協議会の設置，その委員の任命の基準，定数及び任期その他図書館協議会に関し必要な事項については，当該図書館を設置する地方公共団体の条例で定めなければならない。この場合において，委員の任命の基準については，文部科学省令で定める基準を参酌するものとする。
（入館料等）
第17条　公立図書館は，入館料その他図書館資料の利用に対するいかなる対価をも徴収してはならない。
第18条及び第19条　削除（平20法59）
（図書館の補助）
第20条　国は，図書館を設置する地方公共団体に対し，予算の範囲内において，図書館の施設，設備に要する経費その他必要な経費の一部を補助することができる。
② 前項の補助金の交付に関し必要な事項は，政令で定める。
第21条　削除（平11法87）
第22条　削除（昭34法158）
第23条　国は，第20条の規定による補助金の交付をした場合において，左の各号の1に該当するときは，当該年度におけるその後の補助金の交付をやめるとともに，既に交付した当該年度の補助金を返還させなければならない。
1　図書館がこの法律の規定に違反したとき。
2　地方公共団体が補助金の交付の条件に違反したとき。
3　地方公共団体が虚偽の方法で補助金の交付を受けたとき。

第3章　私立図書館

第24条　削除（昭42法120）
（都道府県の教育委員会との関係）
第25条　都道府県の教育委員会は，私立図書館に対し，指導資料の作製及び調査研究のために必要な報告を求めることができる。
② 都道府県の教育委員会は，私立図書館に対し，その求めに応じて，私立図書館の設置及び運営に関して，専門的，技術的の指導又は助言を与えることができる。
（国及び地方公共団体との関係）
第26条　国及び地方公共団体は，私立図書館の事業に干渉を加え，又は図書館を設置する法人に対し，補助金を交付してはならない。
第27条　国及び地方公共団体は，私立図書館に対し，その求めに応じて，必要な物資の確保につき，援助を与えることができる。
（入館料等）
第28条　私立図書館は，入館料その他図書館資料の利用に対する対価を徴収することができる。
（図書館同種施設）
第29条　図書館と同種の施設は，何人もこれを設置することができる。
② 第25条第2項の規定は，前項の施設について準用する。

　　　附　則（略）

[資料2]　　　　ユネスコ公共図書館宣言　1994年
UNESCO Public Library Manifesto 1994
1994年11月採択　原文：英語

　社会と個人の自由，繁栄および発展は人間にとっての基本的価値である。このことは，十分に情報を得ている市民が，その民主的権利を行使し，社会において積極的な役割を果たす能力によって，はじめて達成される。建設的に参加して民主主義を発展させることは，十分な教育が受けられ，知識，思想，文化および情報に自由かつ無制限に接し得ることにかかっている。

　地域において知識を得る窓口である公共図書館は，個人および社会集団の生涯学習，独自の意思決定および文化的発展のための基本的条件を提供する。

　この宣言は，公共図書館が教育，文化，情報の活力であり，男女の心の中に平和と精神的な幸福を育成するための必須の機関である，というユネスコの信念を表明するものである。

　したがって，ユネスコは国および地方の政府が公共図書館の発展を支援し，かつ積極的に関与することを奨励する。

公 共 図 書 館

　公共図書館は，その利用者があらゆる種類の知識と情報をたやすく入手できるようにする，地域の情報センターである。

　公共図書館のサービスは，年齢，人種，性別，宗教，国籍，言語，あるいは社会的身分を問わず，すべての人が平等に利用できるという原則に基づいて提供される。理由は何であれ，通常のサービスや資料の利用ができない人々，たとえば言語上の少数グループ（マイノリティ），障害者，あるいは入院患者や受刑者に対しては，特別なサービスと資料が提供されなければならない。

　いかなる年齢層の人々もその要求に応じた資料を見つけ出せなければならない。蔵書とサービスには，伝統的な資料とともに，あらゆる種類の適切なメディアと現代技術が含まれていなければならない。質の高い，地域の要求や状況に対応できるものであることが基本的要件である。資料には，人間の努力と想像の記憶とともに，現今の傾向や社会の進展が反映されていなければならない。

　蔵書およびサービスは，いかなる種類の思想的，政治的，あるいは宗教的な検閲にも，また商業的な圧力にも屈してはならない。

公共図書館の使命

　情報，識字，教育および文化に関連した以下の基本的使命を公共図書館サービスの核にしなければならない。

1. 幼い時期から子供たちの読書習慣を育成し，それを強化する。
2. あらゆる段階での正規の教育とともに，個人的および自主的な教育を支援する。
3. 個人の創造的な発展のための機会を提供する。
4. 青少年の想像力と創造性に刺激を与える。
5. 文化遺産の認識，芸術，科学的な業績や革新についての理解を促進する。
6. あらゆる公演芸術の文化的表現に接しうるようにする。
7. 異文化間の交流を助長し，多様な文化が存立できるようにする。
8. 口述による伝承を援助する。
9. 市民がいかなる種類の地域情報をも入手できるようにする。
10. 地域の企業，協会および利益団体に対して適切な情報サービスを行う。
11. 容易に情報を検索し，コンピューターを駆使できるような技能の発達を促す。
12. あらゆる年齢層の人々のための識字活動とその計画を援助し，かつ，それに参加し，必要があれば，こうした活動を発足させる。

財政，法令，ネットワーク

◆　公共図書館は原則として無料とし，地方および国の行政機関が責任を持つものとする。それは特定の法令によって維持され，国および地方自治体により経費が調達されなければならない。公共図書館は，文化，情報提供，識字および教育のためのいかなる長期政策においても，主要な構成要素でなければならない。

◆　図書館の全国的な調整および協力を確実にするため，合意された基準に基づく全国的な図書館ネットワークが，法令および政策によって規定され，かつ推進されなければならない。

◆　公共図書館ネットワークは，学校図書館や大学図書館だけでなく，国立図書館，地域の図書館，学術研究図書館および専門図書館とも関連して計画されなければならない。

運営と管理

◆　地域社会の要求に対応して，目標，優先順位およびサービス内容を定めた明確な方針が策定されなければならない。公共図書館は効果的に組織され，専門的な基準によって運営されなければならない。

- 関連のある協力者，たとえば利用者グループおよびその他の専門職との地方，地域，全国および国際的な段階での協力が確保されなければならない。

- 地域社会のすべての人々がサービスを実際に利用できなければならない。それには適切な場所につくられた図書館の建物，読書および勉学のための良好な施設とともに，相応な技術の駆使と利用者に都合のよい十分な開館時間の設定が必要である。同様に図書館に来られない利用者に対するアウトリーチ・サービスも必要である。

- 図書館サービスは，農村や都会地といった異なる地域社会の要求に対応させなければならない。

- 図書館員は利用者と資料源との積極的な仲介者である。適切なサービスを確実に行うために，図書館員の専門教育と継続教育は欠くことができない。

- 利用者がすべての資料源から利益を得ることができるように，アウトリーチおよび利用者教育の計画が実施されなければならない。

宣言の履行

国および地方自治体の政策決定者，ならびに全世界の図書館界が，この宣言に表明された諸原則を履行することを，ここに強く要請する。

* * *

この宣言は，国際図書館連盟（IFLA）の協力のもとに起草された。

＊この宣言の訳出にあたっては，長倉美恵子氏（東京学芸大学教授）の翻訳原稿をもとに，JLA 国際交流委員会の意見を反映させた。
（『図書館雑誌』vol.89, no.4, p.245-255より）

[資料3] 公立図書館の設置及び運営上の望ましい基準

(平成13.7.18 文部科学省告示第132号)

1 総則

(1) 趣旨

① この基準は，図書館法（昭和25年法律第118号）第7条の2に基づく公立図書館の設置及び運営上の望ましい基準であり，公立図書館の健全な発展に資することを目的とする。

② 公立図書館の設置者は，この基準に基づき，同法第3条に掲げる事項などの図書館サービスの実施に努めなければならない。

(2) 設置

① 都道府県は，都道府県立図書館の拡充に努め，住民に対し適切な図書館サービスを行うとともに，図書館未設置の町村が多く存在することも踏まえ，当該都道府県内の図書館サービスの全体的な進展を図る観点に立って，市（特別区を含む。以下同じ。）町村立図書館の設置及び運営に対する指導・助言等を計画的に行うものとする。

② 市町村は，住民に対して適切な図書館サービスを行うことができるよう，公立図書館の設置（適切な図書館サービスを確保できる場合には，地域の実情により，複数の市町村により共同で設置することを含む。）に努めるとともに，住民の生活圏，図書館の利用圏等を十分に考慮し，必要に応じ分館等の設置や移動図書館の活用により，当該市町村の全域サービス網の整備に努めるものとする。

③ 公立図書館の設置に当たっては，サービス対象地域の人口分布と人口構成，面積，地形，交通網等を勘案して，適切な位置及び必要な図書館施設の床面積，蔵書収蔵能力，職員数等を確保するよう努めるものとする。

(3) 図書館サービスの計画的実施及び自己評価等

① 公立図書館は，そのサービスの水準の向上を図り，当該図書館の目的及び社会的使命を達成するため，そのサービスについて，各々適切な「指標」を選定するとともに，これらに係る「数値目標」を設定し，その達成に向けて計画的にこれを行うよう努めなければならない。

② 公立図書館は，各年度の図書館サービスの状況について，図書館協議会の協力を得つつ，前項の「数値目標」の達成状況等に関し自ら点検及び評価を行うとともに，その結果を住民に公表するよう努めなければならない。

(4) 資料及び情報の収集，提供等

① 資料及び情報の収集に当たっては，住民の学習活動等を適切に援助するため，住民の高度化・多様化する要求に十分配慮するものとする。

② 資料及び情報の整理，保存及び提供に当たっては，広く住民の利用に供するため，情報処理機能の向上を図り，有効かつ迅速なサービスを行うことができる体制を整えるよう努めるものとする。

③ 地方公共団体の政策決定や行政事務に必要な資料及び情報を積極的に収集し，的確に提供するよう努めるものとする。

④ 都道府県立図書館と市町村立図書館は，それぞれの図書館の役割や地域の特色を踏まえつつ，資料及び情報の収集，整理，保存及び提供について計画的に連携・協力を図るものとする。

(5) 他の図書館及びその他関係機関との連携・協力

公立図書館は，資料及び情報の充実に努めるとともに，それぞれの状況に応じ，高度化・多様化する住民の要求に対応するため，資料や情報の相互利用等の協力活動の

積極的な実施に努めるものとする。その際，公立図書館相互の連携（複数の市町村による共同事業を含む。）のみならず，学校図書館，大学図書館等の館種の異なる図書館や公民館，博物館等の社会教育施設，官公署，民間の調査研究施設等との連携にも努めるものとする。

(6) 職員の資質・能力の向上等
① 教育委員会及び公立図書館は，館長，専門的職員，事務職員及び技術職員の資質・能力の向上を図るため，情報化・国際化の進展等に配慮しつつ，継続的・計画的な研修事業の実施，内容の充実など職員の各種研修機会の拡充に努めるものとする。
② 都道府県教育委員会は，当該都道府県内の公立図書館の職員の資質・能力の向上を図るために，必要な研修の機会を用意するものとし，市町村教育委員会は，当該市町村の所管に属する公立図書館の職員をその研修に参加させるように努めるものとする。
③ 教育委員会は，公立図書館における専門的職員の配置の重要性に鑑み，その積極的な採用及び処遇改善に努めるとともに，その資質・能力の向上を図る観点から，計画的に他の公立図書館及び学校，社会教育施設，教育委員会事務局等との人事交流（複数の市町村及び都道府県の機関等との人事交流を含む。）に努めるものとする。

2 市町村立図書館

(1) 運営の基本
市町村立図書館は，住民のために資料や情報の提供等直接的な援助を行う機関として，住民の需要を把握するよう努めるとともに，それに応じ地域の実情に即した運営に努めるものとする。

(2) 資料の収集，提供等
① 住民の要求に応えるため，新刊図書及び雑誌の迅速な確保並びに他の図書館との連携・協力により図書館の機能を十分発揮できる種類及び量の資料の整備に努めるものとする。また，地域内の郷土資料及び行政資料，新聞の全国紙及び主要な地方紙等多様な資料の整備に努めるものとする。
② 多様な種類・内容の視聴覚資料の収集に努めるものとする。
③ 電子資料の作成，収集及び提供並びに外部情報の入手に関するサービス等に努めるものとする。
④ 本館，分館，移動図書館等の資料の書誌データの統一的な整備や，インターネット等を活用した正確かつ迅速な検索システムの整備に努めるものとする。また，貸出の充実を図り，予約制度などにより住民の多様な資料要求に的確に応じるよう努めるものとする。
⑤ 資料の提供等に当たっては，複写機やコンピュータ等の情報・通信機器等の利用の拡大に伴い，職員や利用者による著作権等の侵害が発生しないよう，十分な注意を払うものとする。

(3) レファレンス・サービス等
他の図書館等と連携しつつ，電子メール等の通信手段の活用や外部情報の活用にも配慮しながら，住民の求める事項について，資料及び情報の提供又は紹介などを行うレファレンス・サービスの充実・高度化に努めるとともに，地域の状況に応じ，学習機会に関する情報その他の情報の提供を行うレフェラル・サービスの充実にも努めるものとする。

(4) 利用者に応じた図書館サービス
① 成人に対するサービスの充実に資するため，科学技術の進展や産業構造・労働市場の変化等に的確に対応し，就職，転職，職業能力開発，日常の仕事等のための資料及び情報の収集・提供に努めるものとする。

② 児童・青少年に対するサービスの充実に資するため、必要なスペースを確保するとともに、児童・青少年用図書の収集・提供、児童・青少年の読書活動を推進するための読み聞かせ等の実施、情報通信機器の整備等による新たな図書館サービスの提供、学校等の教育施設との連携の強化等に努めるものとする。
③ 高齢者に対するサービスの充実に資するため、高齢者に配慮した構造の施設の整備とともに、大活字本、拡大読書器などの資料や機器・機材の整備・充実に努めるものとする。また、関係機関・団体と連携を図りながら、図書館利用の際の介助、対面朗読、宅配サービス等きめ細かな図書館サービスの提供に努めるものとする。
④ 障害者に対するサービスの充実に資するため、障害のある利用者に配慮した構造の施設の整備とともに、点字資料、録音資料、手話や字幕入りの映像資料の整備・充実、資料利用を可能にする機器・機材の整備・充実に努めるものとする。また、関係機関・団体と連携を図りながら手話等による良好なコミュニケーションの確保に努めたり、図書館利用の際の介助、対面朗読、宅配サービス等きめ細かな図書館サービスの提供に努めるものとする。
⑤ 地域に在留する外国人等に対するサービスの充実に資するため、外国語資料の収集・提供、利用案内やレファレンス・サービス等に努めるものとする。
(5) 多様な学習機会の提供
① 住民の自主的・自発的な学習活動を援助するため、読書会、研究会、鑑賞会、映写会、資料展示会等を主催し、又は他の社会教育施設、学校、民間の関係団体等と共催するなど、多様な学習機会の提供に努めるとともに、学習活動の場の提供、設備や資料の提供などによりその奨励に努めるものとする。
② 住民の情報活用能力の向上を支援するため、講座等学習機会の提供に努めるものとする。
(6) ボランティアの参加の促進
国際化、情報化等社会の変化へ対応し、児童・青少年、高齢者、障害者等多様な利用者に対する新たな図書館サービスを展開していくため、必要な知識・技能等を有する者のボランティアとしての参加を一層促進するよう努めるものとする。そのため、希望者に活動の場等に関する情報の提供やボランティアの養成のための研修の実施など諸条件の整備に努めるものとする。なお、その活動の内容については、ボランティアの自発性を尊重しつつ、あらかじめ明確に定めておくことが望ましい。
(7) 広報及び情報公開
住民の図書館に対する理解と関心を高め新たな利用者の拡大を図るため、広報紙等の定期的な刊行やインターネット等を活用した情報発信など、積極的かつ計画的な広報活動及び情報公開に努めるものとする。
(8) 職員
① 館長は、図書館の管理運営に必要な知識・経験を有し、図書館の役割及び任務を自覚して、図書館機能を十分発揮させられるよう不断に努めるものとする。
② 館長となる者は、司書となる資格を有する者が望ましい。
③ 専門的職員は、資料の収集、整理、保存、提供及び情報サービスその他の専門的業務に従事し、図書館サービスの充実・向上を図るとともに、資料等の提供及び紹介等の住民の高度で多様な要求に適切に応えるよう努めるものとする。
④ 図書館には、専門的なサービスを実施するに足る必要な数の専門的職員を確保するものとする。
⑤ 専門的職員のほか、必要な数の事務職員又は技術職員を置くものとする。

⑥ 専門的分野に係る図書館サービスの向上を図るため，適宜，外部の専門的知識・技術を有する者の協力を得るよう努めるものとする。

(9) 開館日時等

住民の利用を促進するため，開館日・開館時間の設定にあたっては，地域の状況や住民の多様な生活時間等に配慮するものとする。また，移動図書館については，適切な周期による運行などに努めるものとする。

(10) 図書館協議会

① 図書館協議会を設置し，地域の状況を踏まえ，利用者の声を十分に反映した図書館の運営がなされるよう努めるものとする。

② 図書館協議会の委員には，地域の実情に応じ，多様な人材の参画を得るよう努めるものとする。

(11) 施設・設備

本基準に示す図書館サービスの水準を達成するため，開架・閲覧，収蔵，レファレンス・サービス，集会・展示，情報機器・視聴覚機器，事務管理などに必要な施設・設備を確保するよう求めるとともに，利用者に応じて，児童・青少年，高齢者及び障害者等に対するサービスに必要な施設・設備を確保するよう努めるものとする。

3 都道府県立図書館

(1) 運営の基本

① 都道府県立図書館は，住民の需要を広域的かつ総合的に把握して資料及び情報を収集，整理，保存及び提供する立場から，市町村立図書館に対する援助に努めるとともに，都道府県内の図書館間の連絡調整等の推進に努めるものとする。

② 都道府県立図書館は，図書館を設置していない市町村の求めに応じて，図書館の設置に関し必要な助言を行うよう努めるものとする。

③ 都道府県立図書館は，住民の直接的利用に対応する体制も整備するものとする。

④ 都道府県立図書館は，図書館以外の社会教育施設や学校等とも連携しながら，広域的な観点に立って住民の学習活動を支援する機能の充実に努めるものとする。

(2) 市町村立図書館への援助

市町村立図書館の求めに応じて，次の援助に努めるものとする。

ア 資料の紹介，提供を行うこと。
イ 情報サービスに関する援助を行うこと。
ウ 図書館の資料を保存すること。
エ 図書館運営の相談に応じること。
オ 図書館の職員の研修に関し援助を行うこと。

(3) 都道府県立図書館と市町村立図書館とのネットワーク

都道府県立図書館は，都道府県内の図書館の状況に応じ，コンピュータ等の情報・通信機器や電子メディア等を利用して，市町村立図書館との間に情報ネットワークを構築し，情報の円滑な流通に努めるとともに，資料の搬送の確保にも努めるものとする。

(4) 図書館間の連絡調整等

① 都道府県内の図書館の相互協力の促進や振興等に資するため，都道府県内の図書館で構成する団体等を活用して，図書館間の連絡調整の推進に努めるものとする。

② 都道府県内の図書館サービスの充実のため，学校図書館，大学図書館，専門図書館，他の都道府県立図書館，国立国会図書館等との連携・協力に努めるものとする。

(5) 調査・研究開発

都道府県立図書館は，図書館サービスを効果的・効率的に行うための調査・研究開発に努めるものとする。特に，図書館に対する住民の需要や図書館運営にかかわる地域の諸条件の調査・分析・把握，各種情報機器の導入を含めた検索機能の強化や効率

的な資料の提供など住民の利用促進の方法等の調査・研究開発に努めるものとする。
(6) 資料の収集，提供等
　都道府県立図書館は，3の(9)により準用する2の(2)に定める資料の収集，提供等のほか，次に掲げる事項の実施に努めるものとする。
　ア　市町村立図書館等の要求に十分応えられる資料の整備
　イ　高度化・多様化する図書館サービスに資するための，郷土資料その他の特定分野に関する資料の目録，索引等の作成，編集及び配布
(7) 職員
　都道府県立図書館は，3の(9)により準用する2の(8)に定める職員のほか，3の(2)から(6)までに掲げる機能に必要な職員を確保するよう努めるものとする。
(8) 施設・設備
　都道府県立図書館は，3の(9)により準用する2の(11)に定める施設・設備のほか，次に掲げる機能に必要な施設・設備を備えるものとする。
　ア　研修
　イ　調査・研究開発
　ウ　市町村立図書館の求めに応じた資料保存等
(9) 準用
　市町村立図書館に係る2の(2)から(11)までの基準は，都道府県立図書館に準用する。

[資料4] 公立図書館の任務と目標

(1989年1月確定公表　2004年3月改訂
日本図書館協会図書館政策特別委員会作成)

はじめに

日本図書館協会は，1979年の総会において採択した「図書館の自由に関する宣言1979年改訂」において，「すべての国民は，いつでもその必要とする資料を入手し利用する権利を有する」こと，そして「この権利を社会的に保障することに責任を負う機関」が図書館であることを表明した。また，「すべての国民は，図書館利用に公平な権利をもっており，人種，信条，性別，年齢やそのおかれている条件等によっていかなる差別もあってはならない」とも述べており，われわれは，これらのことが確実に実現されるよう，図書館サービスの充実に努めなければならない。

日本の公立図書館サービスは，1950年の図書館法によって「図書館奉仕」の理念を掲げはしたものの，その具現化には相当の年月を要し，ようやく1960～70年代に，『中小都市における公共図書館の運営』(1963年)，『市民の図書館』(1970年)を指針として発展の方向を見いだした。図書館を真に住民のものにしようという意欲的な図書館員の努力，読書環境の整備充実を求める住民要求の高まり，それを受け止める自治体の積極的な施策と対応によって，図書館サービスは顕著な発展を遂げてきた。

1980年代になると，いわゆる行政改革により，図書館はつくっても十分な職員を配置せず，その不足を嘱託，臨時職員などで補う自治体，さらには図書館法の精神に反して，公立図書館の管理運営を公社・財団等に委託するケースや司書を派遣会社に求める自治体が現れる。その上，1990年代には，生涯学習体系への移行，情報ネットワークの整備という，国の政策レベルの動向，さらには90年代以降構造改革，分権推進，規制緩和という政治や経済の動きを受けて，図書館経営に一段と複雑かつ厳しい様相が広がっている。

先に述べたとおり，すべての国民に図書館利用の権利を保障することは，民主主義国家においては必須の条件であり，それは公の責任で果たされなければならない。こうした観点から，地方自治体が無料公開の図書館を設置し，管理運営することは，欧米先進諸国においては19世紀半ばに確立された伝統である。日本は，いまだこの原理に則った近代図書館を整備する途上にある。今なお図書館をもたない町村が6割にも及ぶという事実があるし，先進的な市町村といえども，すべての住民のニーズに応えられるという域には遠く，あるべき図書館サービスは形成過程だと認識することが至当である。

もちろん，公立図書館の維持発展を図ることは，地方自治体及び地域住民の発意と責任に帰することであるが，「図書館事業の進歩発展を図り，わが国文化の進展に寄与する」という本協会の目的にてらして，協会会員の関心を喚起するとともに，それぞれの地域・職域における図書館サービス計画の立案に資することを願って，「公立図書館の任務と目標」を策定し公表することにした。

当初，この文書の策定は，公立図書館である以上，少なくともこのレベル程度の活動は，という「基準」を提起することを意図して始められた。しかし，「基準」といえば図書館法にいう基準との混同を招く恐れもあること，さらに「基準」という言葉には数量的なものが意識される傾向が強いので，この語を使用しないことにした。

すべての図書館が，この内容を達成し，さらに高いレベルの新たな目標を掲げ得る状況の速やかな到来を強く望むものである。

第1章　基本的事項
(公立図書館の役割と要件)

1　人間は，情報・知識を得ることによって成長し，生活を維持していくことができる。また，人間は文化的な，うるおいのある生活を営む権利を有する。

公立図書館は，住民がかかえているこれらの必要と欲求に応えるために自治体が設置し運営する図書館である。公立図書館は，乳幼児から高齢者まで，住民すべての自己教育に資するとともに，住民が情報を入手し，芸術や文学を鑑賞し，地域文化の創造にかかわる場である。公立図書館は，公費によって維持される公の施設であり，住民はだれでも無料でこれを利用することができる。

公立図書館は，図書館法に基づいて地方公共団体が設置する図書館であり，教育委員会が管理する機関であって，図書館を設置し図書館サービスを実施することは，地方公共団体の責務である。また，公立図書館は住民の生活・職業・生存と精神的自由に深くかかわる機関である。このような基本的性格にてらして，公立図書館は地方公共団体が直接経営すべきものであり，図書館の運営を他へ委託すべきではない。

(知る自由の保障)

2　住民は，あらゆる表現の記録（資料）に接する権利を有しており，この住民の知る自由を保障することは，公立図書館の重要な責務である。この責務を果たすため，公立図書館は，住民の意思を受けて図書その他の資料を収集し，収集した資料を住民に提供する自由を有する。住民の中には，いろいろな事情で図書館利用から疎外されている人びとがおり，図書館は，すべての住民の知る自由の拡大に努めなければならない。

(図書館の利用)

3　住民は，図書館の利用を通じて学習し，情報を入手し，文化的な生活を営むことができる。図書館の活用によって達成できることは多様であり，限りない可能性をもっているが，おおむね次のようなことである。

　1　日常生活または仕事のために必要な情報・知識を得る。
　2　関心のある分野について学習する。
　3　政治的，社会的な問題などに対するさまざまな思想・見解に接し，自分の考えを決める糧にする。
　4　自らの住む地域における行政・教育・文化・産業などの課題解決に役立つ資料に接し，情報を得る。
　5　各自の趣味を伸ばし，生活にくつろぎとうるおいをもたらす。
　6　子どもたちは，読書習慣を培い，本を読む楽しさを知り，想像力を豊かにする。
　7　講演会・読書会・鑑賞会・展示会などに参加し，文化的な生活を楽しむ。
　8　人との出会い，語りあい，交流が行われ，地域文化の創造に参画する。

(図書館計画)

4　公立図書館は，本来住民のために住民の意思を受けて設置され運営される民主的な機関であり，住民要求の多様化と増大，それに応える資料の増加にともなって成長発展するものである。したがって，図書館は長期・短期の計画を立案・作成し，その計画が自治体の施策として実行されなければならない。

(住民参加)

5　公立図書館は，住民の要求あるいはニーズに応える機関であって，その創設・増改築にあたっては，地域の住民の意向が十分に反映されなければならない。単に施設の面ばかりではなく，年次計画の策定，日常の図書館活動の企画についても，住民の参加が欠かせない。

図書館の発展をはかることは，まず図書館員の責任であるが，それとともに，住民の提起が図書館をより有意義な機関に育て，図書館の可能性を拡大していく。住民の制度的参加としては，図書館協議会が活用されるべきである。そういう公的な場も重要であるが，日常的な活動の中での利用者との対話，あるいは利用者との懇談会などを通じて，住民の要求をとらえ，その提案をいかす努力と工夫

が肝要である。

図書館員は，住民参加の意義を正しく認識し，住民の要望・提案に誠実に対応しなければならない。

(図書館相互の協力)
6　住民が必要とする資料は多種多様であるために，単独の図書館が所蔵する資料だけでは，要求に応えられないことがある。一自治体の図書館はもちろんのこと，設置者を異にする図書館が相互に補完し協力することによって，住民の多様な要求を充足することが可能となる。

(図書館職員)
7　住民と資料を結びつけるための知識と技術を習得している専門職員を配置することは，図書館として不可欠の条件である。

図書館職員は，「図書館の自由に関する宣言」及び「図書館員の倫理綱領」を十分によく理解し，これらの宣言・綱領に則って業務を遂行することによって，住民の信頼を獲得し図書館の発展をはかることができる。

第2章　市（区）町村立図書館
1　図書館システム
8　住民はだれでも，どこに住んでいても，図書館サービスを受ける権利をもっている。自治体は，その区域のすみずみまで図書館サービスが均質に行きわたるように努めなければならない。

9　一つの自治体が設置する複数の図書館施設は，図書その他の資料の利用または情報入手に関する住民の要求を満たすために有機的に結ばれた組織体でなければならない。このような組織を図書館システムという。

図書館システムは，地域図書館（以下「地域館」という）と移動図書館，これらの核となる中央図書館（以下「中央館」という）から成る。

自治体は，すべての住民の身近に図書館のサービス・ポイントを配置する。

10　住民はだれでも，身近にあるサービス・ポイントを窓口として，必要とする図書その他の資料を利用することができる。

11　住民はだれでも，身近なサービス・ポイントを通じて，レファレンス・サービスを受け，生活に必要な情報や文化情報などを得る。

12　図書館システムを構成するそれぞれは，独自に活動するのではなく，中央館をかなめとし，統一されたサービス計画のもとに，組織全体として最大の効果をあげるように活動する。

13　住民の大多数が地域館または中央館のサービス圏内におさまるように，必要数の図書館を設置しなければならない。その規模は，サービス圏内の人口に応じて定められる。

地域館及び中央館のサービス圏内に含まれない地域の住民に対しては，移動図書館の巡回を行う。

移動図書館は，図書館のはたらきを住民にとって身近なものとし，図書館システムの形成を促進するために重要な役割をもっている。

14　図書館は，地域館と中央館及び地域館相互間の図書館資料の円滑な流れを確保するために，必要な物流体制を整備する。

2　図書館サービス
15　図書館サービスの基本は，住民の求める資料や情報を提供することである。そのために，貸出，レファレンス・サービスを行うとともに，住民の資料や情報に対する要求を喚起する働きかけを行う。住民の図書館に寄せる期待や信頼は，要求に確実に応える日常活動の蓄積によって成り立つ。その基礎を築くのは貸出である。

16　図書館は，資料提供の機能の展開として，集会・行事を行うとともに，図書館機能の宣伝，普及をはかるための活動や，利用案内を行う。

席借りのみの自習は図書館の本質的機能ではない。自習席の設置は，むしろ図書館サービスの遂行を妨げることになる。

17　さまざまな生活条件を担っている地域住民がひとしく図書館を利用できるためには，その様態に応じてサービスの上で格別の工夫

と配慮がなされなければならない。

18　乳幼児・児童・青少年の人間形成において，豊かな読書経験の重要性はいうまでもない。生涯にわたる図書館利用の基礎を形づくるためにも，乳幼児・児童・青少年に対する図書館サービスは重視されなければならない。

また，学校図書館との連携をすすめ，児童・生徒に対して利用案内を行うとともに，求めに応じて学校における学習や読書を支援する。

19　高齢者の人口比や社会的役割が増大しているいま，高齢者へのサービスについては，その要望や必要に応じた資料，施設，設備，機材の整備充実に努める。さらに図書館利用の介助等，きめこまかなサービスの提供に努める。

20　障害者をはじめとして図書館の利用を疎外されてきた人びとに対して，種々の方途を講じて図書館を利用する権利を保障することは，図書館の当然の任務である。

21　被差別部落の住民への図書館サービスは，文化的諸活動や識字学級に対する援助などによってその範囲を広げる。

22　アイヌ等少数民族並びに在日朝鮮・韓国人その他の在日外国人にとって，それぞれの民族文化，伝統の継承，教育，その人びとが常用する言語による日常生活上の情報・資料の入手は重要である。図書館は，これらの人びとへの有効なサービスを行う。

23　開館日，開館時間は，地域住民が利用しやすい日時を設定する。

（貸　出）

24　貸出は，資料提供という図書館の本質的機能を最も素朴に実現したものであり，住民が図書館のはたらきを知り，図書館サービスを享受し得る最も基本的な活動である。したがって図書館は，すべての住民が個人貸出を受けられるように条件を整える。

そのために利用手続は簡単で，どのサービス・ポイントでも貸出・返却ができるようにする。貸出方式は，利用者の秘密が守られるものにする。一人に貸出す冊数は，各人が貸出期間内に読み得る範囲で借りられるようにする。

貸出には，資料案内と予約業務が不可分のものとして含まれる。

25　図書館は，一人ひとりの利用者と適切な資料を結びつけるために資料案内を行う。その一環として，フロア・サービスが有効である。

26　図書館は，住民が求めるどんな資料でも提供する。そのためには，所蔵していない資料も含めて予約に対応できる体制を整える。

27　求めに応じて，読書グループや文庫などの団体や施設に対して貸出を行う。

（レファレンス・サービス）

28　図書館は，住民の日常生活上の疑問に答え，調査研究を援助するためにレファレンス・サービスを行う。

29　中央館や大きな地域館には，参考資料室を設ける。他のサービス・ポイントもレファレンス・サービスの窓口を開く。

30　レファレンス・サービスは，図書館システム全体で，また相互協力組織を通じてあたるほかに，類縁機関，専門機関と連携して行う。

31　資料に基づく援助のほか，レファレンス・サービスの制限事項とされることが多い医療・法律相談などや資料提供を越える情報サービスも，専門機関や専門家と連携することによって解決の手がかりを供することができる。

（複　写）

32　図書館は，資料提供の一環として複写サービスを行う。

（集会・行事）

33　資料提供の機関である図書館が，住民の自主的な学習活動を援助するために集会機能をもつことの意義は大きい。自由な談話の場，グループ活動の場と，学習を発展させるための設備，用具を提供する。

34　資料提供の機能の展開として，展示，講

座，講演会その他の行事を行う。
（広　報）
35　図書館の役割を住民に周知するため，館報，広報等によって宣伝するとともに，マスコミ等を通じて住民の理解を深めるよう努める。

3　図書館資料

36　図書，逐次刊行物，視聴覚資料，電子資料などは，人類の知識や想像力の成果を集積したものであり，人びとの生活に欠くことのできない情報伝達の手段である。図書館は，すべての住民の多様な資料要求に応えるため，これらの資料を幅広く，豊富に備える。

図書館は，住民が外部ネットワークの情報資源へ自由にアクセスできる環境を整備する。

37　資料構成は，有機的なつながりをもち，住民のニーズと地域社会の状況を反映したものでなければならない。とくに地域館では，児童用資料を豊富に備える必要がある。

38　資料は，図書館の責任において選択され，収集される。

図書館は，資料の収集を組織的，系統的に行うため，その拠りどころとなる収集方針及び選択基準を作成する。これらは，資料収集の面から図書館サービスのあり方を規定するものであり，教育委員会の承認を得ておくことが望ましい。

収集方針及び選択基準は，図書館のあり方について住民の理解を求め，資料構成への住民の参加と協力を得るために公開される。

39　住民に適切な判断材料を提供するため，政治的，社会的に対立する意見のある問題については，それぞれの立場の資料を収集するよう努める。図書館の収集した資料がどのような思想や主張をもっていようとも，それを図書館が支持することを意味するものではない。

40　地域館では，住民の身近な図書館として，日常の問題解決に役立つ参考図書，教養書，実用書，読み物など，その地域に適した図書を備える。また地域の事情に応じて外国語図書を収集する。

41　図書館は，住民の関心に沿って，幅広く多様な雑誌を選んで備える。また，地域の状況に応じて外国雑誌も備える。

42　図書館は，全国紙，地方紙，政党機関紙のほか，それぞれの地域の状況に応じて専門紙を備える。

43　図書館は，図書，雑誌，新聞のほか，CDや録音テープなどの音声資料，フィルムやビデオソフトなどの映像資料，CD-ROMなどの電子資料や写真，地図などを備える。また，視覚・聴覚障害者のために，点字図書，録音図書，大活字本，字幕付映像資料などの資料の収集にも努める。

44　それぞれの地域に関する資料や情報の収集・提供は，図書館が住民に対して負っている責務である。そのため図書館は，設置自治体の刊行物及びその地域に関連のある資料を網羅的に収集するほか，その地域にかかわりのある機関・団体等の刊行物の収集にも努める。また，その地方で刊行される一般の出版物についても収集に努める。

図書館が収集したそれぞれの地域に関する資料・情報については，より有効に活用できるよう，目録やデータベースの作成を行う。

45　住民の多様な資料及び情報の要求に応えるためには，公刊される資料の収集だけでは不十分である。図書館は，ファイル資料を編成したり写真資料，録音・録画資料を作成し，図書，小冊子などを出版する。あわせて，資料の電子化をすすめネットワークなどを通じて公開する。さらに，障害者のために，それぞれの必要な資料の製作に努める。

46　図書館は，すべての資料が利用者の求めに応じて迅速，的確に提供できるよう，統一的にその組織化を行う。

47　図書館は，住民がどのサービス・ポイントからでも，すべての所蔵資料を一元的に検索できるよう目録を整備する。目録は，常に最新の情報が提供できるよう維持されなければならない。

48　利用者が直接，自由に求める資料を手にすることができるよう，日常的に利用される資料を中心に，可能な限り多くの資料を開架にする。その排列にあたっては，利用者が資料をみつけやすく，利用しやすいような配慮が必要である。

49　図書館は，常に新鮮で適切な資料構成を維持し，充実させるために資料の更新及び除籍を行う。広域的に再利用が見込める資料については，県立図書館等への譲渡によって活用をはかる。

4　相互協力

50　図書館は，住民の要求する資料を必ず提供するために，各市町村の図書館が相互に協力しあうことが必要である。

51　相互協力は，資料の相互貸借，複写，レファレンス業務などサービス面で協力するほかに，資料の分担収集，保存及び索引の作成なども共同で行うものである。ときには職員研修，採用試験などにも及ぼすことができる。

52　図書館はまた，同じ地域内の他館種の図書館や類縁機関，専門機関と連携して，住民の資料要求に応えるよう努める。

第3章　都道府県立図書館

1　役割と機能

53　都道府県立図書館（以下「県立図書館」という）は，市町村立図書館と同様に住民に直接サービスするとともに，市町村立図書館の求めに応じてそのサービスを支援する。

　大多数の住民にとって，身近にあって利用しやすいのは市町村立図書館である。したがって県立図書館は市町村立図書館への援助を第一義的な機能と受けとめるべきである。

　県立図書館であるということを理由に，全く個人貸出を行わないとか，児童サービスを実施しないということがあってはならない。

54　県立図書館が有する資料と機能は，多くの場合，市町村立図書館を通じて住民に提供される。

55　市町村立図書館を利用するか，直接に県立図書館を利用するかは，住民各自がそのときの事情に応じて選択することであって，住民がいずれの方法をとった場合にも，図書館は十全に対応すべきである。

56　県立図書館と市町村立図書館との関係は，前者が後者を指導するとか調整するという関係ではない。

57　県ないし県教育委員会が図書館振興のための施策を立案する際には，県立図書館は，県内図書館の現状に関する資料及び図書館振興に関する資料を提供し，県としての政策立案に協力する。

58　県立図書館は，県内公立図書館の協議機関に加わり，その活動を援助する。

2　市町村立図書館への援助

59　県立図書館は，市町村立図書館の求めに応じて，資料を貸出す。この場合，原則として要求された資料は，すべて貸出すべきである。

　貸出期間は，市町村立図書館の貸出に支障がないように定める。貸出す冊数は無制限とすることが望ましい。

60　求められた資料を県立図書館が所蔵せず，しかも入手不可能な場合は，可能な範囲で所蔵館を調査し，請求館に通知する。

61　小図書館または創立時の図書館に対しては，一括して相当量の図書を貸出す。

62　市町村立図書館において調査不可能な参考質問を，県立図書館は調査し回答する。

63　県立図書館においても調査不可能な参考質問で，他館または類縁機関において回答可能と思われる場合は，その館・機関を紹介する。

64　市町村立図書館の児童サービスの発展のために，県立図書館は，選択のための児童書常設展示，児童サービスに関する情報の収集と伝達などの援助を行う。

65　県立図書館は，県域に関する書誌・索引あるいはデータベースを作成し，利用に供する。

66　市町村立図書館間の相互協力のために，市町村立図書館の求めに応じて，県立図書館

はあらゆる援助を行う。

67　県立図書館は資料の提供，市町村立図書館間協力への援助，県内資料の収集，そうして市町村立図書館を知るために，定期的に巡回車を運行する。

68　県立図書館は資料保存の責任を果たすため，市町村立図書館の求めに応じて，それらの館の蔵書の一部を譲り受けて，保存し，提供する。

69　県立図書館は，県の刊行物を市町村立図書館に配布する。

70　県内公立図書館職員の資質・能力向上のため，県立図書館は，研究資料，研修の場を提供し，可能なかぎり経費を負担する。

71　県立図書館は，求めに応じて図書館，読書，郷土研究，その他の全県的な団体の活動を援助する。

3　図書館資料

72　県立図書館は，住民のあらゆる資料要求に応える責任と，市町村立図書館の活動を支える資料センターとしての役割を果たすため，図書，逐次刊行物，電子資料，マイクロ資料，視聴覚資料のほか，障害者用資料など，多様な資料を豊富に収集し，保存する。あわせて，住民や市町村立図書館が外部ネットワークの情報資源へ自由にアクセスできる環境を整備する。

73　県立図書館の資料は，児童用資料を含み，すべての主題分野を包括するとともに，それぞれの分野では有機的なつながりをもった構成でなければならない。

74　県立図書館は，資料の収集を組織的，系統的に行うため，収集方針及び選択基準を作成し，公開する。

75　県立図書館は，国内で出版される図書，とりわけ県内の出版物を網羅的に収集するほか，外国で発行される図書についても広く収集に努める。

76　県立図書館は，外国で発行のものも含め，あらゆる主題の雑誌を収集する。また，新聞についても，全国紙，地方紙，政党機関紙のほか，専門紙をできるかぎり幅広く収集するとともに，外国の新聞の収集にも努める。

これら逐次刊行物の保存については，県立図書館はとくに留意する必要がある。

77　県立図書館は，その県及び関係機関，団体の発行する資料の収集に責任をもつほか，市町村立図書館の協力を得て，各地の地域資料も収集する。

78　県立図書館は，地域の要求に応えるため，ファイル資料，写真資料，録音・録画資料を作成し，図書，小冊子などを出版する。あわせて，資料の電子化をすすめネットワークなどを通じて公開する。さらに，障害者のために，それぞれの必要な資料の製作に努める。

79　日々の増加図書を含むすべての所蔵資料の検索を容易にして，その円滑な利用をはかるため，県立図書館は自館所蔵資料のデータベースを作成し，維持する。また，郷土資料目録など必要な総合目録の作成にも努める。

80　県立図書館は，所蔵資料の充実に努め，除籍は最小限にとどめる。

4　相互協力

81　県立図書館は，市町村立図書館に充実した援助ができるように，近隣の県立図書館，及び各種図書館・類縁機関と常に連絡を保ち，協力する態勢をつくる。そのために，それらの機関の所蔵資料，保有情報の実態を把握し，協力を得られるよう努める。

82　県立図書館は，自館所蔵資料のデータベースを公開するとともに，県内の市町村立図書館や大学図書館等のデータベースとの横断的な検索も容易にできるようにする。

83　県立図書館は，関連する近隣地域の情報を提供できるように，近隣の県立図書館及び類縁機関と，それぞれの地域に関する資料及び書誌，索引を交換，収集する。

第4章　公立図書館の経営

1　公立図書館経営の理念

84　公立図書館の経営は，図書館計画に基づき職員，経費，施設の適切な措置の上で，継続的・安定的になされる必要がある。

運営においては，不断に計画・評価を組み込んで，地域住民の要求に応える体制を維持しなければならない。

2 職員

85 公立図書館の職員は，住民の知る自由を保障し，資料と人とを結びつける使命を自覚し，住民の資料に対する要求に応え，資料要求を拡大するために，最善の努力をはらう。

86 職員は，図書館運営に参画し，自由に意見を述べるよう努める。館長は，職員のさまざまな意見・発想をまとめ，館運営に生かすよう努めなければならない。

87 専門的な資質・能力をもった専門職員が中心となって運営することによって，図書館は住民の生活に不可欠な施設となることができる。

図書館を設置する自治体は，司書（司書補）を専門職種として制度化すべきである。その内容は次のとおりである。
 1 司書（司書補）資格をもつ者を，公開公募の試験によって採用する。
 2 専門職員は，本人の希望または同意によるほかは，他職種へ異動されない。
 3 専門職員には，昇任の機会が適正に与えられる。

88 館長は，公立図書館の基本的任務を自覚し，住民へのサービスを身をもって示し，職員の意見をくみあげるとともに，職員を指導してその資質・能力・モラールの向上に努める。

このため，館長は専任の経験豊かな専門職でなければならない。

89 図書館の専門職員となろうとするもののため，資格取得に多様な道が開かれていることが望ましい。

90 図書館職員としての能力を高めるため，すべての職員に研修の機会が与えられる。とくに専門職員は自ら学習に努め，基礎的教養と専門的技量を高める努力を怠ってはならない。

館長は研修・学習のための便宜をはかり，各専門団体の行う研究会等への職員の参加を奨励する。

91 夜間開館や祝日開館への住民の要求が強くなってきている。これに応えるためには，開館時間内でのサービスに格差が生じないよう，職員体制の整備が必要である。

3 経費

92 公立図書館の予算は，その果たすべき任務に比して，一般にあまりにも過少である。予算の拡大充実は住民の要求と支持，それを背景にした図書館の強い確信と実践によって達せられる。

93 公立図書館は，住民の納める税によって維持される。したがって図書館の予算は最大限に効果をあげるよう編成されるべきである。

94 過少な経費は，住民に失望感を与える図書館をつくり，結果として無駄となる。一定水準以上のサービスを維持するに足る経費を予算化することによって，住民に役立つ図書館となることができる。

95 委託などによって，予算額が縮小し，節約されたかのようにみえる場合がある。しかし現実にはサービスの遅れや質の低下が現れたりする例が多い。

予算の効率は，住民サービスの質と量を基準に測るべきであり，最終的には住民の評価がその適否を決定する。

4 施設

96 図書館建築には，図書館側の構想が反映されていなければならない。そのためには，住民の意向もとりいれた図書館建築計画書を設計者に提示することが不可欠である。

97 図書館は，単独施設であることが望ましい。立地条件・地理的事情や運営方法により複合施設となる場合は，図書館の理念及び運営方針を設計に反映させ，図書館施設としての機能を損なわないよう，また，独立して管理・運営ができるようにしなければならない。

98 図書館は住民の生活動線上にあり，立地条件のよいことが重要である。建物は明るく，親しみやすく，利用者が気軽に使える施設で

なければならない。
99 館内は，利用者にとってわかりやすい構成であり，図書館員にとっても働きやすい施設でなければならない。また，館内全体にわたって障害者が利用できる施設にすべきである。

第5章 都道府県の図書館振興策

100 すべての市町村に，計画性に裏づけられた公立図書館サービスの実態をつくりだすことは，それぞれの自治体の責任であり，広域自治体である都道府県及び都道府県教育委員会（以下「県」という）は，すべての県民が十分な図書館サービスを享受できるよう，その振興をはかる責務を負っている。

101 県は，県下の図書館振興をはかる行政の所管を明確にし，施策にあたっては県立図書館との連絡を密にし，県図書館協会などの協力を得る。

102 県は，県下すべての市町村に図書館が設置され，そのサービスが一定の水準以上に達するよう助成する県としての図書館振興策を策定する。

振興策の策定にあたっては，県下の図書館専門職員，専門家，市町村関係者の協力を得るとともに，住民の意思を反映したものとなるよう努める。

103 県が策定する図書館振興策には，おおむね次のような内容が考えられる。
(1) 市町村における図書館サービスの望ましい目標の設定。
(2) 市町村に対する図書館施設（移動図書館を含む）整備補助制度の設定。その実施にあたっては，図書館法に基づく国の基準や県が独自に定める一定の要件を満たしていることを条件として，補助を行う。
(3) 市町村立図書館の活動が一定の水準以上に達成できるための資料購入費補助制度の設定。
(4) 市町村立図書館の活動の充実に役立つ設備・機器等の購入の助成。
(5) 県下公立図書館職員の研修と交流の機会の設定とそれに要する経費助成。
(6) 県民に対する図書館に関する情報・資料の提供。
(7) 公立図書館未設置自治体に対する啓蒙，情報・資料の提供。
(8) 市町村立図書館の活動を援助するための県立図書館の整備・充実。

104 県下の図書館振興のために県立図書館は，第3章第2節に掲げる援助を行うとともに，図書館についての情報・資料を県民，市町村及び市町村立図書館に提供する。

105 未設置自治体，とりわけ設置率が低位にとどまる町村に対して県立図書館は，図書館設置を促すような計画的働きかけを行う。未設置自治体の住民を対象とする補宗的サービスを行う場合は，それが県の振興策の一環としての位置づけをもち，市町村独自の図書館サービスの始動によい刺激となるようなものでなければならない。

106 県または県立図書館が，子ども文庫など県民の読書活動を助成する場合は，当該の市町村または市町村立図書館と連携して行う。

図書館システム整備のための数値基準

公立図書館の数値目標について，旧版までは一委員の試案というかたちで掲載してきた。この間，日本図書館協会では「図書館による町村ルネサンス Lプラン21」（日本図書館協会町村図書館活動推進委員会著2001）を発表し，そこで公立図書館の設置と運営に関する数値基準を提案した。これは「日本の図書館1999」をもとに，全国の市町村（政令指定都市及び特別区を除く）の公立図書館のうち，人口一人当たりの「資料貸出」点数の多い上位10％の図書館の平均値を算出し，それを人口段階ごとの基準値として整理した上で提案されたものである。

そこで今回の改訂にあたっては，「Lプラン21」の数値基準を改訂するかたちで，「日本の図書館2003」によって新たに平均値を算出し，これをもとにした「数値基準」として

提案することとする。

「目標値」としてではなく，達成すべき「基準値」としたのは，ここに掲げられた数値がそれぞれの人口段階の自治体において，すでに達成されたものであるからである。少なくとも図書館設置自治体のうち，10％の自治体にあっては住民がこの水準の図書館サービスを日常的に受けているのであり，住民にとって公立図書館サービスが原則的には選択不可能なサービスであることからも，ここで提案する数値はそれぞれの自治体において早急に達成されるべきものであると考えている。

なお，ここに掲げた「数値基準」は「日本の図書館2003」に基づくものであり，今後は最新版の「日本の図書館」によって算出された数値を基準にするものとする。

● システムとしての図書館

ここで掲げている数値は自治体における図書館システム全体を対象としたものである。自治体の人口規模や面積，人口密度等に応じて地域館や移動図書館を設置運営し，図書館システムとしての整備を進めていくことが必要である。

● 図書館の最低規模は，蔵書50,000冊

図書館が本文書で掲げるような図書館として機能し得るためには，蔵書が5万冊，専任職員数3名が最低限の要件となる。このとき，図書館の規模としては800㎡が最低限必要となる。これは地域館を設置する場合においても最低限の要件である（末尾に添付の資料参照）。

[延床面積]

人口　6,900人未満1,080㎡を最低とし，
人口　18,100人までは1人につき0.05㎡
　　　46,300人までは1人につき0.05㎡
　　　152,200人までは1人につき0.03㎡
　　　379,800人までは1人につき0.02㎡
を加算する。

[蔵書冊数]

人口　6,900人未満67,270冊を最低とし，
人口　18,100人までは1人につき3.6冊
　　　46,300人までは1人につき4.8冊
　　　152,200人までは1人につき3.9冊
　　　379,800人までは1人につき1.8冊
を加算する。

[開架冊数]

人口　6,900人未満48,906冊を最低とし，
人口　18,100人までは1人につき2.69冊
　　　46,300人までは1人につき2.51冊
　　　152,200人までは1人につき1.67冊
　　　379,800人までは1人につき1.68冊
を加算する。

[資料費]

人口　6,900人未満1,000万円を最低とし，
人口　18,100人までは1人につき796円
　　　46,300人までは1人につき442円
　　　152,200人までは1人につき466円
　　　379,800人までは1人につき229円
を加算する。

[年間増加冊数]

人口　6,900人未満5,574冊を最低とし，
人口　18,100人までは1人につき0.32冊
　　　46,300人までは1人につき0.30冊
　　　152,200人までは1人につき0.24冊
　　　379,800人までは1人につき0.17冊
を加算する。

[職員数]

人口　6,900人未満6人を最低とし，
人口　18,100人までは100人につき0.025人
　　　46,300人までは100人につき0.043人
　　　152,200人までは100人につき0.041人
　　　379,800人までは100人につき0.027人
を加算する。

基準値の算出例

たとえば人口50,000人の自治体の場合，必要な延床面積の算出は，下記の計算により，3,161㎡となる。

$1,080 + ((18,100 - 6,900) \times 0.05) + ((46,300 - 18,100) \times 0.05) + ((50,000 - 46,300) \times 0.03) = 1,080 + 560 + 1,410 + 111 = 3,161$

さくいん

あ行

IC タグ　70
EYE マーク　149
IT 支援サービス　103
アウトリーチサービス
　　　7, 105, 112
アクセス容易性　67
アメリカ図書館　26
アメリカ図書館協会　7

委託・派遣職員　2
一次資料　48, 82
移動図書館　→ブック
　　モビル
伊万里市民図書館　173
医療関連情報提供サービス
　　　57
印刷資料　3
インターネット　22

ウィーディング　60
浦河町立図書館　171
浦安市立図書館　40

英国図書館文献供給
　　センター　78
閲覧　18, 60
恵庭市立図書館　98
MLA 連携　43, 133
延滞　71

大阪市立生野図書館　111
大阪府堺市立図書館　182

大阪府立中之島図書館
　　　57, 101, 102
オープンアクセス　147
オンラインデータベース
　　　21

か行

開架式　26, 61
開架書庫　62
開質問　84
外部委託　37, 128
科学技術振興機構　78
学習障害者　110
学術雑誌　74, 89, 92, 146
学術情報センター　142
拡大読書器　104
貸出　15, 18
貸出記録　71
貸出サービス　44, 45, 58
貸出登録　23
貸出文庫　30
貸出方式　69
貸本屋　→無料貸本屋
課題解決型サービス　40
課題解決支援サービス
　　　56, 101, 166
学校司書　169
学校図書館　18, 20, 116
学校図書館支援センター
　　　160
「学校図書館法」　160
神奈川県厚木市立中央
　　図書館　111
カレントアウェアネス　18

カレントアウェアネス
　　サービス　55, 89
館外奉仕　30

機械可読目録　→ MARC
機関リポジトリ　75, 148
キャレル　63
「教育基本法」　3
行政支援サービス　167
共同目録作業　155, 156
協力貸出　74, 157
協力レファレンス
　　　94, 157
業務外部委託　→外部委託
禁帯出資料　68

グリーン　2
クリエイティブコモンズ
　　　149

刑務所図書館　21, 114
研修　→職員研修
現物貸借　18, 73

広域利用　157
公共図書館　2, 23, 54, 156
公衆送信権　143
公私立大学図書館コンソー
　　シアム　163
公貸権　140
「高度情報通信ネットワー
　　ク社会形成基本法」　183
公文書館　145
広報活動　124

公民館　171
公立図書館　1, 2, 12, 19, 54
「公立図書館の任務と目標」　9
高齢者サービス　17, 53
国際子ども図書館　19
国際図書館連盟　111, 172
国立国会図書館　56, 130
「国立国会図書館法」　19
国立情報学研究所　75, 148
国立大学図書館協会　163
国立図書館　19
個人貸出　66
コミュニケーション　17, 118
『これからの図書館像−地域を支える情報拠点をめざして』　37, 81, 162, 184
コンテンツサービス　18, 89

■さ行■
サイン　59
サインシステム　126
佐賀県立図書館　167
参考図書　68
三次資料　82

シェラ　118
視覚障害者サービス　106
視聴覚資料　35, 112, 140
識字障害　111
資源共有　155
司書教諭　20
司書講習　4
司書資格　181

静岡市立御幸町図書館　166
質問回答サービス　45
指定管理者　41
自動貸出機　45
児童サービス　17, 53, 98
自動書庫　63
『市民の図書館』　29, 88
社会教育法　3, 171
集会行事活動　56
収集　13
修復　177
集密書架　62
住民ボランティア団体　172
自由利用マーク　150
生涯学習　2, 35, 171, 173
障害者サービス　17, 105
情報検索サービス　90
情報サービス　89
情報提供サービス　18, 48
情報リテラシー　87
書架管理　60
書架整理　60
書誌情報　62
職員研修　111, 153, 155, 180, 182
嘱託職員　12
書写材料　11
書誌ユーティリティ　163
私立図書館　12
資料提供　28
資料提供サービス　18, 48, 58
資料配布　18
新着図書リスト　89

ストーリーテリング　17, 98, 116

成人サービス　17
セレンディピティ　52
全国書誌　19
潜在的図書館利用者　114
潜在的利用者　13
先進的図書館　23
選択的情報提供　→ SDI
専門図書館　18, 21, 55, 89

総合目録　75
総合目録ネットワーク　74
総合目録ネットワーク事業　162
相互協力サービス　34
蔵書　2, 89, 125
蔵書構成　28
組織化（整理）　14

■た行■
第一次教育使節団　24
「大学設置基準」　20
大学図書館　18, 20
大活字本　104
代行検索　18
対面朗読サービス　106
貸与権　68
宅配サービス　17
多文化サービス　17, 111
多摩アカデミックコンソーシアム　164
団体貸出　66, 116

地域開放　67
逐次刊行物　60, 77, 82

チャットレファレンス 121
『中小都市における公共図書館の運営』 3, 29
『中小レポート』 3, 29
著作権 79, 134
「著作権法」 67, 135
著作者人格権 137
著作隣接権 137
千代田区立千代田図書館 42, 174
千代田区立日比谷図書文化館 43

提供 15
ディスレクシア 110
テクニカルサービス 6, 16
デジタルアーカイブ 19, 145
デジタル音声情報システム →DAISY
デジタルレファレンスサービス 22, 85
電子ジャーナル 146
電子ジャーナル・コンソーシアム 164
電子書籍 3, 68, 144, 182
電子書籍リーダー 69
電子資料 11
点字資料 108
『点字図書・録音図書全国総合目録』 107
点字図書館 21
電子図書館 5, 145
電子図書館サービス 19
電子メディア 68, 182

東京都立中央図書館 57
東京都立日比谷図書館 106
ドキュメントデリバリーサービス 77
読書案内 →読書相談サービス
読書会 15
読書センター 55
読書相談サービス 88
図書館 1, 44
図書館員 8, 12, 128
「図書館員の倫理綱領」 8
図書館オリエンテーション 59
図書館海援隊 40
図書館海援隊プロジェクト 168
図書館学 40
『図書館学の五法則』 9
図書館間相互協力 11
図書館間相互貸借 44, 129, 141
図書館協議会 4
図書館協力 152, 155
図書館建築 11
図書館コンソーシアム 14, 75, 163
図書館サービス 1
図書館サービスの評価 184
図書館システム 10, 70
図書館施設 10
図書館情報学 179
図書館情報学検定試験 179
図書館職員 10, 12
図書館資料 10, 77
図書館専門職 4, 182

図書館相互貸借システム 75
図書館長 4
図書館同種施設 12
図書館友の会 176
図書館ネットワーク 129
「図書館の権利宣言」 7
「図書館の自由に関する宣言」 8, 53, 120
「図書館法」 1, 3, 25
図書館利用教育 59, 86
図書館利用者 10
図書館類縁機関 117
鳥取県立図書館 167
鳥取大学附属図書館 167
都道府県立図書館 74

■な行■

内部障害者 113

新潟県立図書館 161
新潟市立中央図書館 161
新潟大学附属図書館 161
二次資料 80, 82
『2005年の図書館像−地域電子図書館の実現に向けて』 37
『日本十進分類法』 127
日本図書館協会 111, 153
日本図書館協会認定司書 179
『日本の図書館』 34
『日本目録規則』 11
ニューアーク式貸出法 69
入院患者サービス 113
乳幼児サービス 53

年齢別サービス 17, 97

納本図書館 74

は行

バーチャルレファレンス 45
灰色文献 21
排架方式 61
ハイブリッド図書館 184
配本便 161
博物館 171
派遣職員 12
パスファインダー 55
場としての図書館 56, 176
バトラー 118
パブリックサービス 6, 16
浜松市立図書館 160
バリアフリー 185
半開架 62
「万国著作権条約」 135

東近江市立図書館 168
ビジネス支援サービス 101
ビッグディール契約 →包括契約
日野市立図書館 30
病院患者図書館 113
病院図書館 21
評価 47, 120, 184

フィルタリングソフト 93
福井県立図書館 161
福井大学附属図書館 161
複合併設図書館 12
複写サービス 73, 76, 117
複本 39

ブックスタート 17, 97, 166
ブックディテクションシステム 36, 61
ブックトーク 17, 99
ブックモビル 30
プライバシー保護 61
ブラウジングコーナー 35
ブラウジングルーム 64
ブラウン式貸出法 69
分館 30
文献検索 18
文献送付 18
文献送付サービス 77
文献調査 18
文献複写 73
分担収集 14
分担保存 15

閉架式 61
米国議会図書館 95
閉質問 84
「ベルヌ条約」 135

包括契約 92
保存 14
保存書庫 15
ボランティアグループ 176

ま行

町田市立中央図書館 35
民間情報教育局 25

むすびめの会 112
無料貸本屋 39
無料の原則 4, 20

文書館 117, 133, 172
問題利用者 177

や行

山手線沿線私立大学図書館コンソーシアム 163
ヤングアダルトサービス 17, 53, 100

ユニバーサルデザイン 185
ユネスコ 6
「ユネスコ公共図書館宣言1994年」 6, 52, 154

余暇活動支援サービス 103
横浜市中央図書館 104
横浜市内大学図書館コンソーシアム 164
読み聞かせ 17, 99
予約サービス 18, 73

ら行

ラーニングコモンズ 64
ランガナータン 9, 50, 53, 129

リカレント教育 180
リクエスト 73
リクエストサービス 44
利用案内 18, 59, 86
利用可能性 67
利用対象別サービス 166
利用登録 66

レファレンスインタビュー 82, 84, 121
レファレンス協同 130

レファレンス協同データ
　ベース事業　162
レファレンスサービス
　　　2, 80, 94, 121
レファレンス質問　83
レファレンスブック　68
レファレンスプロセス　81
レフェラルサービス
　　　　　18, 85
連携　152

録音図書　104

わ行

YAサービス　→ヤング
　アダルトサービス
「WIPO著作権条約」　135

欧文

accessibility　67
ALA　7
availability　67
BDS　36, 61
Book Detection System
　→BDS
Butler, P.　118
CIE　25
Civil Information Education　→CIE
closed question　84
DAISY　53, 107
Digital Accessible Information SYstem
　→DAISY
Dyslexia　110
GHQ/SCAP　24
Green, S. S.　2

IFLA　111
ILL　44
Interlibrary Loan　→ILL
JMLA/JPLA　164
LD　110
MARC　14
Nacsis Webcat　75
NACSIS-ILL　75, 163
NDL　130
NII　75
open question　84
QuestionPoint　95
Ranganathan, S. R.　9
SDI　18, 51, 90
serendipity　52
Shera, J. H.　118
WebOPAC　39, 154
Wikipedia　49

[シリーズ監修者]

高山正也（たかやま・まさや）　前国立公文書館館長／慶應義塾大学名誉教授

植松貞夫（うえまつ・さだお）　跡見学園女子大学教授／筑波大学名誉教授

[編集責任者・執筆者]

宮部頼子（みやべ・よりこ）

- 1945　北海道室蘭市に生まれる
- 1968　国際基督教大学教養学部語学科卒業
- 1990　東京大学大学院教育学研究科博士課程単位取得満期退学（社会教育学専攻，図書館学）恵泉女学園短期大学専任講師兼図書館長代理，白百合女子大学教授（1998～2000：図書館長）を経て
- 元立教大学文学部教授
- 主著　『情報サービス概説』（共著）日本図書館協会，『改訂 図書館サービス論』（共著）樹村房，ほか

[執筆者]

逸村 裕（いつむら・ひろし）

- 1957　愛知県に生まれる
- 1980　慶應義塾大学文学部図書館・情報学科卒業
- 1987　慶應義塾大学大学院文学研究科図書館・情報学専攻修士課程修了
- 1994　愛知淑徳大学大学院文学研究科図書館情報学博士後期課程単位取得退学
- 上智大学図書館，愛知淑徳大学文学部，名古屋大学附属図書館研究開発室勤務を経て
- 現在　筑波大学図書館情報メディア系教授
- 主著　『変わりゆく大学図書館』（共編著）勁草書房，ほか

齋藤泰則（さいとう・やすのり）

- 1958　栃木県に生まれる
- 1980　慶應義塾大学文学部図書館・情報学科卒業
- 1992　東京大学大学院教育学研究科図書館学専攻博士課程単位取得退学
- 玉川大学文学部助教授を経て
- 現在　明治大学文学部教授
- 主著　『利用者志向のレファレンスサービス』（単著）勉誠出版，『情報探索と情報利用』（分担執筆）勁草書房，ほか

宮原志津子（みやはら・しづこ）

- 1971　東京都杉並区に生まれる
- 1994　創価大学法学部法律学科卒業
- 2010　東京大学大学院教育学研究科総合教育科学専攻博士課程単位取得満期退学
- 1994年以降，三鷹市立三鷹図書館，ホーチミン市総合科学図書館，国際交流基金マニラ事務所図書館，フィリピン大学校客員研究員，ナンヤン工科大学客員研究員を経て
- 現在　相模女子大学学芸学部准教授
- 主著　『構造的転換期にある図書館：その法制度と政策』（共著）日本図書館研究会，『図書館人物伝：図書館を育てた20人の功績と生涯』（共著）日外アソシエーツ

荻原幸子（おぎわら・さちこ）

- 1963　群馬県高崎市に生まれる
- 1988　慶應義塾大学文学部図書館・情報学科卒業
- 1990　慶應義塾大学部文学部図書館・情報学専攻修士課程修了
- 現在　専修大学文学部教授
- 主著　『図書館の経営評価：パフォーマンス指標による新たな図書館評価の可能性』（共著）勉誠出版，『変革の時代の公共図書館：そのあり方と展望』（共著）勉誠出版

松本直樹（まつもと・なおき）

- 1970　神奈川県川崎市に生まれる
- 1994　上智大学法学部国際関係法学科卒業
- 2009　東京大学大学院教育学研究科博士課程修了
- 現在　大妻女子大学社会情報学部社会情報学科情報デザイン専攻准教授
- 主著　『情報サービス論及び演習』（共著）学文社

現代図書館情報学シリーズ…4

図書館サービス概論

2012年4月6日　初版第1刷発行
2017年2月13日　初版第6刷

〈検印省略〉

著者代表 Ⓒ　宮部頼子
発行者　　大塚栄一
発行所　株式会社 樹村房
　　　　　　JUSONBO
〒112-0002
東京都文京区小石川5-11-7
電　話　03-3868-7321
ＦＡＸ　03-6801-5202
振　替　00190-3-93169
http://www.jusonbo.co.jp/

印刷　亜細亜印刷株式会社
製本　有限会社愛千製本所

ISBN978-4-88367-204-2　乱丁・落丁本は小社にてお取り替えいたします。

高山正也・植松貞夫　監修　**現代図書館情報学シリーズ**

[全12巻]
各巻Ａ５判　本体2,000円（税別）

▶本シリーズの各巻書名は，平成21(2009)年4月に公布された「図書館法施行規則の一部を改正する省令」で新たに掲げられた図書館に関する科目名に対応している。また，内容は，「司書資格取得のために大学において履修すべき図書館に関する科目の在り方について（報告）」（これからの図書館の在り方検討協力者会議）で示された〈ねらい・内容〉をもれなくカバーし，さらに最新の情報を盛り込みながら大学等における司書養成課程の標準的なテキストをめざして刊行するものである。

1. 図書館概論　　　　　　　　　高山正也・岸田和明／編集
2. 図書館制度・経営論　　　　　糸賀雅児・薬袋秀樹／編集
3. 図書館情報技術論　　　　　　杉本重雄／編集
4. 図書館サービス概論　　　　　宮部頼子／編集
5. 情報サービス論　　　　　　　山﨑久道／編集
6. 児童サービス論　　　　　　　植松貞夫・鈴木佳苗／編集
7. 改訂情報サービス演習　　　　原田智子／編集
8. 図書館情報資源概論　　　　　高山正也・平野英俊／編集
9. 改訂情報資源組織論　　　　　田窪直規／編集
10. 情報資源組織演習　　　　　　小西和信・田窪直規／編集
11. 図書・図書館史　　　　　　　佃　一可／編集
12. 図書館施設論　　　　　　　　植松貞夫／著

樹村房